对外开放新格局下陕西经济
高质量发展研究系列丛书

陕西高校青年创新团队建设项目（陕教2019〔90〕号和22JP026）、陕西省社科著作出版资助项目（2022SKZZ019）、西安翻译学院校级科研团队建设项目（XFU21KYTDA01）、陕西省科技厅软科学研究计划项目（2023-CX-RKX-026）、西安翻译学院“双一流”建设项目。

对外开放新格局下陕西现代幸福服务业高质量发展研究

刘俊霞 著

Research on the High-quality Development of Modern Happiness Service Industry in Shaanxi Province Based on the New Opening Pattern

中国经济出版社
CHINA ECONOMIC PUBLISHING HOUSE
·北 京·

图书在版编目（CIP）数据

对外开放新格局下陕西现代幸福服务业高质量发展研究／刘俊霞著．--北京：中国经济出版社，2023.5

ISBN 978－7－5136－7330－3

Ⅰ.①对… Ⅱ.①刘… Ⅲ.①服务业－经济发展－研究－陕西 Ⅳ.①F726.9

中国国家版本馆 CIP 数据核字（2023）第 092615 号

责任编辑　杨元丽
责任印制　马小宾
封面设计　任燕飞设计

出版发行　中国经济出版社
印 刷 者　河北宝昌佳彩印刷有限公司
经 销 者　各地新华书店
开　　本　710mm×1000mm　1/16
印　　张　17.25
字　　数　223 千字
版　　次　2023 年 5 月第 1 版
印　　次　2023 年 5 月第 1 次
定　　价　69.00 元
广告经营许可证　京西工商广字第 8179 号

中国经济出版社 **网址** www.economyph.com **社址** 北京市东城区安定门外大街 58 号 **邮编** 100011

本版图书如存在印装质量问题，请与本社销售中心联系调换（联系电话：010－57512564）

总　序

开放是人类文明进步的重要动力，是世界繁荣发展的必由之路。全面贯彻新发展理念，必须全面提高对外开放水平，建设更高水平开放型经济新体制，形成国际合作和竞争新优势。党的二十大报告提出要推进高水平对外开放，稳步扩大规则、规制、管理、标准等制度型开放，加快建设贸易强国，推动共建“一带一路”高质量发展，维护多元稳定的国际经济格局和经贸关系。这充分表明中国的对外开放将不断向更大范围、更深层次、更广领域持续推进。当前国际、国内环境发生了巨大变化，我们要以开放纾发展之困、以开放汇合作之力、以开放聚创新之势、以开放谋共享之福，推动经济全球化不断向前。

陕西是亚欧大陆桥的重要支点，多条铁路、公路、航线在此交会，具有区位、科教、能源、文化、军工等优势。“一带一路”倡议，是时代赋予陕西开放发展千载难逢的历史机遇，也使陕西成为中国向西开放的前沿。作为不靠海、不沿边的内陆省份，陕西以开放促改革、促创新、促发展的思路，积极对接国家开放战略，抢抓机遇，放大优势，努力实现更大范围、更广领域、更深层次的对外开放，积极融入“一带一路”发展，坚持“引进来”与“走出去”相结合，围绕打造内陆改革开放高地目标，积极应对复杂严峻的国际贸易形势，推动陕西对外贸易迅速发展，对外开放水平大幅提升，经济外向度创历史新高。

党的十八大以来，陕西省对外开放成绩显著，外贸进出口取得了长足发展，外商直接投资实现了新飞跃。为补齐开放不足短板，陕西深度融入共建“一带一路”大格局，主动融入新时代西部大开发、黄河流域生态保护和高质量发展等国家战略，坚持以新发展理念推动高质量发展，为加快打造内陆改革开放高地提供了有力支撑。

一是进出口贸易呈现稳定增长态势。西安海关统计数据显示，2013—2021年全省累计实现进出口总值25080.06亿元人民币，年均增长19.8%，高于全国14.4个百分点。2022年1—8月，陕西省进出口贸易总值3207.7亿元人民币，较2021年同期增长3.6%。其中，出口1985.2亿元，增长21.9%；进口1222.5亿元，下降16.7%，同期贸易顺差762.7亿元。陕西省一般贸易进出口比重提升，对“一带一路”沿线国家、RCEP其他国家进出口保持增长。有实绩的外贸企业呈增长态势。截至2021年年底，陕西省进出口贸易伙伴共有221个国家和地区，尤其是韩国、中国台湾、美国、中国香港和日本五大贸易伙伴，2013—2021年在陕累计实现进出口总额16544.99亿元，年均增长23.8%。

二是“长安号”成为贸易“黄金通道”。中欧班列“长安号”国内“+西欧”线路达到19条，国际运输干线17条，基本覆盖欧亚大陆全境，覆盖“一带一路”沿线45个国家和地区。中欧班列高质量发展各项指标稳居全国前列，已成为运输时效最快、智能化程度最高、线路辐射最广、服务功能最全、综合成本最低的“五最班列”，集结中心在全国起到引领示范作用。

三是国际性综合交通枢纽建设加速。西安咸阳国际机场是中国北方第二大门户枢纽机场，西咸新区空港新城已联合机场累计开通全货运航线38条，其中，国际航线19条，覆盖首尔、东京、洛杉矶、莫斯科、布鲁塞尔、曼谷、德里等欧亚及北美13个国家18个城市，初步构建起“向西开放、向东集散、辐射全球”的航空网络。西安铁路枢纽是全国铁路六大枢纽之一，西安北站为亚洲最大火车站（18站台34线），将建成全国“米”字形高铁枢纽网，以西安为中心到主要省会城市的“高铁一日生活圈”初步形成。西安公路枢纽是全国公路六大枢纽之一，基本形成以“米”字形高速公路网和“一环十二辐射”为主骨架的公路网。

四是利用外资保持增长。2022年1—11月，陕西省新设外商投资企业274家，实际使用外资（FDI）13.6亿美元，超过2021年全年总量，为2021年全年的128.3%，规模居全国第19位；同比增长27.85%，增速居全国第12位。使用外资排前五位的分别是中国香港、英国、法国、韩国、日本。关中、陕北、陕南地区实际使用外资（不含国家天然气合作开发项目）分别占全省实际使用外资总额的92.08%、5.95%和1.97%。

随着“一带一路”建设的稳步推进，陕西对外开放迈出更大步伐，推动形成了“一核两翼四通道五中心多平台”的全方位联动开放新布局，自贸区、丝博会、欧亚经济论坛、杨凌农高会、秦创原等综合开放平台建设力度持续增大，与“一带一路”沿线国家的教育、文旅、医疗、考古、科技、媒体等多领域交流合作不断深化。但陕西的对外开放还存在区域内发展不平衡、产业结构仍需提升、开放创新动力不足等问题。如何破解陕西在对外开放新格局下面临的短板，政府、企业、高校等做了一系列的探索和研究。西安翻译学院作为一所地方高校，目前已发展成一所以文科、商科为主，以外语为特色，多学科协调发展，具有重要影响和鲜明特色的民办大学。近年来，学校积极服务地方经济发展，在学校相继获批国际经济与贸易、翻译、英语3个国家级一流专业建设点和11个省级一流专业建设点的背景下，学校的专业建设水平及服务地方经济发展的能力显著增强。对外开放新格局下陕西经济高质量发展研究系列丛书应运而生，此系列专著受到了陕西省社会科学界联合会和学校国家一流专业支持，主要从陕西口岸经济、陕西自贸区、陕西现代幸福服务业、丝路通道等方面展开深入研究，助力陕西经济高质量发展。

丛书的主要观点包括七个方面：一是口岸是国家的门户，自古以来，具有独特的政治、经济和文化属性，是打造内陆改革开放高地，激发高质量发展活力动力的重要平台和通道。对外开放新格局下，陕西应抢抓主动融入“一带一路”的黄金机遇期，探索陕西高水平开放路径和产业发展的核心优势，充分发挥口岸在开放型经济发展中的加速器和战略引擎作用。二是在中国推进更高水平的对外开放和推动高质量发展政策的进一步落实背景下，现代服务业将是社会发展水平提升的重要标志，陕西要瞄准国际标准，推动中国幸福服务业高质量发展，大力提升现代幸福服务业国际化水平，培育产业竞争新优势，促进经济迈向中高端水平。三是扩大对外开放同时为陕西金融业的改革与开放发展带来了前所未有的重大机遇和严峻挑战。陕西要从统筹金融资源、对接国家战略、深化金融供给侧改革、完善金融市场体系及加强金融监管协调方面提升陕西金融业综合竞争力，全力服务和融入新发展格局，实现陕西金融业高质量发展。四是陕西自贸试验区被赋予的责任是建设成为全面改革开放试验田，物流业的发展是重中之重。物流业要助力对外开放新格局，从物流政策框架构建、物流系统协同运作等方面促进陕西自贸试验区物流系统均衡、快速、稳定、可持续发展。五是数字经济作为新型的经济形态，要高质量服务贸易发展，尤其是在国内外复杂经济形势下，陕西要寻求适于发展跨境电商的优势产业，从跨境电商平台、跨境电商园区、产业基础、跨境物流、人才培养等方面寻找对策。六是自“一带一路”倡议提出以来，中欧班列为我国内陆城市的发展提供了动力支持，也为沿线国家经济发展搭建了桥梁。但中欧班列仍然存在运力不足、运输单据缺乏国际规则支撑、竞争激烈、往返班列失衡等问题，中欧班列的高质量发展对释放通道潜能，促进陕西对外开放和中欧市场的互联互通具有重要意义。七是提升对外开放水平，就必须强化世界眼光和世界市场意识。陕西要以更加开放的思维来对县域经济进行谋划布局，以陕西蓝田县为例，蓝田县要紧密对接陕西打造内陆开放新高地的新要求，形成“蓝田与西安共同成长，与世界良性互动”的主要方向、特色和追赶超越目标，发挥区位、交通、人文优势，实现“四化”全面发展。

此套丛书主要是西安翻译学院国际商学院基于学科专业发展方向，在一流学院建设经费、陕西省社科著作出版资助项目、陕西高校青年创新团队、校级科研团队建设的资助下出版的。研究人员分别从不同角度围绕对外开放新格局，为陕西经济高质量发展出谋划策。每本著作从选题、论证、撰写到最终成稿，都经过多次修改和完善。丛书的顺利出版，是对研究人员多年研究成果的总结。期望其对地方经济的发展有所参考，使更多的读者受益。

西安翻译学院校长 崔智林

2022 年 10 月

前 言

“十四五”时期是我国由全面建成小康社会向基本实现社会主义现代化迈进的关键时期，国家大力推动服务业高质量发展，服务业在国民经济中的比重进一步提高。随着经济结构转型升级和人民对美好生活的需求日益品质化、个性化、高端化，与人们生活品质密切相关的旅游、文化、体育、健康、养老及教育培训等现代幸福服务业快速发展。现代幸福服务业主要是以人为中心，以增强人民幸福感和获得感为特征的产业，其经济价值主要的实现方式是提供产品和服务并促进人们消费。现代幸福服务业大多属于低能低耗、健康环保产业，是发展前景广阔的绿色产业。同时，现代幸福服务业也是现代服务贸易的重要组成部分，《服务贸易总协定》（GATS）中的主要部门就包含了现代幸福服务业。在当前国家推动高质量发展政策不断落实的过程中，现代幸福服务业正成为经济发展的新动力。因此，现代幸福服务业对国家经济发展具有重要的战略和现实意义，发展现代幸福服务业是我国现阶段经济高质量发展的要求，是双循环发展新格局的要求，是实现全体人民共同富裕的要求，同时也是地方经济发展的战略重点。

在国家“十四五”发展时期，党和国家聚焦民生福祉，不断提升群众获得感、幸福感、安全感。党的十九大报告明确提出要加快发展现代服务业，瞄准国际标准提高水平，服务业对外开放已成为推动中国全面深化改革、继续扩大开放的关键抓手。通过服务业发展带动服务消费，激发内生消费活力，更好地构建以国内大循环为主体、国内国际双循环相互促进的新发展格局，这是我国推动形成全面开放新格局的关键力量之一。近年来，我国现代幸福服务业快速发展，作为与人民生活密切相关的产业，现代幸福服务业既拉动了消费增长，也促进了消费升级，成为现代经济发展中的重要力量。随着我国推进更高水平的对外开放和推动高质量发展政策的进一步落实，现代幸福服务业发展将是社会发展水平提升的重要标志。瞄准国际标准推动我国现代幸福服务业高质量发展，大力提升现代幸福服务业国际化水平，培育产业竞争新优势，促进经济迈向中高端水平，是我国在新发展阶段的重要战略举措。

在对外开放新格局下，陕西作为内陆开放的重要力量，不断迈向对外开放前沿。主动融入新发展格局，加快建设内陆改革开放高地，是陕西未来发展的重要路径。“一带一路”、陕西自由贸易试验区建设等使陕西现代幸福服务业发展面临新的历史机遇。创新推动陕西现代幸福服务业融合发展、集聚发展、提质发展、转型发展、开放发展，不断提升陕西现代幸福服务业供给水平，构建优质高效、充满活力、竞争力强的现代幸福服务业体系，推进现代幸福服务业强省建设是当前陕西经济发展的重要内容之一。

基于此，本书通过梳理我国现代幸福服务业发展的理论、发展历程、现状等，为现代幸福服务业发展和经济高质量发展提供理论支撑，对现代幸福服务业发展的影响因素进行深入分析，认为陕西发展现代幸福服务业具有基础雄厚、区位优势明显、高等教育发达、科技实力强等优势。本书结合陕西当前发展实际，基于对外开放格局下陕西现代幸福服务业的发展定位，对其服务水平提升、国际化、发展路径及对策进行了深入研究。本书提出在对外开放新格局下，陕西要抢抓新时代推进西部大开发形成新格局、黄河流域生态保护和高质量发展等国家重大战略机遇，充分发挥陕西“一带一路”建设重要节点作用。本书认为，要通过全面推进陕西现代幸福服务业高质量供给，加快培育壮大现代幸福服务业新型消费，大力推进现代幸福服务业高水平开放，大力推动现代幸福服务业交叉融合发展，加强现代幸福服务业人员专业化建设等实现陕西现代幸福服务业的高质量发展，加强对农村现代幸福服务业发展的系统化指导等，从而实现人们对生活质量的追求和对美好生活的向往，切实增强陕西人民群众的获得感、幸福感、安全感。

目 录

第一章 绪 论 …… 1

一、研究背景 …… 3

二、研究意义与研究目标 …… 5

（一）研究意义 …… 5

（二）研究目标 …… 6

三、国内外研究动态 …… 6

（一）国外研究动态 …… 6

（二）国内研究现状 …… 10

四、概念界定 …… 19

（一）幸福产业及其特点 …… 19

（二）现代幸福服务业及其特点 …… 21

五、研究思路 …… 22

六、创新之处 …… 24

七、研究内容 …… 25

第二章 现代幸福服务业发展理论与动因 …… 31

一、现代幸福服务业的发展过程与特征 …… 33

（一）现代幸福服务业的发展过程 …… 33

（二）现代幸福服务业的发展特征 …… 34

二、现代幸福服务业发展的理论基础 …… 38

（一）“两山”理论 …… 38
（二）产业集聚理论 …… 38
（三）增长极理论 …… 39
（四）共生理论 …… 40
（五）全球价值链理论 …… 40
（六）行为科学理论 …… 41
三、现代幸福服务业发展的动因 …… 42
（一）现代幸福服务业发展可促进经济可持续发展 …… 42
（二）现代幸福服务业发展可保障城市发展和能级提升 …… 42
（三）现代幸福服务业发展是扩大开放和融入全球发展的趋势 …… 43
（四）现代幸福服务业发展是深化改革和调整产业结构的方向 …… 44

第三章　中国现代幸福服务业发展概况 …… 45
一、旅游经济发展迅速，中国进入全域旅游时期 …… 47
（一）旅游经济体量不断增大 …… 47
（二）全域旅游形成新发展格局 …… 48
（三）“云端旅游”成为新消费业态 …… 49
二、文化服务业繁荣发展，向高质量目标迈进 …… 50
（一）文化服务业快速发展 …… 50
（二）文化服务业步入高质量发展阶段 …… 51
（三）文化服务业对外开放受到重视 …… 52
三、体育服务业快速发展，经济效益明显提升 …… 52
（一）体育服务业蓬勃发展 …… 52
（二）体育产业规模不断扩大 …… 53
（三）体育赛事成为体育产业新生力量 …… 55
四、健康产业前景广阔，产业发展呈现蓬勃向上趋势 …… 56

（一）“健康中国”上升为国家发展战略 …… 56
（二）大健康产业发展前景广阔 …… 57
（三）健康服务业开放发展进入新阶段 …… 58
五、人口老龄化程度加深，养老服务业呈现新格局 …… 59
（一）老龄化急需养老服务保障 …… 59
（二）养老产业市场不断扩大 …… 59
（三）养老服务产品日趋智能化 …… 60
六、中国教育事业不断发展，教育总体发展水平进入世界中上行列 …… 61
（一）学前教育方面 …… 61
（二）义务教育方面 …… 62
（三）特殊教育方面 …… 63
（四）高中教育方面 …… 63
（五）高等教育方面 …… 64

第四章　陕西现代幸福服务业发展的基础与优势 …… 67
一、资源优势 …… 69
（一）文化旅游资源丰富，发展潜力巨大 …… 69
（二）陕西体育资源特色鲜明，产业布局成效显现 …… 71
（三）生态康养资源品质化，需求日益增大 …… 71
（四）教育服务资源丰裕，人才支撑度高 …… 72
二、市场优势 …… 73
（一）交通区位优势突出，服务业基础条件良好 …… 73
（二）人口数量与密度较高，服务业市场容量大 …… 74
（三）民生福祉达到新水平，服务业市场前景广阔 …… 75
三、政策支持优势 …… 75
（一）优先发展教育事业，建设高质量教育体系 …… 76
（二）围绕全民健身，建设体育强国 …… 76

（三）推进健康中国建设，实施全民健康保障工程 …………77
（四）完善养老服务体系，促进养老消费 ……………………78
（五）健全现代文化产业体系，推动文化和旅游深度融合发展 ……………………………………………………79
四、发展环境优势 ……………………………………………81
（一）建立市场化、法治化、国际化的营商环境 …………81
（二）双循环带来新机遇，投资环境进一步优化 …………81
（三）打造内陆改革开放高地，构筑更高水平开放型经济体系 ……………………………………………………82

第五章 对外开放格局下陕西旅游服务业高质量发展 ………83
一、对外开放格局下旅游服务业的定位 ……………………86
二、对外开放格局下陕西旅游服务业的特点与优势 ………86
（一）旅游资源优势明显 ……………………………………87
（二）交通区位优势显著 ……………………………………87
（三）政策支持效应显现 ……………………………………88
（四）国际旅游竞争力潜力增强 ……………………………88
三、陕西旅游服务业面临的新形势与挑战 …………………89
（一）疫情影响下的旅游业与高品质旅游产品的供给改革 …89
（二）数字化时代的不确定性与旅游服务业新价值体系的重塑 ……………………………………………………90
（三）双循环互相促进下的国内旅游服务业创新发展 ………92
四、对外开放格局下陕西旅游服务业高质量发展思路 ………93
（一）全力打造新时代陕西区域优质旅游产业 ………………93
（二）提升旅游业作为幸福服务产业的社会辨识度 …………94
（三）积极培育国际旅游服务业竞争力 ……………………95
（四）大力发展低碳生态旅游 ………………………………96

第六章 对外开放新格局下陕西文化服务业高质量发展 …… 99
一、陕西文化资源种类与特点 …… 101
（一）丰富的历史文化资源 …… 102
（二）底蕴深厚的“文学陕军” …… 103
（三）极具地域特色的“长安画派” …… 105
（四）厚积薄发的陕西影视 …… 106
（五）异军突起的陕西戏剧 …… 107
二、对外开放格局下陕西文化服务业发展的主要成就与短板 …… 108
（一）陕西文化服务业发展的主要成就 …… 109
（二）陕西文化服务业发展的短板 …… 113
三、对外开放新格局下陕西文化服务业高质量发展的思路 …… 115
（一）优化政策体系，提高对外开放水平 …… 115
（二）优化文化服务业布局，提升文化品牌影响力 …… 116
（三）促进大数据赋能文化产业，助力传统文化脱胎换骨 …… 116
（四）促进乡村文化振兴，加快现代乡村文明建设 …… 117

第七章 对外开放新格局下陕西体育服务业高质量发展 …… 119
一、陕西体育服务业发展的基本情况 …… 122
（一）陕西体育服务业发展门类齐全，但总体规模较小 …… 122
（二）陕西体育服务业结构不断优化，但体育产品创新能力弱 …… 125
（三）后疫情时期康养运动理念深入人心，体育服务业经营模式发生变化 …… 128
二、对外开放新格局下陕西体育服务业面临的机遇 …… 129
（一）国家“十四五”规划带来的机遇 …… 129
（二）新一轮技术革命及数字化技术提升带来的机遇 …… 130

（三）中国人民对美好生活的向往带来的机遇 …………… 131
（四）注意力经济的发展带给体育服务业的机遇 ………… 132
（五）对外开放新格局促进体育服务业国际化水平提升的机遇 …………………………………………………… 133
（六）“双减”政策助推体育教育培训发展 ……………… 134
三、对外开放新格局下陕西体育服务业高质量发展路径 ……… 135
（一）持续加强宣传，发挥群众体育的多元功能和综合价值 ……………………………………………………………… 135
（二）利用政策叠加优势，积极提升体育服务业国际化水平 ……………………………………………………………… 135
（三）发挥区域独特资源优势，打造山地体育品牌 ……… 136
（四）紧抓数字经济发展，培育体育服务业新商业模式 …… 137
（五）大力发展运动项目，优化现代体育服务业体系 ……… 138
（六）落实体教融合，促进青少年身心健康全面发展 ……… 139

第八章 对外开放新格局下陕西健康服务业高质量发展 …… 141
一、陕西健康产业发展概况 …………………………………… 143
（一）陕西健康指标位居西部前列，人民群众健康获得感显著增强 ……………………………………………… 143
（二）医疗器械产业初具规模，呈现集群化发展趋势 ……… 145
（三）保健品产业消费潜力大，形成了完整的产销区块链系统 ……………………………………………………… 148
（四）健康管理服务业起步晚，但整体发展较快 …………… 150
二、对外开放新格局下陕西健康服务业发展的重要机遇 ……… 150
（一）政策红利机遇 ……………………………………… 150
（二）大健康消费机遇 …………………………………… 151
（三）信息技术发展带来的机遇 ………………………… 152
（四）人口老龄化和“三孩”政策带来的机遇 …………… 153

三、对外开放新格局下陕西健康服务业高质量发展的目标 …… 153
（一）打造优质高效公共卫生服务体系 …… 153
（二）打造高质量医疗卫生服务体系 …… 154
（三）打造全生命周期健康保障体系 …… 154
（四）打造中医药传承创新发展体系 …… 155
（五）打造卫生健康综合支撑体系 …… 155
四、对外开放新格局下陕西健康服务业高质量发展方式 …… 155
（一）坚持新发展理念，充分贯彻落实健康产业国家战略 …… 155
（二）推动融合发展，构建全方位、多层次的健康产业链 …… 156
（三）推动更高水平开放，做好国内国际健康服务市场 …… 157
（四）加快转型升级，推动健康产业向中高端加快迈进 …… 157
（五）优化资源布局，促使健康产业集中集聚集约发展 …… 158

第九章 对外开放新格局下陕西养老服务业高质量发展 …… 159
一、陕西养老服务业发展概况 …… 161
（一）养老服务相关政策更加完善 …… 162
（二）养老服务设施布局更加合理 …… 163
（三）持续推进医养结合的养老服务保障 …… 163
（四）进一步加强养老服务人员队伍建设 …… 164
二、对外开放新格局下陕西养老服务业高质量发展的基础 …… 165
（一）政策扶持力度进一步加大 …… 166
（二）养老服务新模式进一步推广 …… 166
（三）生态养老优势进一步凸显 …… 167
三、对外开放新格局下陕西养老服务业发展存在的问题 …… 168
（一）养老服务业产业链尚未形成 …… 168
（二）养老服务业社会资本投入不足 …… 169

（三）基层养老服务供给不足 …………………………… 169
（四）养老从业人员和养老专业人才缺乏 ……………… 170
四、对外开放新格局下陕西养老服务业高质量发展建议 ……… 170
（一）加快对外开放步伐，降低养老服务市场运行成本 …… 170
（二）挖掘银色经济潜能，促进消费结构升级 ………………… 172
（三）加强金融服务支持，促进养老金融产品发力 …………… 172
（四）加强老年人关爱，建立健全长期照护服务机制 ……… 173
（五）提升养老服务职业吸引力，加强人才队伍建设 ……… 174

第十章 对外开放新格局下教育赋能现代幸福服务业高质量发展 …………………………………………………… 175
一、教育服务行业发展概况 ………………………………… 177
（一）教育培训行业 …………………………………………… 177
（二）国民素质培训行业 ……………………………………… 179
（三）职业教育培训行业 ……………………………………… 181
二、教育赋能现代幸福服务业发展的理论依据 ……………… 183
（一）重新认识人的发展主体性 ……………………………… 183
（二）推动区域提质培优创新的需要 ………………………… 184
（三）新阶段教育社会学“适应论” ………………………… 185
三、对外开放格局下教育赋能陕西现代幸福服务业高质量发展的建议 …………………………………………………… 186
（一）发挥好教育对陕西人民寻绎幸福生活的驱动作用 …… 186
（二）提升职业教育对人民实现美好生活追求的助推功能 … 187
（三）促进教育深度融入现代幸福服务业体系建设 ………… 187

第十一章 现代幸福服务业融合发展的经验借鉴 ………… 189
一、文商体旅融合发展——绍兴经验 ……………………… 192
（一）抓住特色，促进文商体旅融合发展 ………………… 192

（二）应对疫情，打出政策“组合拳” …………………… 193
二、农商文旅体融合发展——成都经验 …………………… 194
（一）构建现代农业产业生态圈，构建融合发展的现代产业体系 …………………… 195
（二）实现农业赋能，共生经济推动产业相融发展模式 …… 196
三、文体旅教融合发展——北京经验 …………………… 197
（一）拓展奥运场馆功能，积极探索场馆转型发展之路 …… 197
（二）推行奥运遗产战略计划，促进文体旅教有机融合 …… 199

第十二章 陕西现代幸福服务业融合与联动发展路径 ……… 201
一、陕西现代幸福服务业融合与联动发展思路 …………… 203
二、陕西现代幸福服务业融合与联动发展模式 …………… 204
（一）供给模式：加快载体建设，形成聚集效应 …………… 205
（二）消费模式：积极构建消费生态，扩展消费边际 ……… 206
三、陕西现代幸福服务业融合与联动发展机制 …………… 207
（一）发展目标 …………………… 207
（二）园区开发机制 …………………… 207
（三）产业引进机制 …………………… 208
（四）管理考核机制 …………………… 209
四、陕西现代幸福服务业融合与联动发展路径 …………… 209
（一）打破行政壁垒，加快政策衔接 …………………… 209
（二）统筹规划产业融合与联动发展平台 …………………… 210
（三）优化创新产业融合与联动网络 …………………… 210
（四）推进现代幸福服务业之间交叉融合 …………………… 211

第十三章 对外开放新格局下陕西现代幸福服务业高质量发展对策与建议 …………………… 213
一、全面推进陕西现代幸福服务业高质量供给 …………… 216

（一）从理念上提升陕西现代幸福服务业服务质量 …………… 216
（二）从效率上提升陕西现代幸福服务业服务能力 …………… 217
（三）从价值链上延伸陕西现代幸福服务业发展空间 ……… 218
二、加快培育壮大陕西现代幸福服务业新型消费 ……………… 219
（一）营造良好安全的消费市场环境 ……………………… 219
（二）加强科技赋能陕西现代幸福服务业消费场景 ………… 220
（三）切实构建陕西现代幸福服务业绿色消费机制 ………… 221
三、大力推进陕西现代幸福服务业高水平开放 ………………… 222
（一）对标国际标准加大陕西现代幸福服务业贸易发展力度 …………………………………………………… 222
（二）营造一流营商环境保障陕西现代幸福服务业高水平开放 …………………………………………………… 223
四、大力推动陕西现代幸福服务业交叉融合发展 ……………… 224
（一）加快形成关中平原城市群、西安都市圈现代幸福服务业融合互动格局 ……………………………………… 224
（二）通过大项目打造陕西现代幸福服务业融合发展综合体 …………………………………………………… 225
（三）协同推动陕西现代幸福服务业联动发展 ……………… 225
五、加强陕西现代幸福服务业从业人员专业化建设 …………… 226
（一）健全陕西现代幸福服务业从业人员服务保障体系 …… 227
（二）提升陕西现代幸福服务业从业人员社会地位及待遇水平 …………………………………………………… 227
（三）依托陕西现代幸福服务业创新人才培养新模式 ……… 227
六、加强对陕西农村现代幸福服务业发展系统化指导 ………… 228
（一）建立支撑陕西农村现代幸福产业高质量发展的现代产业体系 …………………………………………………… 229
（二）构建新时代陕西农村现代幸福产业协同发展新机制 …………………………………………………… 229

（三）加大数字乡村建设中陕西现代幸福产业投资力度…… 229
（四）加快建设陕西农村现代幸福产业发展大市场………… 230

第十四章　总结与结论 ………………………………………… 231

参考文献 ……………………………………………………… 237
索　引………………………………………………………… 249
后　记………………………………………………………… 251

第一章

绪　论

一、研究背景

当前，全球产业结构处于由“工业型经济”向“服务型经济”加速转型的发展时期，现代服务业发展日新月异，发生了巨大变化。以云计算、大数据、移动互联网、物联网和新型终端技术等为代表的新一代信息技术为现代服务业发展提供了更坚实的技术基础和更大的发展空间，现代服务业呈现出“跨界融合”的新态势与新特征。“十四五”时期，中国加快发展现代服务业，国家大力推动生产性服务业向专业化和价值链高端延伸，推动生活性服务业向高品质和多样化升级，加快发展健康、养老、育幼、文化、旅游、体育、家政、物业等服务业，加强公益性、基础性服务业供给①。国家一系列促进服务业创新与开放发展的举措不断出台，扩大服务业对外开放、放宽市场准入，也为外资进入中国服务业市场、分享中国发展红利提供了机遇，同时国内消费者和相关产业也能得到更多高质量、国际化的服务，这些开放举措对加快中国服务业对接国际规则，提高其国际竞争力具有重要意义，服务业开放合作正日益成为推动经济发展的重要力量。

人的自由全面发展既需要物质基础，也需要精神积淀和文化滋养。党的十八大以来，我国社会生产力水平和社会供给能力显著提

① 《中共中央关于制定国民经济和社会发展第十四个五年规划和二〇三五年远景目标的建议》。

升，人民生活水平日益提高，广大人民的基本需求逐步得到有效满足。进入新时代，我国人民群众的“需求侧”升级为“对日益增长的美好生活需要”，人民对美好生活的需求日益品质化、个性化、高端化，与人的精神文化需求相关的旅游、文化、体育、健康、养老及教育培训等现代幸福服务业蓬勃发展。现代幸福服务业属于《服务贸易总协定》（GATS）中的主要部门，是现代服务贸易的重要组成部分。近年来，中国现代幸福服务业的快速发展既拉动了消费增长，也促进了消费结构的升级。现代幸福服务业不仅可以更好地满足人们对生活质量的追求、对美好生活的向往，也有利于增强人民群众的获得感、幸福感、安全感。随着我国推进更高水平的对外开放和推动高质量发展政策的进一步落实，服务业尤其是现代幸福服务业将是社会发展水平提升的重要标志。瞄准国际标准推动中国现代幸福服务业高质量发展，大力提升现代幸福服务业国际化水平，培育现代幸福服务业在新一轮国际竞争中的新优势，促进经济结构向中高端水平迈进，是中国在新发展阶段的重要举措。国家发改委提出，“十四五”期间，要将现代幸福产业打造成为十万亿级的产业，现代幸福服务业迎来前所未有的发展机遇。

陕西处于国家向西开放的前沿阵地，近年来全力服务“一带一路”建设，持续发力“一带一路”交通商贸物流中心、国际产能合作中心、科技教育中心、国际文化旅游中心、丝绸之路金融中心“五大中心”建设，谱写了合作共赢、追赶超越的新篇章。良好的发展环境与政策支持使陕西的文化、教育、旅游等产业在深度和广度上有了更大的拓展。按照《陕西省“十四五”服务业高质量发展规划》的要求，到 2025 年，全省服务业增加值将力争突破 1.8 万亿元，服务业增加值占全省地区生产总值的比重达到 50% 左右，陕西现代幸福服务业发展在新的时期面临重大机遇，包括深入推进西部大开发的机遇、大力实施工业化战略的机遇、进一步扩大需求和承接产业转移的机遇、加快转变经济发展方式的机遇等。促进现代幸福服务业高质量发展，是陕西落实扩大内需战略，构建以国内大循环为主体、国内国际双循环相互促进的新发展格局的重要抓手，是陕西在新发展阶段提升经济发展水平、推动经济高质量跨越式发展的必然要求。

二、研究意义与研究目标

（一）研究意义

（1）促进陕西现代幸福服务业的整体发展和经济结构转型升级。现代幸福服务业发展水平的高低是经济发展水平高低的重要体现。作为服务业的重要组成部分，现代幸福服务业的发展质量在很大程度上影响着服务业的发展质量，发展现代幸福服务业有利于提高服务业的整体质量。加强对现代幸福服务业高质量发展的研究对促进陕西产业结构持续优化和经济转型升级具有重要意义。

（2）推动陕西绿色产业体系创新升级。陕西经济的高质量发展，需着力贯彻落实创新、协调、绿色、开放、共享的新发展理念。现代幸福服务业的生产方式大多为低能低耗、健康环保方式，这能够在为人民群众提供相关产品和服务的同时，减少对生态环境的负面影响。作为重要的绿色产业，现代幸福服务业在传递绿色生活理念、推动陕西产业体系绿色升级方面意义深远。

（3）满足陕西人民对生活质量的追求和对美好生活的向往。旅游、文化、体育、养老、教育等产品和服务与人的全面发展息息相关，主要围绕人的身心发展展开，现代幸福服务业的显著增长顺应了居民消费从物质消费向服务消费转型的需要，对增强三秦人民的获得感、幸福感、安全感具有重要的作用。

（4）促进陕西现代幸福服务业更高水平的开放。新发展格局下，现代幸福服务业的高水平开放和高质量发展需要形成强大国内市场和国外市场，加强对现代幸福服务业统一开放、竞争有序的现代市场体系建设，对提升经济增长质量、效率和效益，实现高质量发展具有重要意义。对陕西现代幸福服务业高质量发展的研究，可以促进陕西现代幸福服务业转型升级和结构调整，提升服务业国际竞争力，为陕西现代幸福服务业实现跨界融合提供理论指导。

（5）推动陕西实现共同富裕。乡村振兴背景下，现代幸福服务业是让农村更充满活力、让美丽家园更和谐、让群众生活更幸福的重要产业，是乡村振兴的支柱。乡村振兴是实现共同富裕的内在要求，中国在走共同富裕道路过程中，除了经济层面的要求外，政治、精神文化、社会和生态层面的共享越来越得到高度重视。陕西乡村现代幸福服务业发展任重道远，加强对陕西乡村现代幸福服务业的发展研究，对缩小陕西城乡发展差距、推动陕西实现共同富裕具有重要的现实意义。

（二）研究目标

（1）深入开展调查研究，了解现代幸福服务业发展的现状和主要问题，明确现代幸福服务业发展中存在的共性和个性问题，掌握陕西现代幸福服务业高质量发展面临的“瓶颈”，把握陕西现代幸福服务业发展的主要方向。

（2）通过对省内外现代幸福服务业的对比分析和深入研究，结合具体案例，确定陕西现代幸福服务业高质量发展的实现路径和发展体系，明确对外开放新格局下陕西现代幸福服务业融合发展与国际竞争力提升的重点方向。

（3）通过对对外开放新格局下的陕西现代幸福服务业高质量发展的深入分析，促进新时代人的全面发展，为陕西布局现代幸福服务业发展全业态、推动生活性服务业向高品质和多样化升级、培育和形成服务业开放合作发展的模式提供有益经验与启示。

三、国内外研究动态

（一）国外研究动态

1. 现代幸福服务业发展的缘起

随着社会经济的快速发展，人民普遍关心自身的幸福感和愉悦感。幸福被认为是一种无形的、复杂的、多维理论视角下的社会现象（Rahmani et al.，2018）。幸福感能够给个体提供一种情感体验，也会影响其日常行为（Okely et al.，2019）。Fossas（2019）研究发现，随着心理的成熟，个体对幸福感来源的认识由外部因素转变为自身内部因素，心理成熟度越高，洞察自己情绪的能力越强，内心越和谐，该研究从实证的角度表明人的幸福感包括来自物质层面的幸福感和来自精神层面的幸福感。作为一种主观体验，幸福感来源于个体与社会、自然的相互作用（Korpela et al.，2020），它不仅奠定了个人的情绪平衡机制，更成为改善个体与环境互动关系的重要条件（Wilson，1984；Harvey et al.，2020）。在心理学研究中，研究者们对主观幸福感的理论建构基本源于两个维度：愉悦论和实现论（Rahmani et al.，2018）。愉悦论强调个体即时的感官愉悦，着重描述的是一种快乐和享受；实现论则更注重个体的精神获得，强化了个体的自我实现与自我成长，还涉及美德、自我效能等层面（Huta et al.，2010；Rahmani et al.，2018）。在现代社会中，物质主义盛行可能是导致人们精神寄托缺失的原因之一（Kasser，2002；辜美惜等，2016），高度城市化水平和脱离自然的生活模式也逐渐成为重要的引致因素（Harvey et al.，2020）。个体的幸福感和生态环境系统的良性互动发展，能够促进个人、社会与环境的可持续发展（Korpela et al.，2020）。

英格尔哈特（1997）的《寂静的革命：变化中的西方公众的价值与政治行为方式》一书通过研究社会形态等众多因素，提出价值观的变化规律。他认为“物质主义”价值观向“后物质主义”价值观转型，是一场更为广泛的文化转型的组成部分。20 世纪 90 年代以后，社会发展逐步向满足个体需求的方向转变，人类精神文化层次的需求及相关的产业得到重视和发展。《挪威监测》自 1985 年以来，每两年进行一次关于价值观变迁与体育随社会轨迹如何发展的研究，认为随着后工业社会的发展，后物质主义价值观逐渐形成，在这种价值观的推动下，体育行为也在遵循价值观变化的规律并逐渐走向人本化、大众化。2004 年，以 Neal、Sirgy 和 Uysal 为首的研究者鼓励在旅游学界开展更多的幸福感研究，旅游者幸福感作为重要的指标开始得到研究和深化，使用满意度和情感因素来测量旅游者幸福感亦获得了相关实证研究的支持（Pratt et al.，2016）。Kirstin Hallmann 等（2017）认为体育和文化活动支配着大多数人的闲暇时间，是人们休闲和娱乐放松的主要形式。1926 年 Russell B. 出版的《教育与美好生活》一书中，将教育与人的幸福生活联系在一起。近年来，以艾斯特巴（Estevay G.）和埃斯科瓦尔（Escobar A.）等为代表的拉美学者基于印第安传统哲学，提出区别于西方中心主义的美好生活新理念。厄瓜多尔、玻利维亚还将“美好生活”理念写入宪法，将食品、健康环境、教育、居住、健康等作为国民的“美好生活权”。

经济合作与发展组织（OECD）推出的美好生活指数（Better Life Index，BLI），联合国《世界幸福报告》全球数据库（Numbeo）定期发布的生活质量指数（Quality of Life Index）、联合国开发计划署的人类发展指数（Human Development Index），都将健康、教育等作为美好生活的重要指标。可见，国外关于现代幸福服务业的研究源于人们对精神生活层面的诉求，因而衍生出的相关产业包括旅游、体育、文化等。旅游、体育、文化等服务业都具有精神文化方面的共同属性，这些产业具有天然的关联性。因而，进一步的研究趋向于产业关联、联动及融合方面的内容。

2. 现代幸福服务业联动融合发展

六大幸福产业属于服务业范畴几乎没有什么争议，联合国标准产业分类（SIC）将旅游业、文化娱乐业等划分为消费性服务业，Grubel 和 Walker（1989）提出消费性服务业包括教育等行业。消费性服务业因研究的侧重面不同而有所差异，也称为消费者服务业、生活性服务业、个人服务业、最终需求服务业、民生服务业等。美国统计局、英国标准产业分类（SIC）均将教育、文化等列为服务业。服务业的创新发展和高质量发展在不同阶段从理论上看，较为典型的是集聚、联动与融合发展。

从服务业演进的历史和产业集聚理论发展历史来看，其研究历史不如制造业那么久，参照制造业集聚的研究来看，有学者曾在产业集聚的框架下考察商业服务业的增长和就业变化。Guerrier 和 Meliciani（2005）认为制造业对服务业的需求是引致服务业增长的关键，服务业的发展主要依赖制造业的发展。Daniels（1985）对英国现代服务业的区位选择问题进行了研究，Allen Seott（1988）认为现代服务业的发展由于经济发展的需要已经开始从城市的中心区域向周边区域扩散。Beyers（1993）认为现代服务业发展与城市经济发展之间呈正比例关系，城市经济越发达，意味着现代服务业发展越快。Glasmeier（1994）认为现代服务业发展不仅可以带动相关产业的高效发展，而且可以促进当地其他重要产业竞争优势的发挥。可见，服务业的发展对经济、相关产业的重要作用日益凸显。

Miller（2001）研究发现，英国伦敦集聚了全英国最重要的服务业集群，这为伦敦的产业发展提供了重要的活力源泉。服务业集聚的效应研究越来越受到重视，服务业联动发展、集聚发展的研究不断深入。从产业联动发展的角度来看，国际上相关的研究相对较早，多数学者认为产业联动发展是区域经济联动的一部分。Massey 和 Doreen（1984）指出，区域经济发展应基于区域之间的上下游产业链关系和投资关系。20 世纪 90 年代后，区域产业联动更多集中于区域集聚即产业集群方面，Scott 和 Storper（2003）认为要促进产业的区域集聚，核心区域先发展并带动外围区域发展。Schneider 和 Wedel（2008）等强调长久持续的产业间合作才是产业转移区发展的动因。Adriana（2015）认为创新已成为产业集群发展的中心和关键因素，通过对巴西集聚区和非集聚区的创新指数进行对比分析，发现创新指数和产业集聚内的企业存在联系，产业集群有利于技术创新，同时创新也能够促进产业集聚的发展。

产业融合是现代产业发展的一种新的特征和趋势，该思想最早源于 Rosenberg（1963）对美国机械设备业演化的研究，1978 年《牛津英语词典》就记录了融合（Convergence）一词的最初应用，Negreou-ponte 在 1973 年开始使用该词（Brand，1988）。Stieglitz（ 2003）运用演化经济学和产业生命周期理论构造出一个产业融合类型与产业动态演化的理论框架。本书通过检索和对文献的分析，发现国外学者对于产业融合的影响研究大多集中于产业融合对企业战略管理的影响上，现有的理论以及实践研究成果，主要从不同角度分析产业联动及某一要素或条件对产业联动的影响，联动的产业和融合的对象主要集中在制造业，服务业尤其是现代幸福服务业的联动发展融合尚需进一步研究。

（二）国内研究现状

1. 幸福产业与现代幸福服务业的内涵与外延

国内关于幸福产业的提出源于前国务院总理李克强 2016 年出席夏季达沃斯论坛时提出旅游、文化、体育、健康、养老“五大幸福产业”的概念，后来学者们将教育也纳入其中，并称之为“六大幸福产业”。“幸福产业”实际上是现代社会民本、民生思想在经济领域的直接体现。党的十八大以来，中国一直把民生问题放在各项工作的首位，要“让人民生活得更加幸福、更有尊严”。幸福产业发展战略的核心是以人为本，发展现代幸福服务业，在后物质主义时期可以更好地满足人们生活条件改善后对生活质量的追求、对美好生活的向往，这是每个人内心的追求，发展现代幸福服务业很明显有利于增强人民群众的获得感、幸福感、安全感。

“人民对美好生活的向往，就是我们的奋斗目标。”党和国家领导人的郑重宣誓为社会科学的发展指明了方向，幸福问题已成为社会科学需要研究的重大问题，满足人民对幸福的需求，已成为越来越多国家、地区、科学、技术、教育和社会事业持续发展的动力（白长虹，2021）。美好生活说到底是人们的生活态度和生活方式，是关于生活的价值心理、价值评价、价值选择、价值行为的总体观念（张三元，2021）。美好生活从主观的角度理解，就是“幸福生活”，幸福不能缺少精神生活，而只有符合中国特色社会主义先进文化的精神生活才是美好生活（王云霞，2021）。幸福感不仅是个体的人生追求，也是社会发展的落脚点。幸福感是个体对自己生活质量的认知评价和情感体验，是良好生活状态的指标。提升国民幸福感不仅要关注改善物质生活条件带来的幸福感，还要关注更高层次的精神追求带来的幸福感（孙俊芳等，2021）。

旅游服务业：2009 年国务院发布的《关于加快旅游业发展的意见》中提出，“把旅游业培育成为人民群众更加满意的现代服务业”。2013 年国务院发布的《国民旅游休闲纲要（2013—2020 年）》中明确提出，旅游业要能够促进社会福利；中国旅游智库秘书长、南开大学教授石培华认为，旅游带来消费、带来市场、带来服务能力提升，对培育其他幸福产业有孵化功能。新时代人们的需要正在从物质性要求转向非物质性的精神需要，即对美好生活的追求。旅游是新时代人们不可或缺的、区别于惯常环境的一种生活形态，旅游创造幸福生活，更创造美好生活。旅游产业是新时代人民日益增长的美好生活最重要的支撑之一，是人们获取美好生活的最重要的平台和路径之一（马耀峰，2017）。从全社会发展角度看，旅游业还是一项有助于增进社会福祉的现代新兴服务产业。

文化服务业：党的十九大报告提出，要满足人民过上美好生活的新期待，必须提供丰富的精神食粮，文化就是涵养个人品位气质，赓续民族精神血脉的主要服务业。周辅成（1987）认为人作为历史文化的存在，生活于特定的价值与文化模式中，人们对幸福的体验是由文化定义的，只有置身于特定的文化之中，才能领悟到生命的意义，从而获得属于人的幸福感。谢传仓（2015）认为文化产业是精神与物质结合的生产和交易的产业。黄清喜（2017）认为文化产业是将娱乐、教育与文化等因素以服务的形式，根据消费者的需求进行生产。马卫光（2018）认为文化产业是提升现代服务业发展水平的重要抓手，要从文化着手提升现代服务业发展水平。坚持“文化+”，以文化植入改造提升传统产业，延长产业链、补强创新链、提升价值链、优化生态链，把文化资源优势转化为发展优势。2020年，党的十九届五中全会就“健全现代文化产业体系”做出最新战略部署，这标志着文化产业发展进入跨越式成长的跃迁阶段。

健康服务业：国家统计局2014年发布的《健康服务业分类（试行）》，将“健康服务业”定义为“以维护和促进人类身心健康为目标的各种服务活动”。同时国内对“康养产业”概念的提出也始于2014年，在研究视角方面更侧重于产业经济学视角。李后强（2015）在《生态康养论》中认为生态康养产业是一种高级形态的现代服务业。目前，中国对健康产业的认识经历了从“健康服务业”到“大健康产业”的变化过程。杨红英和杨舒然（2020）指出康养是指伴随健康理念的推广，人们通过养老、养生、医疗、休闲、文化、度假、农业、村落、运动、健身、膳食等多方面的供给，以满足全龄段人群在身体、心灵、精神、生活和社会适应度等方面养心、养身和养正需求的健康生活状态的总和。综合各方观点可知，康养产业具有公共产业性质，如公共健康、基本医疗卫生服务、基本养老服务等，其涉及人的健康与养老，是关系到人的生命尊严，与人的身心紧密相关的产业。

体育服务业：邵齐（2010）认为体育服务业是为社会或公众提供体育服务及相关配套服务等产业部门的总称。江小涓（2018）、肖婧莹（2019）认为，体育服务业是体育场馆服务、体育竞赛表演活动、体育健身休闲活动、体育旅游、体育培训以及相关配套服务业等交叉产业的总称。按照《国家体育产业统计分类》标准，体育服务业应包括体育管理活动，体育竞赛表演活动，体育健身休闲活动，体育场馆服务，体育中介服务，体育培训与教育，体育传媒与信息服务，其他与体育相关服务，体育用品及相关产品销售、贸易代理与出租。自

2014 年在国家政策引领与市场力量驱动的共同作用下，体育产业发展迅速，并成为国家重点培育的新经济、“软产业”。尤其是休闲体育旅游产业已成为一种新兴的、嫁接式的复合产业而广受大众青睐，休闲体育市场与社会需求之间具有双向互动关系，其发展需要从人的需求和消费条件出发，才能更好地发展休闲体育产业（赵红梅，2020）。群众体育消费需求呈旺盛和多元化趋势，实施体育产业需求侧改革，引导体育产业内外部融合也是当前的发展重点。要构建高端体育用品制造业与现代体育服务业融合发展的现代体育产业体系（蔡朋龙、李树旺，2022）。

养老服务业：养老服务指的是为老年人提供必要的生活服务，满足其物质生活和精神生活的基本需求。随着人口老龄化、生育率下降和家庭小型化趋势加剧，人们对养老服务的需求不断上升。以老年体育健身、老年文化娱乐、老年金融服务、老年旅游等为主的养老产业得到了较快的发展，养老服务业增加值在服务业中的比重有了明显的提升（青连斌，2016）。养老是特殊的人口再生产活动，老年人群作为已经经历过出生和成长阶段的群体，相对于新生群体，他们已经具备了相应的知识、技能、生产生活经验等，若能使老年人在达到老年期之后仍能为社会生产提供劳动力，则这在一定程度上仍是一种人口的再生产活动（胡立君等，2018）。可以说与养老产业发展相适应的养老服务体系是一个完整的系统，服务对象涵盖所有的老年人，并且能够满足为所有老年人提供精细化、多元化、差异化的服务需求（包世荣，2019）。

教育服务业：教育的最终目的就是使人幸福，无论是从教育目的来看，还是从教育作用来看，幸福都是教育的应然指向（郭文良，2021）。国务院办公厅印发的《关于进一步扩大旅游文化体育健康养老教育培训等领域消费的意见》（2016）明确了教育服务尤其是教育培训在改善民生、促进服务业发展方面的重要作用，提出加强教育培训与“双创”的有效衔接，鼓励社会资本参与相关教育培训实践，为

"双创"提供更多人才支撑。教育在支持社会服务产业发展，提高家政、养老、育幼等领域紧缺人才培养培训质量方面发挥着重要作用。教育是一项育人及服务社会的事业，幸福社会不仅是教育的社会建构理想，也是教育的使命所在，教育能够提高人们对幸福本身的认识，提升幸福的层次，并为人的物质需要与精神需要的满足创造条件。

因此，六大幸福产业——旅游、文化、体育、健康、养老和教育在本质上都是以满足人的精神需求、促进人的身心发展为前提的，幸福产业本质上就是服务业，并且随着经济发展水平的提高在服务业发展中占据越来越重要的地位。

2. 现代幸福服务业集聚、联动与融合发展研究

国内产业集聚与联动研究始于20世纪90年代末。2005年以后，产业联动的理论研究不断深入，其中代表性理论如产业集群理论为区域产业集聚现象的解释提供了理论工具，认为区域的核心竞争力表现在地方特色产业集群上，地方经济发展必须重视产业集群，并推动以创新为主的知识密集型产业的发展（惠宁，2005，2009）。此外，产业联动理论研究还表现在区域协调发展、区域集群与外部联系和国内产业与GVC对接3个视角（高伟等，2010）。近年来产业联动的主体、驱动力和效应的探索性成果不断出现，大多数学者认为产业联动以产业关联为基础，提出产业联动会产生资金、普通劳动力、人才、技术等由欠发达地区向较发达地区高速集聚的效应（聂锐、刘宁宁，2008；林兰，2010）。而产业融合则指不同产业或同一产业不同行业相互渗透、相互交叉，最终融合为一体，逐步形成新产业的动态调整与发展的过程，产业融合可分为产业渗透、产业交叉和产业重组3类，并形成产业融合的创新性优化效应、竞争性结构效应、组织性结构效应、竞争性能力效应、消费性能力效应和区域性效应六大效应（杨红英、杨舒然，2020）。

（1）理论层面的研究主要包括：①产业联动的动力机制和发展模式。董晓菲等（2009）从资源、经济、就业及环境方面探讨了东北沿

海经济带与腹地海陆产业联动的动力机制。刘颖琦（2009）等构建了西部生态脆弱贫困区产业联动的模式，即区域内产业联动模式和区域外产业联动模式两大类。②产业联动的定位与持续发展。张明倩（2009）对京津冀的产业联动程度进行了测度，对相关城市的产业发展进行了定位。任保平（2007）从产业互动的视角，依据循环经济的理念研究了强化经济与生态环境的互动发展的西部发展新模式。③产业联动的对象和内容，较多集中于制造业。周振华（2008）较早对产业融合的现象和本质进行了系统研究。厉无畏（2002）从产业发展的角度认为所谓产业融合，是指不同产业或同一产业内的不同行业通过相互渗透、相互交叉并最终融为一体的过程。马健（2006）认为产业融合不仅从微观上改变了产业的市场结构和产业绩效，而且从宏观上改变了一个国家的产业结构和经济增长方式。党兴华等（2021）主要基于新时代陕西经济发展的战略重点提出构建幸福产业体系，认为幸福产业市场潜力巨大，而且是国民经济中最具稳定性的产业，新时代构建幸福产业体系是经济社会发展的迫切需要，是实现经济社会目标的客观要求，是实现人民美好生活的重要路径，是社会经济发展战略的关键。

随着服务业发展领域的不断延伸，我国产业融合能力也在不断增强，不断改善服务价值链的效率，提升服务价值与顾客满意度，已成为我国服务业发展的重要内容。产业联动融合发展开始涉及传统服务业（如物流业）和部分现代幸福服务业。学者们针对旅游圈的产业联动利用非平稳时间序列分析方法、Granger 因果关系检验法和弹性系数分析法，分析了旅游业发展对第三产业增长及各部门的关联带动性（南宇，2006；苏建军，2011）。旅居养老、教育养老成为新的和更高层次的养老方式（庞小笑等，2015；吴燕，2015），体育产业与文化产业的融合发展、体育产业与健康服务业联动发展等都成为学者们研究的焦点（解学芳，2011；廖伟，2015；牟柳等，2021；黄海燕，2022；等）。可见，将不同的幸福产业从融合发展、集聚发展角度或者是当作整体来研究的成果不断增加。

（2）实践层面的研究主要包括：①文化体育旅游融合发展研究。郭志敏（2014）认为，文化产业与旅游产业二者是相辅相成、紧密联系的，文化产业促进旅游产业的发展，而旅游产业反过来也影响了文化产业的发展。周春波（2018）认为消费需求动力、技术创新动力、政府规制动力都对我国文化与旅游产业融合具有推动作用，且市场化程度高的地区更易融合发展。尹宏和王苹（2019）认为文化体育旅游融合是产业发展的新趋势，并提出推动文体旅产业融合有 4 条路径，即以赛事资源为核心发展体育旅游、以产品创新为核心升级文化旅游、以业态融合为纽带融通文化与体育、以产业生态为核心促进文体旅融合。高绿路等（2020）提出建设共生单元、优化共生模式、营造共生环境 3 条路径，以促进“体育 +5G”产业融合发展。刘河杉（2021）认为推进体育与健康产业的融合，可实现主动养护与被动防治的结合，进而建立全方位、系统化的健康治理模式，推动我国居民整体健康水平的可持续提升。雷雨和刘安清（2021）认为旅游产业与体育产业的融合发展会成为一种必然。王石峰和夏江涛（2022）认为体育赛事旅游是历史悠久、影响力最大的体育消费热点，现已发展成为重要的支柱产业，推动体育产业和旅游产业融合及关联行业发展，有助于丰富体育旅游产品体系，拓宽体育旅游消费渠道，培育经济发展新的动能。②健康产业融合发展研究。健康产业涵盖多个与人民健康福祉密切相关的领域，不管是主体还是服务范围与对象等方面，都具有丰富的内涵和外延。健康产业具有产业体系广、产业链条长、产业融合深、辐射面广、消费拉动力度大、创造就业机会多、抗风险能力强等复合型特征。在人们重视与追求健康、对健康产品与服务的需求与日俱增的背景下，大健康产业潜力与活力巨大，发展前景向好，康养理念更加深入人心，由此衍生的康养产业是伴随人民生活水平提升后发展十分快速的新兴产业。《中国康养产业发展报告（2017）》蓝皮书中，将康养产业的核心功能定义为“尽量提高生命的长度、丰度和自由度”。程臻宇（2018）提出康养所关注的健康是人的身、心、灵3个层次的整体性健康，区域康养产业的发展不能简单套用“康养+”概念，而是需要区分区域具体情况，以公共性康养为产业基础，由基础至高端，呈金字塔状有序发展。杨懿和时蓓蓓（2020）认为健康旅游产业具有广阔的融合发展空间。他们认为健康旅游包括医疗旅游、温泉旅游、体育旅游、森林旅游、养生旅游等，研究强调健康旅游既源于“旅游业的健康化”，也源于“健康业的旅游化”。汪莉霞（2021）认为康养产业尤其是智慧康养肩负着满足人民物质、精神需求的使命，同时承载着探索新经济增长点的重要功能。孙抱朴（2021）认为发展康养产业，打造区域康养集群不仅有利于提升区域市场竞争力，还有利于解决中国老年人口不断上涨、社会养老服务供给不足问题。大健康产业能够通过产品聚集、技术聚集、资金聚集、管理聚集、服务聚集、市场聚集等来实现产业联动与价值再创新。杨红和夏茂生（2022）认为旅游产业与康养产业融合发展的市场收益增值、技术创新增值、合作成本以及政府补贴是影响博弈系统演化的重要因素，也是旅游与康养融合发展的关键。③养老产业融合发展研究。作为城市养老服务的新模式，城市医养融合的本质在于医疗资源和养老资源的互相耦合及嵌入。谢舜和陈宇（2018）提出医养融合会更加契合老龄化社会特点，符合老年人消费偏好。冯珺和肖淑红（2020）认为在健康老龄化的背景下，体养融合对于避免老年人失能、提升老年人运动素养具有重要的现实意义，体养融合具有融合前景整体向好、融合潜力尚待挖掘、融合方向趋于多元等特征。蒋军成和袁野（2021）基于乡村振兴视角对以河南省信阳市郝堂村、湖北省鄂州市张远村、内蒙古自治区鄂尔多斯市树林召镇为代表的村庄乡村金融合作社进行了分析，提出乡村合作金融与养老的融合是对互助养老模式的探索。高鹏和杨翠迎（2022）运用扎根理论从“养中有医”“医中有养”和“医养共体”3个角度深入剖析了我国医养结合服务的实践逻辑和传导机制，提出我国要在优化现有模式的基础上，拓宽关联资源的协同路径，实现医养结合服务在模式和实践路径上的创新。任子璇和王君（2022）提出“体育＋养老”的产业融合是指将两大产业有效结合，通过填补原有的产业空白，增加新的竞争优势来占据新市场、扩大新领域，二者融合发展有助于优化养老服务体系，有助于养老产业的充实与创新，同时充分挖掘体育产业资源在养老服务体系建设中的价值并发挥其优势。需要注意的是，健康和养老往往更易结合在一起，但健康养老产业并不是健康与养老的简单相加，更需要医疗健康资源与养老资源的融合互动，要打破产业内各相关行业关联度不高的“松散型”发展模式，推进形成多元化、多层次、全链条的健康养老产业链，注重本位产业与其上下产业链之间以及其他产业融合之间的关系（丁文珺、熊斌，2022）。④教育培训与现代幸福服务业融合发展。现代幸福服务业发展中面临的重要问题之一是缺乏专业化和高素质服务人才。任叁（2021）认为与行业职业发展紧密相连的职业技能教育按照国家规定的职业标准、通过政府授权的考核鉴定机构，能对劳动者的专业知识和技能水平进行客观公正、科学规范的评价与认证，职业培训是改善高技能人才短缺状况的重要举措。洪群联（2021）认为中国新一轮对外开放的重中之重是服务业高水平对外开放，要增强服务业国际竞争力，针对人才问题优化人才奖励体系，规范完善职业资格认证制度，提高服务业从业人员职业化水平。实行以增加知识价值为导向的分配政策，支持以知识、技能、管理等多种要素参与分配，最大限度调动人才创新发展的积极性、主动性。廖军华、王欢（2022）和顾江（2022）认为在旅游、文化、养老、健康、体育行业，当前均存在人才供不应求、高质量人才紧缺等问题，不能适应现代幸福服务业高质量发展对高端人才的需求。需要建立健全培训体系，完善人才引进、评价和激励机制，优化人才供给体系，不断提升现代幸福服务业从业人员综合素质与能力。

文献检索与分析表明，国内外对现代幸福服务业集聚、联动与融合发展有了一定的探索，对现代幸福服务业之间的融合，尤其是多产业融合的研究还需进一步深入；现代幸福服务业发展对区域经济及开放经济发展贡献的研究相对较少，需要进一步深入研究；特别是在对外开放新格局下，现代幸福服务业的高质量发展与当前仍存在的发展不平衡不充分难题，现代幸福服务业现代化产业链构建等问题还需进一步研究。基于此，本书将在现有研究成果基础上，围绕现代幸福服务业的发展现状及存在的问题，重点探索陕西现代幸福服务业高质量发展的路径和具体措施，不断丰富新发展格局下现代幸福服务业高质量发展的研究内容。

四、概念界定

（一）幸福产业及其特点

2016 年夏季达沃斯论坛上，时任中国国务院总理李克强首次把“旅游、文化、体育、健康、养老”五个产业称为“五大幸福产业”。幸福产业概念的提出引起国内学者的关注，五大幸福产业的共性在于都是为人服务的，都是为人创造幸福价值的。除五大幸福产业之外，学者们普遍认为教育也是围绕人的身心展开的，并且对幸福感有较大影响，因而幸福产业应该包括“旅游、文化、体育、健康、养老、教育”6 个产业。

全经联智库提出，幸福产业就是为人提供健康、智慧、快乐、活力等产品和服务，为人创造健康、智慧、快乐和活力等幸福价值的产业。首先，幸福产业是为人服务的产业，服务的对象都是共同的，都是在为人创造多层次、多维度的幸福价值。其次，幸福产业的用户都是人，都是 C 端，是为人民服务的、以人民为中心的产业。幸福产业是由价值来定义的产业，能成为一个大产业，这意味着各个产业要素的共享和价值的共创成为可能，从而协同与融合成为幸福产业的巨大价值。最后，幸福产业是数字化的产业，由于服务对象是人，通过数字化较易实现共享与链接，形成产业生态，推动价值共创，推动产业的融合与高质量发展[①]。

百度百科在对幸福产业的介绍中提到，幸福产业是精神文化产业，幸福产业的意义在于累积幸福感受，提升居民幸福感，是构建和谐社会的重要经济手段之一。从人民幸福的角度来看，人民幸福的获得更多来源于精神文化方面，大力发展精神文化建设，对于提升人民幸福感具有事半功倍的效果。MBA 智库・百科认为幸福产业指与人民的生活和幸福感相关的产业，如旅游、文化、体育、健康等产业。幸福产业不仅是“产业”，更要“幸福”，实际上是现代社会民本、民生思想在经济领域的体现。

清华大学社会科学学院院长彭凯平认为追求幸福是人类社会永恒的主题，幸福产业是人类社会发展到一定阶段的产物，幸福产业快速发展源于中国特色社会主义进入新时代，人民美好生活需要日益增长。幸福产业可以更好满足人们生活条件改善后对生活质量的追求，幸福产业与服务与人的全面发展息息相关，其不断增长顺应了居民消费从物质消费向服务消费转型的需要。

综合上述观点，我们认为幸福产业不仅仅是一个概念，其内涵相当丰富，是诞生在新经济时代的全新产业形态，是中国特色社会主义发展进入新阶段破解社会主要矛盾、推动经济转型升级的全新产业形态，是以健康、绿色、时尚、智慧为特征的新兴产业，主要围绕人的身心全面发展展开，涉及旅游、文化、体育、健康、养老和教育六大服务业。

幸福产业的特征表现在 3 个方面：一是以人为中心，即幸福产业的社会属性，其是以贯彻新发展理念、贯彻以人民为中心的发展思想，围绕人的全面发展，以增强人民幸福感和获得感为特征的产业。二是以经济价值实现为目的，即幸福产业的经济属性，任何产业的发展都离不开其价值的实现，产业经济学认为产业是最小的经济单位，

① 杨乐渝．全经联智库对幸福产业的定义[DB/OL]．中国周刊网，2020－08－02.

产业发展是要取得经济效益、实现经济价值的，幸福产业是以提供产品和服务并促进人们消费为目的的产业，其在增强人们幸福感的同时拉动了消费增长、促进了经济发展。三是幸福产业是以绿色、环保为核心理念的产业，这是其时代性的体现，幸福产业产品的生产方式大多属于低能低耗、健康环保，是前景广阔的绿色产业，其在推动经济转型升级和改变社会资源配置方面意义深远。

（二）现代幸福服务业及其特点

根据中国三次产业划分，六大幸福产业“旅游、文化、体育、健康、养老、教育”属于第三产业中的为生产和生活服务的服务业，也有提法认为幸福产业是第四产业，因为人生的根本追求是幸福，人类应该大力发展精神文化产业。1995 年 1 月正式生效的《服务贸易总协定》（GATS），首次为国际服务贸易提供了一套初步的总体规则框架，GATS 旨在透明度和逐步自由化的条件下，扩大全球服务贸易，促进各成员的经济增长和发展中国家成员服务业的发展，GATS 将服务分为 12 个大类，包括商业服务，通信服务，建筑及有关工程服务，销售服务，教育服务，环境服务，金融服务，健康与社会服务，与旅游有关的服务，娱乐、文化与体育服务，运输服务和其他等。可见，幸福产业从国际层面的划分上属于服务业。

根据 2012 年 2 月 22 日科技部发布的《现代服务业科技发展“十二五”专项规划》，现代服务业是以现代科学技术特别是信息网络技术为主要支撑，建立在新的商业模式、服务方式和管理方法基础上的服务产业，它既包括随着技术发展而产生的新兴服务业态，也包括运用现代技术对传统服务业的改造和提升。可见相对于传统服务业而言，现代服务业是为了适应现代人和现代城市发展的需求而产生和发展起来的具有高技术含量和高文化含量的服务业。随着科学技术的不断进步和社会经济的发展，中国高度重视服务业发展，积极推动服务业综合改革试点，服务业在经济社会发展中的地位和作用日益提升。

依托信息技术和现代管理理念发展起来的现代服务业保持快速增长，且以人为中心的生活性服务业在国家推动下开始向高品质和多样化升级，在此背景下，现代幸福服务业不断受到关注。

因此，结合相关领域研究成果，我们认为现代幸福服务业是由幸福产业演化而来，随着现代科学技术的进步在商业模式、管理理念基础上产生的面向人并且是以人为中心的新兴服务业态。那么，现代幸福服务业典型的特征表现在三个方面：一是现代幸福服务业的服务对象为人，是为了满足人的生活并且能真正提升和满足人的精神需求而存在的服务业。二是现代幸福服务业的发展借助现代信息技术，在商业模式和管理方法上更加数字化、绿色化、智能化，它是能够在现代服务业产业体系中占据重要地位且能进一步推进产业转型升级的重要服务业。三是现代幸福服务业具有集群性，以人的高品质精神享受消费为共同服务目的，这种属性决定了现代幸福服务业的共通之处，即现代幸福服务业在发展过程中自然呈现出的在行业和空间上集群的特点。

五、研究思路

本书主要基于国家构建“以国内大循环为主体、国内国际双循环相互促进的新发展格局”，围绕与人民生活紧密相关的现代幸福服务业在现代服务业高质量发展阶段及其对建设现代化经济体系的重要支撑作用背景下展开研究，同时立足于全体人民共同富裕，不断思考在现代化过程中如何不断满足人民对美好生活的新期待，不断增强人民群众的获得感、幸福感、安全感，从乡村振兴的角度体现现代幸福服务业发展对于乡村经济发展的重要性。全书主要分为三大部分：一是对我国现代幸福服务业发展的理论、发展历程、现状等进行了梳理，对我国现代幸福服务业的发展进行了理论分析与归纳。二是通过对陕西现代幸福服务业高质量发展的总体情况、存在的问题、影响因素和发展思路进行分析，并结合陕西站在我国新一轮对外开放前沿和打造内陆改革开放新高地的实际情况，认为陕西迎来了以开放促改革、促创新、促发展的重大机遇，陕西现代幸福服务业的发展不仅是当前产业发展升级的需要，也是加快形成面向中亚、南亚和西亚国家的通道、商贸物流枢纽、重要产业和人文交流基地，为我国形成陆海内外联动、东西双向互济的开放格局提供有力支撑的现实需要。三是基于对外开放格局下陕西现代幸福服务业的发展定位、服务水平提升、国际化、发展路径及政策建议，提出对外开放新格局下陕西要抢抓新时代推进西部大开发形成新格局、黄河流域生态保护和高质量发展等国家重大战略机遇，充分发挥陕西“一带一路”建设重要节点作用，通过全面推进陕西现代幸福服务业高质量供给等方式实现陕西现代幸福服务业在新阶段、新格局下的高质量发展。本书的技术路线见图1－1。

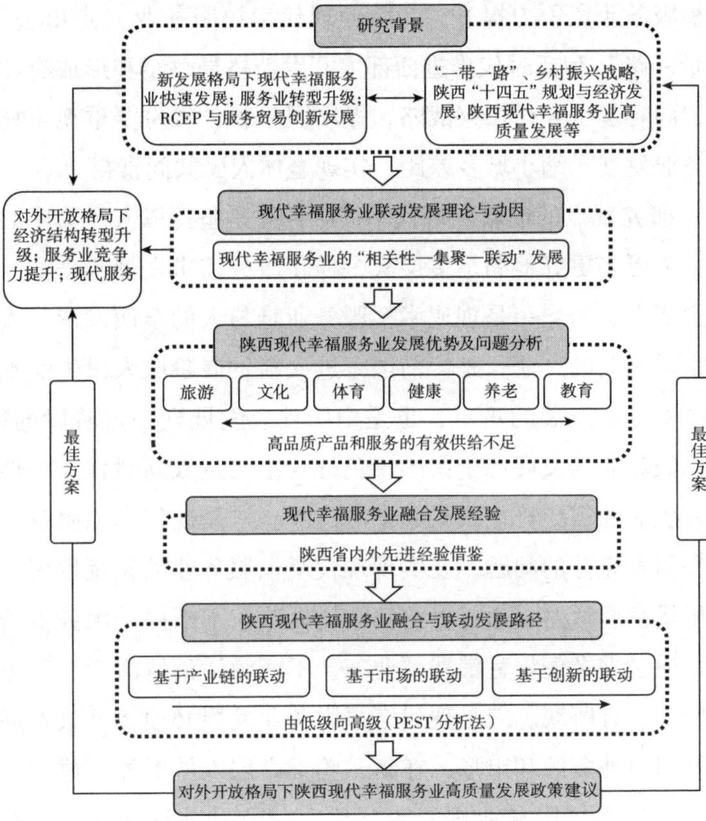

图1－1　本书的技术路线

六、创新之处

（1）研究视角的创新。本书主要基于国家构建“以国内大循环为主体、国内国际双循环相互促进的新发展格局”的背景，针对陕西主动融入“一带一路”大格局，为国家新一轮对外开放贡献陕西力量视角展开研究，主要从现代幸福服务业高质量发展与陕西省产业结构优化，现代幸福服务业构筑形成陕西特色服务业发展格局角度，形成提升陕西现代幸福服务业国际竞争力，进一步促进陕西现代幸福服务业发展，助推陕西开放经济发展的政策建议。通过研究陕西现有资源优势、现代幸福服务业融合发展，力图通过协同联动效应实现陕西整体现代幸福服务业竞争力提升，为陕西现代幸福服务业“走出去”，服务“一带一路”和新时代推进西部大开发新格局总结和形成有益的理论依据，同时基于乡村振兴战略，提出国家和各省份要重视乡村现代幸福服务业发展，缩小城乡差距，实现全体人民共同富裕。

（2）研究观点的创新。现代幸福服务业是坚持以人民为中心的发展思想，为更多更好地满足多层次多样化服务需求发展起来的。本书提出的主要观点为：一是现代幸福服务业是与人的全面发展、人的身心健康密切相关的产业，是当前国家进入新发展阶段人民生活水平提升过程中服务业发展的重点，也是中国社会发展到一定阶段的产物。现代幸福服务业的发展源于中国特色社会主义进入新时代，是伴随人民对美好生活的需要日益成长起来的产业。二是现代幸福服务业面临发展不平衡不充分的问题，要实现现代幸福服务业的长足发展，就必须走高质量发展道路，通过供给侧结构性改革不断提升服务供给能力和水平，通过需求侧培育消费新业态，不断激活消费潜力，真正实现人民有所得、有所获。三是现代幸福服务业发展必须要开放发展，充分利用好国内外资源和市场，在新一轮更高层次的对外开放中，加快推进六大现代幸福服务业进一步开放，积极引进先进理念、先进技术、先进经验，主动扩大优质服务进口，将国内现代幸福服务业做大做强，以更好地适应双循环经济发展需要，为实现经济高质量发展提供重要支撑。四是提出要加强对农村现代幸福服务业发展系统化指导，认为当前国家乡村振兴战略的总目标就是缩小城乡差距、地域差距和收入差距，最终实现共同富裕。农村现代幸福服务业是满足人民群众对美好生活的向往，是增强农村居民幸福感和获得感的大产业，是全体人民共同富裕的根本体现。

七、研究内容

第一章：绪论。本章主要阐述了对外开放格局下陕西现代幸福服务业高质量发展的研究背景、研究意义和目标、国内外研究动态、研究思路、研究技术路线和可能的创新之处，并对研究中涉及的相关概念进行了界定。

第二章：现代幸福服务业发展理论与动因。本章主要对现代幸福服务业的发展过程与特征、现代幸福服务业发展的理论基础和动因进行了分析。认为服务业发展经历了传统阶段、规模化发展阶段、产业化发展阶段和新兴业态阶段。当前现代幸福服务业呈融合发展态势明显、数字化水平不断提升、新业态不断壮大、国际化水平稳步提高4个特点。“两山”理论、产业集聚理论、增长极理论、共生理论、全球价值链理论、行为科学理论等从不同角度对现代幸福服务业的高质量发展提供了支撑。现代幸福服务业发展可促进经济可持续发展，可保障城市发展和能级提升，是扩大开放和融入全球发展的趋势，是改善民生、深化改革和调整产业结构的方向。

第三章：中国现代幸福服务业发展概况。在中国大力推动服务业高质量发展的背景下，本章对中国现代幸福服务业发展现状进行了分析：旅游经济发展迅速，中国进入全域旅游时期；文化服务业繁荣发展，向高质量目标迈进；体育服务业快速发展，经济效益明显提升；健康产业前景广阔，产业发展呈现蓬勃向上趋势；人口老龄化程度加深，养老服务产业呈现出新格局；中国教育事业不断发展，教育总体发展水平进入世界中上行列。

第四章：陕西现代幸福服务业发展的基础与优势。本章主要从资源、市场、政策支持、发展环境4个方面详细分析了陕西高质量发展现代幸福服务业的有利之处。资源方面，陕西具有丰富的文化旅游、森林生态等资源，适合养老、康养、旅游、体育等产业，作为教育文化大省，陕西教育服务、文化服务历来具有较大的优势。市场方面，陕西交通区位优势突出，服务业基础条件良好；人口数量与密度较大，服务业市场容量大；民生福祉达到新水平，服务业市场前景广阔。政策支持方面：陕西省“十四五”规划和政府工作报告等大力度支持发展。发展环境方面：市场化、法治化、国际化的营商环境等对现代幸福服务业的发展具有显著的促进作用。

第五章：对外开放格局下陕西旅游服务业高质量发展。旅游业的幸福效应已成为社会共识，旅游业作为重要的现代服务业和幸福产业，在促进经济、繁荣文化、惠及民生等方面发挥着显著作用。本章主要对对外开放格局下陕西旅游服务业的特点与优势、陕西旅游服务业面临的新形势与挑战和对外开放格局下陕西旅游服务业高质量发展思路进行了分析。认为在新发展阶段，要全力打造新时代陕西区域优质旅游产业，深化旅游业社会辨识度，积极培育国际旅游服务竞争力，大力发展低碳生态旅游。

第六章：对外开放新格局下陕西文化服务业高质量发展。高品质的精神文化需求越来越成为衡量人民幸福感的重要尺度。本章对陕西文化资源种类与特点进行了梳理，对陕西文化产业发展的主要成就与短板进行了详细分析，提出对外开放新格局下陕西文化服务高质量发展的思路，主要包括优化政策体系，提高对外开放水平；优化文化产业布局，提升文化品牌影响力；促进大数据赋能文化产业，助力传统文化脱胎换骨；促进乡村文化振兴，加快现代乡村文明建设。

第七章：对外开放新格局下陕西体育服务业高质量发展。体育产业已成为国际公认的21世纪最具活力并具有高渗透性、交叉性、拉动性的朝阳产业、健康产业、绿色产业。本章对陕西体育产业发展的基本情况、对外开放新格局下陕西体育服务业面临的机遇和对外开放新格局下陕西体育服务业高质量发展路径进行了分析。认为要将体育服务业培育成新的增长点，要持续加强宣传，发挥群众体育的多元功能和综合价值；利用政策叠加优势，积极提升体育服务业国际化水平；发挥区域独特资源优势，打造山地体育品牌；紧抓数字经济发展，培育体育服务业新商业模式；大力发展运动项目，优化现代体育服务业体系。

第八章：对外开放新格局下陕西健康服务业高质量发展。健康服务业以维护和促进人民群众身心健康为目标，是重要的幸福型服务业。本章梳理了陕西健康产业的发展概况，认为对外开放新格局下陕西健康服务业发展面临重要的政策、消费、信息化、老龄化等机遇，并对陕西健康服务业高质量发展的目标和对策进行了深入分析。认为要充分贯彻落实健康产业国家战略，构建全方位、多层次的健康产业链，做好国内国际健康服务市场，推动健康产业向中高端加快迈进，促使健康产业集中集聚集约发展。

第九章：对外开放新格局下陕西养老服务业高质量发展。养老服务是重要的民生工作，事关国家发展全局和百姓福祉。本章分析了陕西养老服务业发展的总体情况，对外开放新格局下陕西养老服务业高质量发展的基础优势、存在的问题和陕西养老服务业高质量发展的对策。提出在现有发展基础上，大力发展普惠型养老和互助型养老，鼓励发展嵌入式、连锁化、标准化居家社区养老服务，支持社会力量兴办医养结合机构，健全养老服务标准化体系，强化信息技术、智能硬件等在养老服务领域的推广应用，加强养老服务人才队伍建设。

第十章：对外开放新格局下教育赋能现代幸福服务业高质量发展。教育对人生幸福具有积极的意义，教育是寄托人民群众对美好生活期盼的民生工程，尤其是职业教育在经济发展中对各行各业人才的培训发挥了重要作用。本章从教育培训行业、国民素质培训行业、职业教育培训行业角度分析了当前教育服务行业的发展现状，对教育赋能现代幸福服务业发展的理论依据进行了阐释，并对对外开放格局下教育赋能陕西现代幸福服务业高质量发展提出了建议。提出要发挥好教育对陕西人民寻绎幸福生活的驱动作用，要提升职业教育对人民实现美好生活追求的助推功能，要促进教育深度融入现代幸福服务业体系建设。

第十一章：现代幸福服务业融合发展的经验借鉴。当前中国推动高质量发展政策不断落实，现代幸福服务业继续保持平稳发展势头。服务业各行业间交叉融合发展政策不断完善，现代幸福服务业高质量发展新格局基本形成。本章提出陕西现代幸福服务业发展要结合实际借鉴已有发展经验，如绍兴的文商体旅融合发展经验、成都的农商文旅体融合发展经验、北京的文体旅教融合发展经验，进一步加快业态和模式创新，促进现代幸福服务业的融合联动发展。

第十二章：陕西现代幸福服务业融合与联动发展路径。陕西现代幸福服务业融合与联动发展是趋势，也是必由之路。首先，本章提出陕西现代幸福服务业联动发展是一个系统化过程，它由园区开发机制、产业引进机制和管理考核机制共同组成。其次，对陕西现代幸福服务业融合与联动发展从供给模式、消费模式两方面进行了分析，并对陕西现代幸福服务业融合与联动发展机制进行了阐释。最后，提出陕西现代幸福服务业融合与联动发展的路径，主要包括打破行政壁垒，加快政策衔接；统筹规划产业融合与联动发展平台；优化创新产业融合与联动网络；推进现代幸福服务业之间交叉融合等方面。

第十三章：对外开放新格局下陕西现代幸福服务业高质量发展对策与建议。在对外开放新格局下，适应新时代发展变化，推动现代幸福服务业向高品质和多样化升级，加快现代幸福服务业向价值链高端延伸成为推动全省经济高质量发展的现实需要。本章提出，陕西一要全面推进现代幸福服务业高质量供给；二要加快培育壮大现代幸福服务业新型消费；三要大力推进现代幸福服务业高水平开放；四要大力推动现代幸福服务业交叉融合发展；五要加强现代幸福服务业从业人员专业化建设；六要加强对农村现代幸福服务业发展系统化指导。

第十四章：总结与结论。本章总结了全书的主要研究内容，对研究的主要结论从九个方面进行了总结，提出在对外开放新格局下，陕西要抢抓新时代推进西部大开发形成新格局、黄河流域生态保护和高质量发展等国家重大战略机遇，发挥陕西“一带一路”建设重要节点作用，全面推进陕西现代幸福服务业高质量发展，切实增强陕西人民群众的获得感、幸福感、安全感。

第二章

现代幸福服务业发展理论与动因

现代服务业发展是社会生产力发展的必然结果，是人类社会从农业经济、工业经济到服务经济发展过程中的必经阶段，日益完善的市场经济是服务业成长的源泉，生产和生活水平的提升必然为服务业的发展提供了更加广阔的空间，技术的进步和社会文化素质的提升成为服务业发展的助推器。中国高度重视服务业发展，相继制定了一系列措施促进现代服务业的发展，并对关系民生的服务业重点予以引导和支持，力图丰富人民的精神文化生活并成为“十四五”时期的关注点，现代幸福服务业从此进入高质量发展阶段。

一、现代幸福服务业的发展过程与特征

（一）现代幸福服务业的发展过程

服务业发展经历了传统发展阶段、规模化发展阶段、产业化发展阶段和新兴业态发展阶段。传统发展阶段的服务业在国民经济中占比很低，主要为住宿业。服务业在经济中的地位远比工农业低，结构比较松散。规模化发展阶段服务业的从业人员占比和基金投入量增加，专业化的服务产品出现，大中型服务企业进入市场，内部分工细化，形成了专业的管理人员阶层。产业化发展阶段服务业的规模扩张加速，服务经济概念出现，服务业在经济中的产值增加且与其他产业互联互通，服务生产与消费的关系密切化。新兴业态发展阶段服务业的地位和作用更加突出，并且能与先进技术结合，从业人员素质有了明

显提升，服务业投资迅速增加，服务业占国内生产总值比重迅速上升，成为经济发展的支柱力量。

当前，在技术和知识等力量的共同推动下，服务业在经济发展中逐步取得主导地位，服务业与制造业、农业的关系不断加强，服务业的信息化水平越来越高，推动服务业发展的要素越来越向技术、知识和人才倾斜、聚集。现代服务业在第三产业中占比上升较快。需要注意的是，现代服务业是我国特有的一个概念，最早出现于党的十五大报告中（1997 年），党的十五届五中全会（2000 年）提出“要发展现代服务业，改组和改造传统服务业”。从理论与实践来看，现代服务业是一个相对动态的概念，是对第三产业的延伸和发展，具有高技术性、知识性和新兴性的特点。在中国特色社会主义进入新时代，人民美好生活需要日益增长，经济发展动力更多依靠消费的背景下，实现人的全面发展，满足人们生活条件改善后对生活质量的追求、对美好生活的向往，与人民生活质量和幸福感相关的产业越来越受到重视，以旅游、文化、体育、养老等服务业为代表的现代幸福服务业蓬勃发展。

（二）现代幸福服务业的发展特征

进入新的发展阶段，中国高度重视现代服务业，采取了一系列措施促进现代服务业的发展。金融危机发生后，为促进产业结构升级和经济增长方式转变，国家及各地区尤其是经济相对发达的沿海地区和中心城市，更加重视并采取了一系列的政策措施促进现代服务业的发展。当前，中国经济发展动力正由投资主导转向依靠消费拉动，这为现代服务业和幸福产业发展打下了基础并提供了动力，多地将发展现代服务业尤其是发展现代幸福服务业作为经济发展和产业转型升级的重要方向，现代幸福服务业已经不再是传统模式的简单延续，而是以健康、绿色、智慧等为特征的新兴产业，现代幸福服务业高质量高水平发展有利于提高服务业发展质量，创造更多的创业、就业机会，可以更好地满足人们对生活质量的追求、对美好生活的向往，现代幸福服务业发展以服务保障经济高质量发展、增进民生福祉为导向，价值链向高端延伸，现代服务业向纵深发展的特征日益明显。

1. 现代幸福服务业呈融合发展态势

实践证明，产业融合是实现经济发展提质增效、转型升级的重要举措，服务业的跨产业渗透与融合已成为发达国家经济增长和产业发展的新范式。在经济发展水平不断提升的过程中，中国政府始终以人民为中心，把为人民造福的事情真正办好办实。党的十八大以来，在谋划和推进改革的过程中我国始终强调，站在人民立场上把握和处理好涉及改革的重大问题，从人民利益出发谋划改革思路、制定改革举措，与人民生活紧密相关的产业越来越受到国家的重视。教育、健康、养老、文化、旅游、体育产业跨界融合发展也逐渐取得了重要成果。2018 年，随着文化和旅游部组建，各地文化和旅游机构改革也陆续完成，文旅融合体制机制进一步理顺。老龄化的发展对康养产业的融合起到了助推作用，《“健康中国 2030”规划纲要》给健康产业带来重大影响，健康产业与旅游产业、体育产业的融合等呈现出巨大的发展潜力。国家发改委办公厅、民政部办公厅、卫生健康委办公厅联合印发《关于建立积极应对人口老龄化重点联系城市机制的通知》，也进一步促进了养老与文化和旅游等现代幸福服务业的融合发展。各行业的发展提升都离不开教育的支撑，现代幸福服务业之间的融合与跨界发展成为新常态下中国经济高质量发展的新动能。

2. 现代幸福服务业数字化水平不断提升

推动服务网络化、平台化、智能化，加快服务业数字化变革，有利于完善服务业功能，促进产业结构升级，更有利于回应人民群众对美好生活的期待。现代幸福服务业在总量不断提升和投资不断增长的情况下，紧抓数字经济发展机遇，不断运用互联网思维和市场化、社会化机制，通过数字信息技术手段，促进服务业态、服务模式和管理模式的创新。旅游等服务业通过与大型网络平台对接，与互联网技术深度融合，大幅提升了传统行业信息化水平，充分释放了数字产业对经济发展的放大、叠加和倍增作用。“互联网 + 服务业”的新发展格局初步形成，“互联网 +”的边界不断拓宽，越来越多的行业开始进行“数字化”转型工作。在线问诊、在线教育等服务业被摁下数字化的“快进键”，“健康码”进一步拓展了小程序生态，为长远的数字化服务、数字化经营奠定了基础。服务业数字化“新基建”将为推动服务业高质量发展提供新动能、新引擎。服务业也有望通过全面数字化转型实现弯道超车，成为助力宏观经济增长的重要抓手。中国信息通信研究院、清华大学等联合发布的《2020 中国生活服务业数字化发展报告》指出，数字经济与服务经济的深度融合，拉开了中国生活服务业数字化发展的大幕，不仅极大地便利了居民生活，也不断推动服务业及相关行业变革，成为新的经济增长点。

3. 现代幸福服务业新业态不断壮大

现代幸福服务业是具有低资源、低能源消耗和高附加值特点的新兴服务业，健康、绿色、智慧是其主要的特征。现代幸福服务业的生产方式大多低能低耗、健康环保，能够在为人民群众提供相关产品和服务的同时，减少对生态环境的负面影响，是名副其实的绿色产业。现代幸福服务业不是资本密集型产业，其所使用的生产要素以人力资本为主，许多人都可以加入现代幸福服务业的创业队伍中来，提供丰富多元的产品和服务。与此同时，随着人们对美好生活的需要不断增长，对个性化产品和服务的需求日益上升，现代幸福服务业可以不断创造新的就业机会。因此，现代幸福服务业的快速发展有利于增加就业，让人们在劳动中收获更多幸福感。在当前我国“碳达峰、碳中和”目标的催化下，提高服务业绿色发展水平，促进绿色产品消费，倡导绿色低碳生活方式，使得现代幸福服务业发展面临新的机遇。随着生态环境领域不断拓宽，产业边界将进一步模糊，现代幸福服务业的新模式、新业态不断涌现。生态旅游、休闲养老、远程教育、健康管理、“体育 +”等构建了一种全新、高级的体育生态系统，新的服务模式快速发展，消费渠道不断得到拓展。现代幸福服务业的特性进一步凸显，在立足新发展阶段、贯彻新发展理念、构建新发展格局的背景下，现代幸福服务业新业态不断壮大，存在非常大的发展空间。

4. 现代幸福服务业国际化水平稳步提高

当前，中国在坚守国家安全底线的前提下，加大开放力度，丰富开放内涵，深度融入全球服务业分工体系，以高水平对外开放提升服务业国际化水平。对外资全面实施准入前国民待遇加负面清单管理制度，简化外资企业设立和变更管理程序。推动教育、医疗、养老服务、保险等领域有序对外开放，逐步放宽准入限制。推动沿海沿边内陆服务业全方位开放，发展高层次外向型服务业。在《区域全面经济伙伴关系协定》（RCEP）中，中方服务贸易开放承诺达到了已有自贸协定的最高水平。中国也在积极挖掘海外市场潜力，充分依托 RCEP 平台，积极引导企业“出海”开拓市场，高质量服务于“一带一路”沿线国家。同时，中国各地依托自由贸易区，在现代幸福服务业国际化产品供给方面纷纷出台相关政策予以保障，旅游业进一步完善与国际通行规则相衔接的旅游管理体制，深化文旅融合，全面提升文旅服务质量和国际化水平，满足国内外人民对美好旅游和文化生活日益增长的需要。部分省份利用区位、气候、资源优势，结合“一带一路”“健康中国”等重大布局，推动康养、体育产业的高质量、特色化、国际化发展。在教育国际化方面，中国更是取得了巨大成就，尤其是高等教育和职业教育领域，中国坚定不移地走“中国特色、世界一流”的发展道路，提升学校国际化能力，吸引世界各国优秀青年来校学习，鼓励中外学生交流，加强中外人文交流，推动人类命运共同体建设，使现代幸福服务业国际化水平实现了稳步提高。

二、现代幸福服务业发展的理论基础

（一）“两山”理论

“绿水青山”和“金山银山”，是习近平总书记在论述中国经济发展与生态环境保护的关系时多次使用的两个概念。“绿水青山就是金山银山”的价值理念，对于新时代加强社会主义生态文明建设，满足人民日益增长的优美生态环境需要，建设美丽中国具有重要而深远的意义。新时代践行“绿水青山就是金山银山”理念，就是要坚持人与自然和谐共生，构建生产和生态良性循环的绿色之美，真正让人民群众在绿水青山中共享自然之美、生命之美、生活之美，走出一条生产发展、生活富裕、生态良好的文明发展道路。因此，在经济发展中必须牢固树立保护生态环境就是保护生产力、改善生态环境就是发展生产力的理念，要大力推动绿色发展、循环发展、低碳发展，决不以牺牲环境为代价去换取一时的经济增长。绿色发展是构建高质量现代化经济体系的必然要求，要想推进中国产业转型升级，提升产业全球竞争力，就必须坚持绿色发展目标导向，切实转变经济发展方式。现代幸福服务业是绿色产业、低碳产业，同时是人民创造幸福美好生活的重要产业。加快发展文化、旅游、健康、体育、养老、教育等为主要内容的现代幸福服务业，能够在为人民群众提供相关产品和服务的同时，减少对生态环境的负面影响，是现阶段经济发展的必经之路。

（二）产业集聚理论

产业集聚理论最初是由马歇尔（A. Marshall）在其1890年的专著《经济学原理》中提出的，他使用了“集聚”这一概念来描述地域的相近性和企业、产业的集中，并指出集聚能产生正的外部性。随后经济学家和经济地理学者从不同视角对产业集聚理论进行了研究，产业集聚理论有了较大的发展，出现了许多流派。比较有影响的有韦伯的区位集聚论、熊彼特的创新产业集聚论、胡佛的产业集聚最佳规模论、波特的企业竞争优势与钻石模型等。该理论的主要观点认为产业集聚可以提高劳动生产率、促进创新，产业集聚加剧了竞争，而竞争是企业获得竞争优势的重要来源。服务产业集聚指的是为追求规模经济、范围经济和外部经济而导致服务业相关资源、要素和企业在地理空间上集中的趋向和过程。现代服务业的属性和特征，决定了现代服务业集聚是成本最低、效益最高的一种发展方式，从服务业发展实践来看，服务业集聚区已经在我国逐渐显现，聚集效应较为突出和明显。

（三）增长极理论

增长极理论最初由法国经济学家佩鲁（Francois Perroux）提出，主导部门和有创新能力的企业，在某些地区或大城市集聚发展而形成的生产、贸易、金融、科技、人才、信息、交通运输、服务、决策等经济活动中心恰似一个“磁极”，能够产生较强的吸纳辐射作用。它不仅加快了自身的发展，通过向外扩散还带动了其他部门和所在地区以至周边地区的经济增长。许多区域经济学者将这种理论引入地理空间，用它来解释和预测区域经济的结构和布局。该理论认为，一个国家要实现平衡发展只是一种理想，在现实中是不可能的，经济增长通常是从一个或数个“增长中心”逐渐向其他部门或地区传导。因此，应选择特定的地理空间作为增长极，以带动经济发展。增长极理论侧重于“推动性产业—集聚—经济增长”的研究，其出发点是抽象的经济空间，而非普通意义的地理空间。从理论角度来看，现代服务业的加快发展是经济增长方式转变的标志。一方面，随着工业化进程的加快，工业部门本身会派生出对现代服务业的需求；另一方面，工业化发展导致国民收入提高使得消费需求增加、消费结构升级，进而对现代服务业的发展提出了新要求。因此，当工业化进行到一定阶段，社会消费进入快速发展的阶段，投资必须从工业部门转向与社会消费直接相关的现代服务业。

（四）共生理论

共生概念起源于生物学，最早由德国植物学家德巴利（Heinrich Anton de Bary）于1879年提出，共生指的是不同种属由于某种物质联系而共同生活在一起，形成共同生存、协同进化的关系。自20世纪中期以来，共生理论作为一种理论范式在社会科学领域迅速发展，并逐渐应用到哲学、管理学、社会学等领域。共生理论指出，系统作为一个内部相互影响的整体，各因素间既相互促进也相互制约，单个因素的变化必然会影响其相关因素。基于共生理论和产业生态学相关理论发展而来的产业共生理论（Industrial Symbiosis）从经济学视角提出，产业共生特指经济主体之间存续性的物质联系，这种物质联系在抽象意义上就表现为共生单元之间在一定共生环境中按某种共生模式形成的关系。对于产业共生的概念，最广泛被接受的是丹麦卡伦堡公司出版的《产业共生》一书中对其所下的定义："产业共生是指通过不同企业间的合作，共同提高企业的生存能力和获利能力，同时，通过这种共识实现对资源的节约和环境保护。"产业共生是一个完整的产业生态系统，各产业的企业之间，因同类资源共享或异类资源互补形成共生体，该共生体促进了内部或外部、直接或间接的资源配置效率的改进，既带来了企业效益的增加，又推动了该产业的发展。现代幸福服务业具有共生的客观环境，在政策支持、产业属性、资源互补上可发展为相互合作、共同发展的共生关系，具备形成基于人民幸福生活需要的服务共生系统的条件。

（五）全球价值链理论

价值链概念最早是由哈佛大学商学院教授迈克尔·波特于1985年提出，他描述的是单个企业的创造价值过程被细分为若干相对独立，但在功能上又彼此关联的生产经营活动，这些经营活动创造的价值串联形成"价值链"的最初形态。波特的"价值链"理论揭示了企业与企业之间的竞争，不只是某个环节的竞争，而是整个价值链的竞争，而整个价值链的综合竞争力决定企业的竞争力。随后该理论被拓展到管理学领域，即企业间的纵向合作为供应链管理。随着社会分工的不断深化，跨地区、跨国之间企业的纵向合作成为可能，全球商品链的概念出现，链上的参与者从一个国家内部扩展至全球的各类企业或机构，从而实现资源的全球性优化配置，为了摆脱“商品”一词的局限，并突出价值在生产网络中的创造和传递，Gerefi 等（1994）采用了全球价值链的概念。全球价值链更加偏重从经济学角度强调全球化生产过程中的价值创造过程。在中国对外开放不断深化的背景下，劳动力成本上升、资源环境约束趋紧，原有的参与全球价值链分工模式难以持续，研究我国在全球价值链上的升级至关重要。现代服务业参与全球竞争，通过提升效率、产品升级、提高产品质量、丰富产品种类等改变自身在全球价值链上的位置日趋重要，在 RCEP 中我国也尝试通过进一步开放市场来助推养老、教育等现代幸福服务业的发展。

（六）行为科学理论

行为科学作为一种管理理论，开始于20世纪20年代中期至30年代初期梅奥的霍桑实验，该项研究的结果表明，工人的工作动机和行为并不仅仅为金钱收入等物质利益所驱使，他们不是“经济人”而是“社会人”，有社会性的需要。行为科学理论从经济因素的角度转向人的因素，将思维定位重新拉回到社会心理学及其相关领域。行为科学理论的本质就是体现了以人为本的思想，强调了人是管理诸要素中最重要的要素，一切管理活动都要靠人来实施，管理活动的人不是被动的工具，管理的终极目标是为人服务，为人的不断发展服务等理念。现代幸福服务业发展的根本目的在于更好地满足人们日益增长的生产生活需要，现代幸福服务业发展必须树立以人为本的思想，提高服务业经营和管理效率，实现服务业高质量发展的目标。

三、现代幸福服务业发展的动因

（一）现代幸福服务业发展可促进经济可持续发展

服务业发展是社会经济发展的必经阶段，工业化发展在为可持续发展带来极大环境压力的同时，也为人类创造了极大的物质财富。服务业在工业化发展阶段作为工业的组成部分伴随着生产技术水平的不断提高逐渐从工业中分离并形成独立的部门。21 世纪以来，全球进入以信息资源、知识资源为主体的知识经济时代，现代服务业快速发展，以人为中心的现代幸福服务业成为现代服务业的重要发展方向。知识、人力资源成为推动该产业发展的直接动力，服务意识、环境意识、低碳意识构成服务业发展的意识基础。现代幸福服务业提供产品时所依赖的生产资源不仅有助于保护自然环境，还有利于克服由于工业生产过程导致的环境污染问题，如废旧工厂被开发为研学旅游项目等。因而，现代幸福服务业的发展无论是生产过程还是最终的效益与经济可持续发展的要求是完全吻合的。现代幸福服务业是关系民生的重要社会化产业，也是能与农业、工业进行渗透，关联其他产业部门，带动经济高速增长的绿色、低碳产业。

（二）现代幸福服务业发展可保障城市发展和能级提升

服务业的繁荣，有利于增强城市的服务功能，提升其集聚水平和辐射能力，是提高城市化水平的重要推动力量。社会经济发展过程中，随着产业的集聚，现代服务业与城市发展和能级提升的关系日益密切。城市能级是一个城市的现代化程度以及对周边地域的辐射力和影响力。从服务业发展的情况来看，由于城市人口的聚集，大多数的服务业最初出现在城市，这意味着城市是服务业发展的重要载体和市场，同时服务业的发展又成为带动城市经济发展和升级的主要动力。城市发展的主要表现是人们的生活方式、行为方式、价值观念、文化素质等的全面改变和提升，城市发展与能级提升的过程实际上就是服务业不断发展的过程，香港、纽约、东京、上海等城市均是现代服务业占比较高的城市。金融、保险、教育、文化、旅游等服务业一方面聚集了人才，另一方面为产业的扩张发展提供了良好的外部环境。现代服务业是城市能级提升的重要动力，随着服务业在国民经济中占比的提升，其对城市的能级提升作用将日趋明显，高度发达的城市更加需要专业化和高品质的服务与之配套，市场服务体系必然在城市中更加完善。现代幸福服务业也将随着人们收入的增加和闲暇放松及健康需求的激发进一步在城市得到十足发展，追求更加丰富的精神享受必然会促进文化、教育、体育、健康、养老和旅游度假等现代幸福服务业的发展。

（三）现代幸福服务业发展是扩大开放和融入全球发展的趋势

据世界贸易组织预测，到 2040 年，服务贸易在全球贸易中的份额将增长至 50%，超过货物贸易，成为全球贸易发展主引擎。目前，服务贸易在全球贸易中的地位正不断提升，现阶段国际贸易规则重构的焦点集中于服务业领域。TISA（国际服务贸易协定）、CPTPP（全面与进步跨太平洋伙伴关系协定）、RCEP（区域全面经济伙伴关系协定）以及其他双边、多边和目前正在谈判的区域贸易协定中，各国博弈争论的焦点基本都集中在服务业和服务贸易。当前我国在服务业领域的开放水平与其他国家相比仍有不小差距。在国际市场上，我国服务业整体也处于价值链中低端。2019 年，我国人均国民总收入（GNI）上升至 10410 美元，突破 1 万美元大关。根据相关数据，2021 年我国国民总收入为 1133518 亿元，比上年增长 7.9%。全员劳动生产率为 146380 元/人，比上年提高 8.7%。这表明我国居民消费能力的显著提升，消费结构升级趋势明显，主要表现形式是消费形态正在由实物消费加快向服务消费转变，旅游、文化、娱乐等服务消费呈现快速增长的势头。同时，我国生活服务供给不足的问题逐渐显现，扩大服务业开放，加快教育、文化、健康、养老等现代幸福服务业开放发展，丰富高品质生活服务业供给可以更好地满足国内人民消费升级的需要。此外，依托服务业开放发展，有利于推动形成以国内大循环为主体、国内国际双循环相互促进的新发展格局。还可利用中国在跨境电商、移动支付等前沿数字服务领域的发展优势，以国内规则为基础推动现代幸福服务业国际规则的建立。“十四五”时期，需通过服务业扩大开放促进我国服务业规模扩张和结构调整优化，为我国在国际竞争中取得新优势奠定基础。

（四）现代幸福服务业发展是深化改革和调整产业结构的方向

产业升级的过程必然伴随着结构的调整，服务业的快速发展及其占比上升，表明改革开放以来，占主导地位的产业结构正在发生显著变化，经济增长的动力结构也在发生重大调整，服务业的快速发展会持续成为经济发展的重要动能。发展现代服务业，提高服务业水平在国民经济中的比重，促进服务业国际化水平和国际竞争力提升是时代经济发展的新要求，中国已经把加快发展现代服务业作为转变经济发展方式、调整经济结构的战略举措，坚持市场化、产业化、社会化、国际化发展方向，增加有效供给，优化发展结构，提高服务业增加值和就业人员在国民经济中的比重。当前，中国经济发展已经开始呈现“质量更好，结构更优”的特点。优化升级产业结构，培育发展新动能，促进产业结构在动态变化调整中不断迈向中高端，要以新发展理念为指导，大力发展循环经济，保护和节约自然资源，向社会提供高附加值、高层次的生活性服务业。现代幸福服务业在扩大就业、改善民生、转变经济发展方式和调整产业结构等方面的作用日益明显。

第三章

中国现代幸福服务业发展概况

改革开放40多年，中国服务业快速发展，新产业、新业态和新商业模式不断涌现，服务产品从供给稀缺走向相对丰富，实现了跨越式发展。党的十八大以来，中国大力推进服务领域改革，服务业迸发出前所未有的生机和活力，服务业成为国民经济第一大产业和经济发展的主要推动力，新兴服务业蓬勃兴起，现代幸福服务业加快孕育，中国开始迈入以服务经济为主导的新时代。特别是近年来随着传统消费提档升级、新兴消费快速兴起，旅游、文化、体育、健康、养老、教育等关系国计民生的现代幸福服务业步入新的发展时期。2019年以来，随着人民对美好生活的需求日益品质化、个性化、高端化，中国大力推动服务业高质量发展，市场主体活力不断增强，新动能持续壮大，现代幸福服务业蓬勃发展，服务业在国民经济中的比重进一步提高，服务业对国民经济增长的贡献率为59.4%，国民经济“稳定器”作用进一步增强。当前，六大现代幸福服务业已经成为中国服务业增长的新动能。

一、旅游经济发展迅速，中国进入全域旅游时期

（一）旅游经济体量不断增大

旅游业为现代幸福服务业之首，随着消费的升级，游客们的需求也发生了较大的改变，旅游消费者不仅注重休闲娱乐，更加重视身心舒畅。改革开放40多年，旅游业见证了国人生活品质的不断提升。

从国内游到出境游，从跟团游到自驾游、自由行，再到近年来兴起的无景点游、心理旅游、自组团游等，旅游从曾经的“奢侈品”转变为人们日常的“生活元素”，我国进入大众旅游、全域旅游新时代。2016 年，我国旅游及相关产业增加值达 32979 亿元，国内旅游人数达 44 亿人次，国内旅游收入达 39390 亿元，出境旅游人数达 1.22 亿人次，出境旅游花费达 1098 亿美元，出境人次和消费均列世界第一位。2017 年，我国国内游客达 50 亿人次，入境游客达 1.4 亿人次，国内旅游总花费和国际旅游收入分别为 45661 亿元和 1234 亿美元，比 1994 年分别增长了 43.6 倍和 15.9 倍。2019 年国内旅游人数达 60.15 亿人次，入境旅游人数达 1.44 亿人次，出境旅游人数达 1.68 亿人次，旅游总收入达 6.6 万亿元。人们对旅游资源的要求越来越高，出国旅游成为新时尚。但随着 2020 年新冠疫情暴发，出入境旅游进入冰冻期，为促进旅游业恢复和发展，2022 年中国成功举办了国际旅游交易会，吸引了韩国、泰国、马来西亚、缅甸、柬埔寨等 71 个国家通过线上线下的方式参展，多国驻华使节、领事官员出席，积极洽谈、寻求合作。

（二）全域旅游形成新发展格局

当前，在国内国际双循环新发展格局下，在“建设美丽中国”“绿水青山就是金山银山”等理念和新政策导向下，全域旅游概念进入政策层面，成为中国旅游业发展的新常态。传统的景点旅游和景区旅游已经不再适应新形势的需求。据统计，中国当前的旅游结构中，非景点旅游的游客量占到近 80%，许多人的住宿选择也由宾馆转向民宿。同时，传统项目形态不但不利于有效协调保护资源，而且资源利用效率偏低，容易造成同质竞争，游客体验碎片化，不便于开展目的地管理与营销。全域旅游是人们对另外世界的探索、好奇，对另一种更健康美好生活方式的追求，引起一系列相关者采取一系列行动所形成的全社会共建共享的现象。旅游业作为带动性强、能耗低、附加值高的产业，其发展将更注重“综合旅游消费”带动，旅游发展逐渐从“人次、总消费量”的单一指标评价走向“人次、过夜率、停留时间、人均消费、重复旅游次数”等多重指标评价，全域旅游的“全域”体现在3个方面，即空间上打破独立景点的“全域”、参与上打破景区工作人员的“全域”、产业上打破旅游单一发展的“全域”。大众旅游时代，旅游不再是简单地看山看水，而是赏山赏水品文化。通过文化和旅游的深度融合，宜融则融、能融尽融、以文塑旅、以旅彰文，大力推进文化和旅游产品提质升级，不断满足人民群众日益增长的文化和旅游消费需求是新时代旅游服务高质量发展的重点方向。

（三）“云端旅游”成为新消费业态

数字化对于旅游业而言是一种全产业链的赋能。“云端旅游”主要是利用云计算技术，将旅游全过程资源、服务等数据化、在线化、智能化，将导览、导购、导游和导航功能整合到一个平台中，为游客随时随地提供互动式、多媒体、全资讯的智慧旅游实现模式。自新冠疫情暴发以来，很多无法开放的旅游景区相继通过视频、直播、在线互动、VR体验等方式，给消费者提供丰富的在线体验，消费者利用互联网在线模式进行景区游览，“云旅游”走入人们的生活。“云旅游”对于旅游景区而言，起到了营销推广的作用，对于消费者而言，节省了时间和经济成本，使其得到了一定的精神满足。新冠疫情暴发后的“云旅游”，则通过更为丰富立体的表现形式，使消费者在家中实现了“诗和远方”的梦想。在2022年“中国旅游日”主会场活动上，文化和旅游部党组书记、部长胡和平指出，当前旅游行业恢复发展仍面临不少困难，要正视困难挑战，保持战略定力，坚定必胜信心。要着力打造智慧旅游，推进“上云用数赋智”行动计划，加快建设智慧景区、智能化旅游服务系统，让游客享受更优质、便捷的服务。“云旅游”让新冠疫情后的旅游看到了以往旅游服务的不足，也促使文旅行业加快研发多种云端旅游产品，利用VR、AR等新技术将景区风光和文化展览等“搬”到线上，通过直播、游戏等互动方式创新旅游呈现形式，激发人们的旅游乐趣，也催生旅游行业不断转型升级和改革发展。

二、文化服务业繁荣发展，向高质量目标迈进

（一）文化服务业快速发展

文化服务业主要指为提升人类生活尤其是精神生活品质而提供的一切可以进行商品交易的生产与服务。从广义上看，传媒、卡通、影视、娱乐、游戏、旅游、教育、网络及信息服务、音乐、戏剧、艺术博物馆等都属于文化产业。国家统计局2018年发布的《文化及相关产业分类（2018）》将文化及相关产业分为9个大类，分别是新闻信息服务、内容创作生产、创意设计服务、文化传播渠道、文化投资运营、文化娱乐休闲服务、文化辅助生产和中介服务、文化装备生产、文化消费终端生产。中国文化服务业正处于蓬勃发展的阶段，市场活力凸显，已成为当前经济增长的亮点，对国民经济的贡献度稳中有升。据统计，2016年文化及相关产业增加值为30254亿元，占国内生产总值的比重为4.07%，比2012年提高0.59个百分点，2013—2016年年均增长13.7%。2012—2016年，全国人均文化事业费从35.5元上升至55.7元，增长56.9%。广播、电视、电影和影视录音制作业，文化艺术业，娱乐业发展势头强劲，其规模以上企业营业收入年均增长分别为15.9%、24.0%和20.9%[①]。2018年全国规模以上文化及相关产业6万家企业实现营业收入89257亿元，按可比口径计算比上年增长8.2%。2019年，文化及相关产业规模以上企业实现营业收入86624亿元，其中文化及相关产业9个行业的营业收入均实现增长。2019年东部地区实现营业收入63702亿元，占全国比重高达73.5%，

① 管小红.2017年中国幸福产业发展情况分析[EB/OL].https://www.chyxx.com/industry/201708/549187.html.2017-08-09.

按可比口径计算，比 2018 年增长 7%，保持平稳快速增长。2020 年文化产业发展“冰火两重天”，传统文化产业受新冠疫情影响，在“寒冬”中艰难维持，而互联网新兴文化产业却成为疫情“宅经济”的消费热点。

（二）文化服务业步入高质量发展阶段

自“十三五”以来，我国文化产业发展战略实现了从加快发展到高质量发展的转变。文化产业转型升级表现突出。如随着移动支付的普及，线上购买成为电影票主要的销售渠道，只要在手机上点一点，就可以提前选定场次和座位。购书方式也逐渐发生变化，图书零售额线上占比逐年提升。网络文学市场规模不断增长，用户数量逐年扩大。视听新媒体已成为最具活力的消费领域之一，用户覆盖率逐年提升。中国互联网络信息中心数据显示，截至 2020 年 6 月，网络视频（含短视频）用户规模达 8.88 亿人，占网民整体的 94.5%。随着网络视听行业内容品质的提升，版权经济也迎来新的发展局面，突出表现为各大网络视听平台付费用户数的快速增长。付费会员模式已成为视频网站主要的营收方式。网络直播成为文化产业新的增长点。中国互联网络信息中心数据显示，截至 2020 年 6 月，我国网络直播用户规模达 5.62 亿人，占网民整体的 59.8%，其中电商直播用户规模为 3.09 亿人，占网民整体的 32.9%。电商直播的蓬勃发展，不仅进一步激发了用户的线上购物需求，还创造了新的消费模式。习近平总书记 2018 年 8 月在全国宣传思想工作会议上指出：“要推动文化产业高质量发展，健全现代文化产业体系和市场体系，推动各类文化市场主体发展壮大，培育新型文化业态和文化消费模式，以高质量文化供给增强人们的文化获得感、幸福感。”[①] 党的十九届四中全会提出：“要完善以高质量发展为导向的文化经济政策。”习近平总书记的重要论

① 张晓松，黄小希．习近平出席全国宣传思想工作会议并发表重要讲话[DB/OL]．中华人民共和国中央人民政府网站，2018－08－22.

述和党的十九届四中全会的表述，明确了文化产业转型升级、高质量发展的方向，标志着文化产业发展战略实现了从加快发展到高质量发展的转变。

（三）文化服务业对外开放受到重视

随着国家文化事业的发展，文化服务业在对外开放和文化在对外影响力方面发挥的作用受到国家的重视。近年来，我国陆续出台了一系列文化服务业对外开放相关政策，包括文化服务业外资引用政策、文化服务业对外贸易政策、国内文化服务业适度保护政策、文化服务业重点行业扶持政策等，激励、扶持中国文化服务业的对外开放。党的十九大报告强调：“文化自信是一个国家、一个民族发展中更基本、更深沉、更持久的力量。”在对外开放的进程中，扩大对外文化交流，通过文化创新有效转化文化资源，积极发展文化产业，输出我们的文化产品，都是文化自信的表现。中国文化要产生吸引力和影响力依赖于国际传播，国际传播能力是提升文化软实力的重要途径。增强我国文化服务业在全球的竞争力和出口能力是当前要考虑的重要工作。国家“十四五”规划纲要也明确要加强对外文化交流和多层次文明对话，创新推进国际传播，利用网上网下，讲好中国故事，传播好中国声音，促进民心相通；要积极发展对外文化贸易，开拓海外文化市场，鼓励优秀传统文化产品和影视剧、游戏等数字文化产品“走出去”，加强国家文化出口基地建设。

三、体育服务业快速发展，经济效益明显提升

（一）体育服务业蓬勃发展

体育产业是一个横跨生产、服务与消费，兼容公益性与商业性，既具有强大的经济功能，又能够产生巨大社会效益的新兴产业。发展体育事业和产业是提高中华民族身体素质和健康水平的必然要求，有利于满足人民群众多样化的体育需求，保障和改善民生。体育产业是

为社会提供体育产品的同一类经济活动的集合以及同类经济部门的综合，是经济发展的新动能，在满足人民日益增长的美好生活需要方面发挥着不可替代的作用。

1995 年出台的《体育产业发展纲要》开始注重发挥体育产业的经济效益和社会效益。2010 年，国务院办公厅发布的《关于加快发展体育产业的指导意见》中指出，体育产业的发展对促进我国由体育大国向体育强国的转变，促进经济社会协调发展，具有重要意义。2014 年发布的《国务院关于加快发展体育产业　促进体育消费的若干意见》中提出中国要积极扩大体育产品和服务供给，推动体育产业成为经济转型升级的重要力量，促进群众体育与竞技体育全面发展，加快体育强国建设，不断满足人民群众日益增长的体育需求。自 2014 年 46 号文出台以来，中国体育产业一直保持着快速增长态势，2018 年中国体育产业相关政策出台近 10 条，覆盖竞技赛事、体育设施建设、体育标准化等各个方面。《国务院办公厅关于促进全民健身和体育消费推动体育产业高质量发展的意见》提出，2022 年体育服务业增加值占体育产业增加值的比重力争达到 60%。2021 年 10 月的《体育法（修订草案）》明确了国家实施全民健身战略，构建全民健身公共服务体系的决心，意味着体育产业发展已然上升到国家战略层面。中国体育正向着专业化、规范化、产业化的方向发展。

（二）体育产业规模不断扩大

随着体育产业结构的转型升级，体育产业将由体育制造向体育服务业逐步延展，开放、竞争的体育市场逐步建立，中国体育服务行业商业化程度将大大提高，体育行业进入精细化发展阶段。据统计，2019 年中国体育产业总规模突破 3 万亿元，占 GDP 比重超过 1%。智研咨询发布的《2021—2027 年中国体育行业市场竞争态势及未来趋势预测报告》显示，2019 年中国体育产业总规模（总产出）为 29483 亿元，增加值为 11248 亿元。从名义增长看，总产出比 2018 年增长

10.90%，增加值增长11.6%（见图3-1）。2019年中国体育教育与培训规模为1909.4亿元，体育用品及相关产品销售、贸易代理与出租规模为4501.2亿元，体育管理活动规模为866.1亿元，体育竞赛表演活动规模为308.5亿元，体育健身休闲活动规模为1796.6亿元，体育用品及相关产品制造规模为13614.1亿元，体育产地设施建设规模为939.8亿元（见表3-1）。

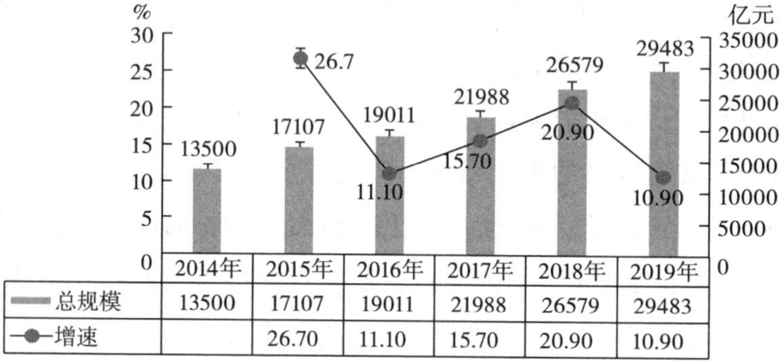

图3-1　2014—2019年中国体育产业总规模及增速

资料来源：国家统计局和智研咨询报告。

表3-1　2015—2019年我国体育产业细分规模　　单位：亿元

年份	体育教育与培训	体育用品及相关产品销售、贸易代理与出租	体育管理活动	体育竞赛表演活动	体育健身休闲活动	体育用品及相关产品制造	体育产地设施建设
2015	247.6	2508.3	229.1	149.5	276.9	11238.2	155.2
2016	296.2	4019.6	287.1	176.8	368.6	11962.1	222.1
2017	341.2	4295.2	504.9	231.4	581.3	13509.2	459.6
2018	1722	4116	727	292	1028	13201	646
2019	1909.4	4501.2	866.1	308.5	1796.6	13614.1	939.8

资料来源：国家统计局和智研咨询报告。

尽管体育产业近年来取得了长足发展，但与发达国家相比仍存在较大差距。中国体育服务业中体育用品的销售、贸易代理与出租项目的占比超过50%，体育产业占GDP的比重与发达国家相比差距更大。在北美、欧洲和日韩等发达国家和地区中，体育产业已成为其重要产业，占 GDP 的比重为3% ~5%，如日本、丹麦、法国、芬兰、德国、韩国和意大利等发达国家，体育文化产业总产值占 GDP 的 1.5%，部分国家甚至达到4%，奥地利与体育相关的产业的总产值就占到 GDP 的4.12%。按照中国的体育强国战略、体育产业及消费发展战略部署，体育服务业正在由经济增长点逐渐向国民经济支柱性产业迈进，中国服务业有着巨大的发展空间和潜力。预计到 2025 年我国体育产业总规模将超过 5 万亿元。

当前中国已成为体育用品制造大国。体育制造业产品种类多、规模优势强，在健身休闲、竞赛表演、体育培训、体育用品等服务方面发展态势喜人，体育与文旅、健康、养老、科技等产业融合发展取得新进展。新兴体育科技被广泛应用，整个产业不断更迭提高了体育产品和赛事的科技含量，科技成为推动体育事业发展的重要力量。新冠疫情暴发之后，中国民众对自身健康迫切关注，参加体育锻炼、强身健体的愿望更加强烈，体育的新业态、新模式不断涌现，体育产业在推动体育改革、引导健康生活、扩大内需、拉动消费等方面做出了积极贡献。

（三）体育赛事成为体育产业新生力量

当前我国体育赛事产业还处于初级发展阶段，但体育赛事作为中国体育产业的核心已经发挥了巨大的经济效益和社会效益，2018 年以来，中国体育产业相关政策颁布近 10 条。我国体育赛事市场处于快速发展期，越来越多的体育赛事活动促进了体育全产业链条的构建和体育经济多层次、多样化的快速发展。对于中国而言，北京冬奥会是一次重大的、具有标志性的体育活动，是展现中华文化盛况、树立大国国际形象的绝佳契机，也是国际奥委会最新改革措施——《奥林匹克 2020 +5 议程》颁布后的第一场冬奥盛会。整个筹办过程中展示了“中国智慧”，实践了国际奥委会改革新动向，扩展了奥林匹克精神的内涵。在冰雪运动“南展西扩东进”战略推动下，打造了如“全国大众冰雪季”“中国数字冰雪运动会”“全国大众欢乐冰雪周”等线上线下、覆盖四季的群众冰雪品牌赛事。还有浙江国际赛车场赛事连连是柯桥区体育产业发展的一个缩影。通过举办一年一届柯桥区运动休闲时尚周，全区汇聚20个优秀运动休闲项目和2万名运动达人。同时，精心培育“周周有赛事、天天有活动”群众体育品牌，在全区形成运动休闲群众广泛参与的良好氛围。浙江柯桥区体育产业蓬勃发展，捷报频传，已成功创建成为国家体育产业示范基地、浙江省体育强区、浙江省运动休闲基地，荣获世界休闲创新奖，区内省级体育特色小镇“酷玩小镇”荣获中国最佳运动休闲小镇称号，柯桥区（中国绍兴）更被世界休闲组织认定为“世界休闲城市”。此外，陕西为举办中华人民共和国第十四届运动会（以下简称“第十四届全运会”）新建或改建53个体育场馆，分布在陕西省各地，很多都已成为所在城市的新地标，第十四届全运会的举办也促进了相关城市软硬件的提升。

四、健康产业前景广阔，产业发展呈现蓬勃向上趋势

（一）“健康中国”上升为国家发展战略

健康产业在国民经济发展过程中起着十分重要的作用，是关系国计民生的特殊朝阳产业，其覆盖范围广、产业链长，直接影响到国民经济多个行业的发展。大健康产业正在快速成长为国家战略性产业。2016年8月习近平总书记在全国卫生与健康大会上发表讲话提出：“没有全民健康，就没有全面小康。要把人民健康放在优先发展的战略地位，以普及健康生活、优化健康服务、完善健康保障、建设健康环境、发展健康产业为重点，加快推进健康中国建设，努力全方位、全周期保障人民健康。”[①] 2016年10月25日，国务院印发《“健康中

① 付若愚. 习近平主席出席全国卫生与健康大会并发表重要讲话[DB/OL]. 央广网，2016-08-21.

国2030"规划纲要》，表明"健康中国"已正式上升为国家发展战略。2017年10月18日，党的十九大报告指出，实施"健康中国战略"，要"完善国民健康政策，为人民群众提供全方位、全周期健康服务"。《中国康养产业发展报告（2017）》指出我国康养产业发展潜力巨大，到2030年将达到22万亿元产业规模。中国拥有14亿的健康消费需求者，成为全球最大的大健康发展市场，特别是随着我国整体经济的快速发展，人均可支配收入的明显提高，加上全国老龄化社会的到来，人们在健康方面的投资逐年增长。这促使大健康产业在我国未来的经济发展中将成为支柱型产业，健康产业前景广阔。

（二）大健康产业发展前景广阔

面对人民群众日益增长的健康需求，加快大健康产业发展是提高经济发展质量的现实选择。大健康产业是围绕人的衣食住行、生老病死，对生命实施全程、全面、全要素的呵护，既追求个体生理、身体健康，也追求心理、精神等各方面健康。其涉及国民经济三次产业中多个部门。第一产业涵盖有机农业和中草药种植业等产业；第二产业涵盖健康食品业、医药制造业、健康装备器材制造业等产业；第三产业涵盖医疗卫生服务业、环境和公共设施管理业、健康管理业、健康金融服务业等产业。

据艾媒数据中心统计，2014—2018年，中国的大健康产业整体营收保持增长，2018年营收规模超过5万亿元（见图3-2）。受政策鼓励和资本推动的影响，2019年，大健康产业在患者服务类领域、医疗服务类领域、医药服务类领域、医疗美容类领域和医疗保健类领域等细分场景快速发展。2020年新冠疫情影响下的中国，更加凸显了国家对维护国民健康的高度重视和坚定决心。资料显示，发达国家健康产业增加值占GDP比重超过15%，当前中国健康产业的年收益约为900亿美元，仅占国内生产总值的4%～5%，低于许多发展中国家。可见，健康产业作为一种新兴服务业，具有巨大的发展潜力。我国老年人口现有数量为2.12亿人，到2050年将达到4.8亿人，老龄化水平为15.5%。老年人越多，对健康需求、关注、迫切度越高，这也是近年来健康产业飞速发展的原因之一。

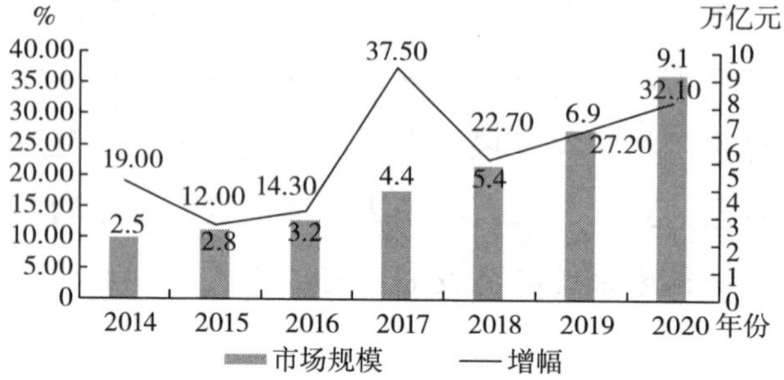

图3-2　2014—2020年中国大健康产业整体营收情况

资料来源：艾媒报告，2019全球及中国大健康产业运行大数据及决策分析报告。

（三）健康服务业开放发展进入新阶段

健康服务业开放是我国服务业开放的重要组成部分，我国政府为健康服务业开放创造了良好的制度环境，积极推进服务贸易承诺方式由正面清单向负面清单转化。健康服务业开放的区域格局目前明显呈现向东部沿海等发达省市集中的趋势，这说明健康服务业的发展与经济实力强弱是趋同的，也反映了我国政府对发达地区“先行先试”政策的效应。RCEP的签订，在服务贸易开放领域比WTO有明显的进步，我国在与健康相关的服务行业均有相应的承诺，如在医疗健康、教育等社会需求较大的服务业领域引入国际先进管理标准，要实质性推动服务业领域市场对内对外开放进程，尽快打破服务业领域的各类市场垄断与行政垄断等对健康服务业开放发展来说都是重要的机遇。

五、人口老龄化程度加深，养老服务业呈现新格局

（一）老龄化急需养老服务保障

养老产业是生命存在的服务产业，我国老年人人口基数大，人口老龄化程度不断加深，未来我国老龄人口将进一步增加，养老需求大增。国家统计局最新公布的数据显示，2019 年我国 60 周岁及以上人口约为 2.5 亿人，占总人口的 18.1%，其中 65 周岁及以上人口约为 1.8 亿人，占总人口的 12.6%。根据预测，到 2030 年，这一人口占比将达到 25% 左右。由此可见，我国人口老龄化问题已经成为一个严峻的社会问题。世界卫生组织预测，到 2050 年，中国或有 35% 的人口超过 60 岁，成为世界上人口老龄化最严重的国家之一。为此，要充分认清加快推进养老服务高质量发展的重大意义。随着人口老龄化的加剧，国家越来越重视养老产业的发展，并发布了一系列扶持政策。为增进老年人的获得感和幸福感，国家分别从法律制度、社会福利和医疗用药等方面保障老年人实实在在的权益。2019 年发布的《民政部关于贯彻落实新修改的〈中华人民共和国老年人权益保障法〉的通知》明确规定不再实施养老机构设立许可，同时加强养老机构事中事后监管，这是深化养老服务"放管服"改革的关键之举，充分鼓励社会服务发展，为老年人提供所需的养老服务。政府出台系列政策推进养老服务产业创新，以此推动养老服务产业转型升级的快速实现。同时社会力量积极参与，民间资本加大投资，相关企业和公益组织也积极建设养老服务平台。

（二）养老产业市场不断扩大

《中国健康养老产业报告》显示，养老产业自 2013 年开始形成市场化以来，各类企业纷纷涉足，从 2014 年地产、保险、医疗服务、康复辅具等企业蜂拥而入，到 2015 年地产、保险、医疗、康护、器械、互联网、大健康等产业链相关企业涌入，再到 2016 年国有大型

企业和民营企业集团的资本介入与跨界涌入，逐年演变的市场竞争主角，充分显示了养老产业参与企业主体的多元化。随着养老产业竞争的不断加剧，大型养老企业间并购整合与资本运作日趋频繁。近年来，中国养老产业市场规模逐年增长，艾媒咨询数据显示，2018 年中国养老产业市场规模达6. 57 万亿元，预计2022 年可达10. 29 万亿元。养老市场有很强的特殊性，产业链条不同于常规的商业。《关于建立积极应对人口老龄化重点联系城市机制的通知》提出要推动发展“互联网＋养老服务”“互联网＋老年健康服务”，要支持大型互联网企业导入养老服务和老年健康服务，支持优质养老机构互联网平台化发展，更好地发挥信息科技赋能作用。大数据、云计算和人工智能等创新研发可以实现养老服务资源整合和供需双方的信息对接，为老年人提供智能化和专业化的产品设备，从而提高养老服务质量和效率。此外，大数据时代的到来及其在养老服务产业中的应用使得中国养老服务业呈现出新格局，成为未来产业发展的新方向。

（三）养老服务产品日趋智能化

面对人口老龄化所带来的一系列社会问题，加快科技创新、大力推进科技智能养老服务是实现社会进步的必然途径。科技智能养老服务是指综合运用现代科学技术手段，特别是信息与智能技术，开展养老服务。在养老服务产品的设计上，近年来明显体现为智能化特点，如可以通过智能识别、智能控制、检测感知、智能计算等技术，实时监控老人的身体状况；还有设计针对老年群体的危险报警、位置定位、监控心率血压、意外保护等装置，和用先进的科技手段满足老年人的身体保健和安全需求的产品；不同智能养老服务云平台的建立等可以实现社会、医院、家庭等各方资源的全面整合，满足老年人的各种需求。当前，在养老机构、老年人照料中心等广泛使用的移动辅助装置和自动机器人系统也在不断优化和升级，各种功能的助老助残科技装置也在不断完善，并能够支持老年人自主活动，方便不同的照护者使用。这些为老年群体开发的服务产品不仅体现了时代发展的需要，更注重以人为中心突出产品的方便性和实用性。同时，随着核心关键技术的突破，智能养老服务产品的供给已得到极大丰富。让人工智能助力养老，尽可能使用现代化养老服务产品，能更好地满足不同需要的老年人对美好生活的需求。

六、中国教育事业不断发展，教育总体发展水平进入世界中上行列

教育为国之大计，新中国成立以来，中国教育事业不断发展，为社会培养了大批技术型人才、科技创新型人才，基础教育全面普及化，高等教育快速发展，学前、职业、特殊教育不断发展。改革开放以来中国的教育事业突飞猛进。教育走向现代化，规模日益扩大，水平显著提高，种类不断增多。党的十八大以来，中国教育事业的发展呈现出新的格局，教育事业正在加速由“有学上”向“上好学”转变，教育发展进入“以提高质量和效益为中心”的新阶段。学校布局结构进一步优化，整体办学效益和服务水平显著提高，东、中、西部教育差距进一步缩小，人才培养体系日渐完备。数据显示，2019 年全国共有各级各类学校 53.01 万所，比上年增加 1.13 万所，增长 2.17%；各级各类学历教育在校生 2.82 亿人，比上年增加 660.62 万人，增长 2.40%；专任教师 1732.03 万人，比上年增加 59.18 万人，增长 3.54%。建设教育强国，办好人民满意的教育，中国各级各类教育事业发展取得了新进展。

（一）学前教育方面

幼儿园的数量不断增加，其中民办幼儿园在 21 世纪初开始出现且数量日益增多。幼儿园在园学生数量和毛入园率稳步提升，幼儿园教职工数量和教职工的学历水平也不断提高，中央财政设立专项资金用作幼儿园经费，资金投入和保障水平进一步提升。2019 年全国共有

幼儿园28.12万所，比上年增加1.45万所，增长5.44%。学前教育入园幼儿有1688.23万人；在园幼儿为4714万人，比上年增加58万人，增长1.23%。学前教育毛入园率达到83.4%，比上年提高1.7个百分点（见图3－3）。幼儿园教职工有491.57万人，比上年增加38.43万人，增长8.48%；专任教师有276.31万人，比上年增加18.17万人，增长7.04%。

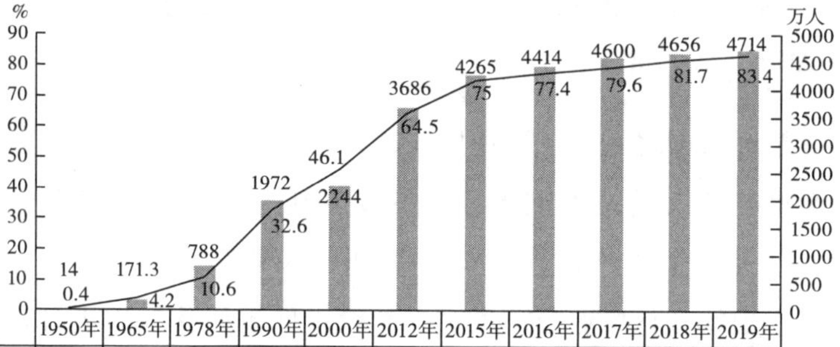

	1950年	1965年	1978年	1990年	2000年	2012年	2015年	2016年	2017年	2018年	2019年
在园幼儿	14	171.3	788	1972	2244	3686	4265	4414	4600	4656	4714
毛入园率	0.4	4.2	10.6	32.6	46.1	64.5	75	77.4	79.6	81.7	83.4

图3－3　学前教育在园幼儿和毛入园率

资料来源：《2019年全国教育事业发展统计公报》。

（二）义务教育方面

中小学教育开启普及教育的进程，1986年颁布《中华人民共和国义务教育法》，中小学教育的经费投入不断增加，办学条件日益改善。国家自2005年起将农村义务教育纳入公共财政保障范围。2006年重新修订《中华人民共和国义务教育法》，自2008年秋季入学开始，全面免除义务教育阶段学生的学杂费，当前中国基础教育实现了全面普及化。《2019年全国教育事业发展统计公报》显示，全国共有义务教育阶段学校21.26万所，招生3507.89万人，在校生有1.54亿人，专任教师有1001.65万人，九年义务教育巩固率为94.8%。义务教育阶段在校生中进城务工人员随迁子女有1426.96万人，其中，在小学就读1042.03万人、在初中就读384.93万人。通过对比不同年份的数据，发现我国的义务教育实现了从基本普及到全面普及，为我国实现由人口大国向人力资源大国转变做出了巨大贡献，新时代优质均衡已成为我国义务教育改革发展的必然要求和新时代赋予的重要历史使命。

（三）特殊教育方面

特殊教育作为教育的一部分，由原来的公益性事业转变为了一项专业性的事业，专业化水平不断提高。新中国成立以来，中国特殊教育取得了显著成就，基本形成了具有中国特色、适合中国国情的特殊教育发展模式。1949—1977 年，特殊教育经历了由慈善、救济属性转为教育属性的历程。1978—2000 年，特殊教育经历了复苏、完善法律法规建设、扩大规模等快速发展的历程。从 2001 年开始，特殊教育事业发展再上新台阶，教育质量不断提高，特殊教育学校布局趋向合理。特殊教育逐步走上了有法可依和依法治教的轨道，从学前到高等教育阶段的特殊教育体系初步形成，以国家财政性投入为主的特殊教育投入体制基本建立。截至 2019 年年底，全国共有特殊教育学校 2192 所，特殊教育学校共有专任教师 6.24 万人，招收各种形式的特殊教育学生有 14.42 万人，比上年增长了 16.76%；特殊教育学校在校生共有 79.46 万人，比上年增长了 19.32%。

（四）高中教育方面

高中教育是我国初等教育的最后一个阶段，高中教育包括普通高中、成人高中和中等职业教育 3 类。2019 年全国高中阶段教育共有学校 2.44 万所，比上年增加 55 所，增长了 0.23%；招生 1439.86 万人，比上年增加 90.11 万人，增长了 6.68%；从在校生人数以及毛入学率来看，2000 年我国高中阶段教育在校生人数仅为 2447 万人，毛入学率仅为 42.8%；到 2019 年我国高中阶段教育在校生人数达到 3995 万人，毛入学率达到 89.5%。仅 2020 年我国高中阶段教育在校生人数增长了 1548 万人，毛入学率增长了 46.7%，这充分证明我国在基础教育方面取得了长足的进步。

（五）高等教育方面

新中国成立以来特别是改革开放 40 多年以来，我国高等教育发生了翻天覆地的变化，高等教育的普及率达到或超过世界中高收入国家水平，满足了人民群众接受高等教育的需要；高等教育质量和水平不断提高，高校在世界的排名不断上升，在许多领域创造了大批基础研究和科技创新成果；高等教育内涵式、跨越式的发展，培养了大批优秀人才。受过高等教育的人口数以亿计，高等教育学历的从业人口总数居世界第二。普通高等学校数量和在校生人数的增速明显加快，高等教育从精英化迈向大众化、普及化。

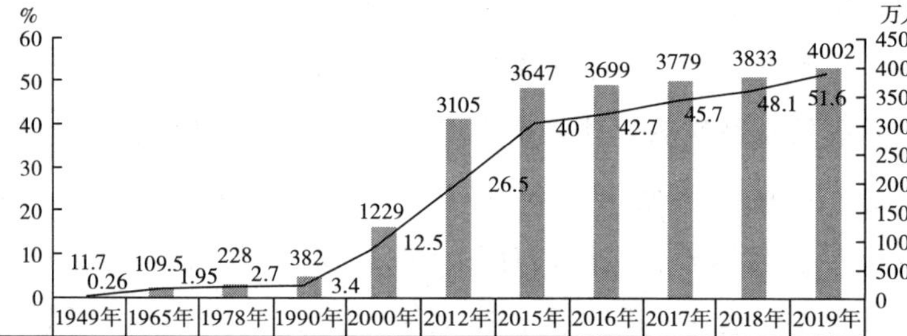

	1949年	1965年	1978年	1990年	2000年	2012年	2015年	2016年	2017年	2018年	2019年
在学总规模	11.7	109.5	228	382	1229	3105	3647	3699	3779	3833	4002
毛入学率	0.26	1.95	2.7	3.4	12.5	26.5	40	42.7	45.7	48.1	51.6

图 3－4　高等教育在学总规模和毛入学率

资料来源：《2019 年全国教育事业发展统计公报》。

中国高校学科体系、教学体系日益完善，高等学校分类设立发展。从举办者角度来看，分为公办、民办、中外合作办学高校；从性质上看，分为普通、职业、成人高校；从层次上看，分为专科、本科、硕士、博士授予权高校；从人才培养类别上看，分为综合、理工农医、财经政法管理、师范、艺术、体育高校，形成了与我国国民经济及社会发展相适应的高等教育体系。2019 年全国各类高等教育在学总规模达 4002 万人，毛入学率达 51.6%（见图 3－4）。全国共有普通高等学校 2688 所（含独立学院 257 所），比上年增加 25 所，增长 0.94%。其中，本科院校有 1265 所，比上年增加 20 所；高职（专科）院校有 1423 所，比上年增加 5 所。全国共有成人高等学校 268 所，比上年减少 9 所；研究生培养机构有 828 个，其中，普通高等学校有 593 个，科研机构有 235 个。普通高等学校校均规模达 11260 人，其中本科院校有 15179 人，高职（专科）院校有 7776 人。

第四章

陕西现代幸福服务业发展的基础与优势

陕西省历史悠久，是中华文明的重要发祥地之一、中国重要科教高地之一，陕北是中国现代革命圣地，关中是中国西部文明的重要发祥地之一，陕南楚蜀文化是汉族文化重要的发祥地。陕西拥有丰富的文化旅游、森林生态等资源，发展现代幸福服务业具有得天独厚的优势，丰富的山水资源适合发展养老、康养、旅游、体育等产业，作为教育文化大省，陕西教育服务、文化服务历来具有较大的优势。自"一带一路"倡议提出以来，陕西与中亚、南亚乃至欧洲国家的联系日益密切，对外开放与合作不断深化。"十四五"时期，为顺应制造业服务化、消费个性化多样化趋势，陕西将推动服务业深化改革扩大开放，推动跨越融合，模式创新，布局形成竞争力强的现代服务业产业发展体系。陕西现代幸福服务业高质量发展还具有新一轮的政策扶持优势。

一、资源优势

（一）文化旅游资源丰富，发展潜力巨大

陕西省是中华文化的摇篮，拥有丰富的文化遗产和旅游资源。古长安（现西安市）是古代陆上丝绸之路的起点，有1300多年建城史，是西周、秦、西汉、新莽、东汉、西晋、前赵、前秦、后秦、西魏、北周、隋、唐13个王朝的建都地，秦兵马俑、黄帝陵、大雁塔、法门寺等都是世界著名的旅游景点，主要分布在关中地区。陕北地区是

中国革命的摇篮，党中央在延安指挥了全国的抗日战争和解放战争，延安宝塔山、枣园革命旧址、梁家河等红色旅游资源使大众在饱览祖国大好河山的同时，充分了解中国共产党为人民利益而奋斗的光辉历史，传承了红色基因，使延安红色旅游品牌深入人心。陕南地处秦岭和巴山腹地，拥有丰富的山水资源和文化资源，汉中、安康、商洛是我国自然生态旅游资源最丰富、特色最突出的地区之一，陕南独特的山水休闲旅游品牌和生态旅游特色优势明显。旅游资源主要分布在五大地带之间，即渭河沿线、秦岭沿线、汉江沿线、延安和榆林一带及黄河流域。其中，西安、延安、宝鸡、汉中等地是受重点关注的旅游资源地区。集中和丰厚的历史文化资源和独特的山水生态资源是陕西旅游服务最重要的特征与优势。

陕西拥有厚重的历史文化底蕴，缔造了以周、秦、汉、唐为代表的灿烂古代文化。陕西是中国革命的摇篮，集聚了极具革命性和先进性的丰富红色文化资源。陕西拥有特色鲜明的民俗文化，关中、陕北、陕南三大区域民俗各异，民间文化异彩纷呈。陕西现代文化实力雄厚，培育了“长安画派”“文学陕军”等一批具有较强影响力的优秀艺术家群体和优秀作品。陕西省现有世界文化遗产 3 处，全国重点文物保护单位 235 处，国家级非物质文化遗产名录项目 74 项，省级 441 项，市级 1415 项，县级 4150 项。西安鼓乐、中国剪纸（安塞剪纸、延川剪纸）、中国皮影戏（华州区皮影戏）成功入选联合国人类非物质文化遗产名录。现有国家级非物质文化遗产项目代表性传承人 50 人，省级 385 人，市级 1281 人，县级 3977 人。国家级陕北文化生态保护实验区和国家级羌文化生态保护实验区建设有重大进展。省、市、县、镇、村五级文化基础设施网络基本形成，建成了 1 个国家级文化产业示范园区，11 家国家级文化产业示范基地，8 家国家动漫认定企业，41 家省级文化产业示范基地，101 家省级文化产业示范单位，基本形成了门类比较齐全、产业链比较完整的文化产业体系。

（二）陕西体育资源特色鲜明，产业布局成效显现

陕西丰富的山川资源，适宜开展山地、户外、水上、冰雪等体育运动，体育产业主要包含体育管理活动、竞赛表演、场馆服务、体育用品相关服务等 11 个门类。陕西体育产业发展项目较为齐全，健身、足球、篮球、羽毛球、游泳、击剑以及乒乓球等传统项目发展较快，近年来开发的秦岭穿越、西安城墙国际马拉松等新兴体育项目参与面不断扩大，目前已经逐步形成集合体育休闲、健身、旅游、教育培训、贸易、体育博览、体育用品销售、体育经纪、体育广告等多样化的现代体育服务产业，服务企业数量不断增多。但与东部等经济发展水平较高的省份相比，体育服务业的优势尚未得到全面的发挥。2014 年环中国国际公路自行车赛（西安站）的举办、“李宁杯”全国 10 公里路跑联赛的承办、2017 年首届西安国际马拉松赛的举办、陕西体育产业集团的建立等说明陕西体育事业发展越来越受重视，2021 年陕西承办的第十四届全运会新建体育场馆 25 个，改造 16 个，场馆按区域分布在全省 13 个市、区，建设总投资约 202 亿元，满足了第十四届全运会比赛需要。体育场馆的建成使用，为体育产业发展提供了基础保障。第十四届全运会测试赛及决赛的承办进一步提高了各场馆的办赛能力，为场馆赛后利用和竞赛表演服务的发展创造了良好条件，有力地促进了陕西体育产业的发展。

（三）生态康养资源品质化，需求日益增大

关中、陕南等地具有良好的生态资源、森林资源和温泉资源，具备发展康养旅游产业的有利条件。国家林业和草原局、民政部、国家卫健委、国家中医药管理局四部门联合公布的国家森林康养基地（第一批）名单中陕西共有 4 家，分别是陕西黄陵国家森林公园森林康养基地、天竺山森林康养基地、黄龙山国有林管理局森林康养基地、楼观台森林康养基地。加之陕西的中医药技术实力十分雄厚，有利于医疗与康养相结合发展。生态的不断优化也大大促进了康养旅居项目的

落地。陕西康养主要包括森林康养、气候康养、温泉康养、中医药康养4种类型。森林康养，以空气清新、环境优美的森林资源为依托，开展包括森林游憩、度假、疗养、运动、教育、养生、食疗等多种业态的康养活动。气候康养，以地区或季节性宜人的自然气候条件为康养资源，配套各种健康、养老、养生、度假等相关产品和服务而形成综合性气候康养旅游产业。温泉康养，因大多数温泉本身具有保健和疗养功能，是传统康养旅游中最重要的资源。中医药康养，包括以传统中医、中草药和中医疗法为核心的一系列康养内容。

（四）教育服务资源丰裕，人才支撑度高

新中国成立以来，陕西教育事业发生了翻天覆地的变化，实现了从教育资源贫乏到教育大省的历史性飞跃。2019年全省在校生人数是1949年的10多倍，普惠性幼儿园占比为79.57%，国家科学技术奖获奖数全国排第四。陕西高等教育资源丰富，高校招生与就业高质量推进，基础教育取得历史性成就，高等教育不断壮大，教师队伍质量整体提升，“一带一路”教育国际合作交流扎实推进，教育信息化步伐实现大跨越，民办教育持续健康发展。近年来，陕西高校主动响应“创新驱动发展”战略和“一带一路”倡议等，突出特色、积极行动，为经济发展和社会建设提供技术和人才支撑。西安交通大学发起并成立了丝绸之路大学联盟，吸引了35个国家和地区的135所高校加盟，引领“一带一路”沿线国家的高等教育合作。丝绸之路大学联盟是海内外大学结成的非政府、非营利性的开放性、国际化高等教育合作平台，弘扬“和平合作、开放包容、互学互鉴、互利共赢”的丝绸之路精神，推动丝绸之路沿线国家和地区大学之间交流。如西北政法大学集中优势学科，组建丝绸之路区域合作与发展法律研究院，其定位是国家决策咨询机构、高水平法律研究机构以及高端特色法律智库；西北大学成立中亚学院，面向中亚招收留学生，为丝绸之路经济带培养复合型、技术型人才，开设中亚文明史、国际贸易等专业；西

安翻译学院为更好满足“一带一路”语言需求，充分利用学校的多语种特色和优势，积极发展同沿线重要节点国家的交流与合作，为陕西开放型经济发展培养专门人才。

二、市场优势

（一）交通区位优势突出，服务业基础条件良好

陕西作为我国地理版图的几何中心，区位优势突出，自“一带一路”倡议提出以来，陕西省持续发挥陆上丝绸之路起点的区位优势，处于向西开放的前沿，通过建设综合交通枢纽中心和国际商贸物流中心，服务业基础条件建设和改善迅速提升。陕西自由贸易试验区的建立为陕西更大程度的开放提供了支点。作为国内邻接省（区、市）数量最多的省份，陕西省在铁路、公路和航空建设方面把得天独厚的区位优势转变为交通优势，“空、铁、公”等交通运输方式衔接更加紧密，服务品质大幅提升。西安咸阳国际机场成为西北地区最大的空中综合交通枢纽，旅客吞吐量全国排名第八位。初步形成了向西开放、丝路贯通、美澳直达、五洲连通的国际航线网络，构建起了陕西省对外开放和走向世界的航空大通道。国际性区域铁路枢纽和国家高铁枢纽逐步构建。随着郑西、西宝、大西高铁通车运营，西安实现高速铁路便捷通达北京、上海、郑州、太原等城市，西兰、西成高铁开通运营，标志着以“大西安”为中心的西南、西北地区高铁与全国高铁网实现互联互通，西安承东启西、连接南北的枢纽地位更加凸显。陕西已基本形成“米”字形高速公路网和以“一环十二辐射”为主骨架的公路网，具备成为丝绸之路经济带重要的客流、物流、信息流和资金流汇聚地的基础和优势。陕西的交通区位优势逐步凸显，这对推进更高水平开放和统筹利用两个市场、两种资源扩大对内对外开放，推进“一带一路”交通商贸物流、国际产能合作、科技教育、国际旅游、区域金融五大中心建设意义重大，同时为现代服务业发展提供了

良好的基础条件。

（二）人口数量与密度较高，服务业市场容量大

服务业经济发展要保持城市人口发展活力，陕西具有发展服务业的城市规模优势。钟粤俊等（2020）的研究表明，通常情况下大城市的服务业比较发达，人口密度高会显著促进服务业发展，人口密度低则不利于居民增加服务消费。通过测算发现城市人口密度下降和劳动力流动障碍导致中国城市服务业发展偏低3~5个百分点。根据发达国家的经济发展路径，经济资源遵循从农业向制造业转移，并最终向服务业转移的规律。由于服务业的特殊性，服务业需要面对面进行生产和消费，人口密度对其发展的作用不容忽视。人口向城市（特别是高人口密度的大城市）集聚与服务业占比逐步提高有关，体现了人口密度有利于服务业发展的客观规律，更高的人口密度使商品和服务的消费更便捷，有利于缩短获得这些商品所涉及的通行距离并降低通行频率和运输难度等。在其他条件不变的情况下，人口密度越高，对应的市场规模越大。

第七次全国人口普查结果显示，陕西省总人口达39528999人，占全国比重为2.8%，常住人口10年期间增加了220万人，陕西省0~14岁人口占17.33%；15~59岁人口占63.46%；60岁及以上人口占19.20%，老龄化程度略高于全国平均水平。陕西省15岁及以上人口的平均受教育年限为10.26年，高于全国平均水平。陕西省统计局数据显示，陕西省常住人口发展进入转折期，呈现增长趋缓、出生减少、城镇化水平进一步提高、老龄化程度加深等特征。陕西省的总人口数量在全国排名第十六位，处于西北地区第一位，老龄人口比例比较大，人口分布数量及密度状况有利于现代幸福服务业发展，市场规模与容量具有较大的优势。

（三）民生福祉达到新水平，服务业市场前景广阔

党的十九届五中全会将“民生福祉达到新水平”作为“十四五”时期我国经济社会发展的主要目标之一。建设高质量教育体系、加大人力资本投入，健全多层次社会保障体系、提高医疗保障水平，完善全民健身公共服务体系、加快发展健康产业等内容为“十四五”时期服务业高水平、高质量发展指明了方向。民生福祉不仅指物质层面，同样包含精神维度，精神富足是人的全面发展和社会全面进步的重要方向。陕西汉中将围绕“十四五”建设区域中心城市、生态经济强市、幸福宜居名市的发展目标，聚焦打造西部教育强市、绿色康养之都、秦巴旅居天堂、创新创业高地，以文化旅游、健康养生、教育服务、体育休闲等为代表的现代幸福服务业融合发展作为引领，做优叫响学研、医养、旅居、兴业“四个在汉中”城市品牌。

同时，陕西自由贸易试验区自成立以来，在国际贸易与投资新规则向更高标准、更高层次的服务贸易和跨境投资转变的背景下不断推进服务业开放，越来越多的现代幸福服务业机构进入陕西布局，市场服务能力进一步提升。此外，陕西省在加快建设体育强国的战略机遇、筹办第十四届全运会的历史机遇下，体育产业动能有效释放、体育文化更加深入人心，陕西省以建设体育强省为目标，坚持以体育设施为基础、竞技体育为引领、体育产业为支撑、体育文化为内核，着力解决体育事业发展不平衡不充分的问题。可见，第十四届全运会、自由贸易试验区、服务业对外资开放等进一步促进了陕西现代幸福服务业的发展，陕西现代幸福服务业市场前景广阔，发展潜力巨大。

三、政策支持优势

近年来，陕西省政府工作报告明确提出要推动休闲、体育、康养等服务业提质扩容，积极发展居家社区养老服务和多种形式的婴幼儿照护服务。根据《中华人民共和国国民经济和社会发展第十四个五年

规划和2035年远景目标纲要》和《陕西省国民经济和社会发展第十四个五年规划和2035年远景目标纲要》，本书通过对现代幸福服务业发展的支持政策进行梳理，发现“十四五”时期陕西的政策支持优势明显。

（一）优先发展教育事业，建设高质量教育体系

教育兴则国家兴，教育强则国家强。建设高质量教育体系，是“十四五”时期推动高质量发展的内在要求。建设高质量教育体系，就是坚持以人民为中心发展教育事业。让教育事业为提高人民思想道德素质、科学文化素质和身心健康素质提供可靠保证，切实做到发展为了人民，发展依靠人民，发展成果由人民共享，不断满足人民日益增长的美好生活需要。优先发展教育事业、建设高质量教育体系，主要从5个方面着手：一是推进基本公共教育均等化；二是增强职业技术教育适应性；三是提高高等教育质量；四是建设高素质专业化教师队伍；五是深化教育改革。教育服务主要是高等教育服务，支持和规范民办教育发展，开展高水平中外合作办学，发挥在线教育优势，完善终身学习体系，建设学习型社会，推进高水平大学开放教育资源，完善注册学习和弹性学习制度，畅通不同类型学习成果的互认和转换渠道等措施对高等教育服务意义重大。陕西提出“十四五”期间，推动3所世界一流大学建设高校、5所世界一流学科建设高校争先进位，扶持50个左右优势特色学科等政策，这对教育服务业的发展具有重要的指导与推进作用。

（二）围绕全民健身，建设体育强国

“十四五”期间，为开展全民建身运动、建设体育强国，我国将完善全民健身公共服务体系，探索中国特色足球、篮球、排球发展路径，持续推进冰雪运动发展，同时，将扩大体育消费，发展健身休闲、户外运动等体育产业。全国将重点实施“全民健身场地设施”保障工程，包括新建、改扩建1000个左右体育公园，推进社会足球场

地和体育建设步道的建设。国务院印发的《国务院办公厅关于促进全民健身和体育消费推动体育产业高质量发展的意见》，是推动体育产业成为国民经济支柱性产业的重要文件，文件中提出十大举措，分别为深化“放管服”改革，释放发展潜能；完善产业政策，优化发展环境；促进体育消费，增强发展动力；建设场地设施，增加要素供给；加强平台支持，壮大市场主体；改善产业结构，丰富产品供给；优化产业布局，促进协调发展；实施“体育＋”行动，促进融合发展；强化示范引领，打造发展载体；夯实产业基础，提高服务水平。

陕西省也围绕体育设施建设、体育产业规模等内容，提出了“十四五”时期的发展目标，支持西安、咸阳、渭南国家体育消费试点城市建设；加强第十四届全运会比赛设施专业化建设。陕西在推进供给侧结构性改革方面，优化体育产品和服务供给结构。“体育＋”理念深入人心，“体育＋旅游”“体育＋文化”“体育＋康养”“体育＋特色产业”“体育＋互联网”等新业态、新模式正在形成；同时，根据核心运动项目和资源特色，多点位孵化产业项目，加快产业集聚区建设。持续发展体育竞赛表演产业，以第十四届全运会为契机，结合国家“双百”赛事计划，努力打造一批具有国际影响力的重大赛事，以赛事带动体育消费，做强体育产业。进一步拓展体育消费空间，积极发展体育教育培训业等推动体育产业向更高水平迈进。

（三）推进健康中国建设，实施全民健康保障工程

根据国家统计局公布的《健康产业统计分类（2019）》，健康产业的范围确定为医疗卫生服务，健康事务、健康环境管理与科研技术服务等 13 个大类。“十四五”期间，我国将全面推进健康中国建设，包括构建强大公共卫生体系、深化医药卫生体制改革、健全全民医保制度、推动中医药传承创新等，并将实施 5 项与健康产业发展相关的“全民健康保障工程”：疾病预防控制、国家医学中心建设、区域医疗中心建设、支持县级医院发展和中医药发展。依据《“健康中国

2030”规划纲要》中对健康产业的发展规划，提出了4大重点发展任务：优化办医格局、发展健康服务新业态、积极发展健身休闲运动产业和促进医药产业发展。预计到2030年，中国健康产业规模显著扩大，健康服务业总规模将达16万亿元，较2020年增加8万亿元。同时，中国将建立起体系完整、结构优化的健康产业体系，形成一批具有较强创新能力和国际竞争力的大型企业，成为国民经济支柱性产业。

陕西省也围绕医疗设施建设、产业发展等内容，提出了“十四五”时期的发展目标，包括“推进1个省级紧急医学救援基地、2个省级重大疫情救治基地、5个省级感染性疾病诊疗中心建设，确保每个设区市都有1所达标的传染病医院”。陕西省发布的《智慧健康养老产业发展实施方案》提出到2022年，全省基本形成覆盖全生命周期的智慧健康养老产业体系，建立3~5个智慧健康养老应用示范基地，引进和培育8~10家具有示范引领作用的行业领军企业，打造一批智慧健康养老服务品牌；健康管理、居家养老等智慧健康养老服务基本普及，智慧健康养老产业发展环境不断完善。此外，还将推进智慧健康养老商业模式创新；推进医养结合发展；建设智慧健康养老信息服务平台；提升信息基础设施支撑能力；强化试点示范引领。

（四）完善养老服务体系，促进养老消费

“十四五”期间，我国将完善养老服务体系，着重发展普惠型养老服务、社区嵌入式养老、互助养老、医养康养、银发经济和智慧养老等领域。重点开展3项养老服务项目，即特殊困难家庭适老化改造、社区居家养老服务网络建设和养老机构服务提升。同时，针对我国养老产业有效供给不足的问题，民政部印发的《关于进一步扩大养老服务供给促进养老服务消费的实施意见》中提出要进一步扩大养老服务供给，促进养老服务消费，包括全方位优化养老服务有效供给、繁荣老年用品市场、加强养老服务消费支撑保障、培育养老服务消费新业态、提高老年人消费支付能力、优化养老服务营商和消费环境6

个方面的具体要求和措施。

《关于进一步扩大养老服务供给促进养老服务消费的实施意见》对社区养老、机构养老、农村养老和专业人才培养方面都提出了发展目标：到2022年，社区养老方面力争所有街道至少建有一个具备综合功能的社区养老服务机构，有条件的乡镇也要积极建设具备综合功能的社区养老服务机构，社区日间照料机构覆盖率达到90%以上，配建设施达标率达到100%；机构养老方面要求养老机构护理型床位占比不低于50%；农村养老方面要求每个县至少建有一所以农村特困失能、残疾老年人专业照护为主的县级层面特困人员供养服务设施；专业人才培养方面要培养培训1万名养老院院长、200万名养老护理员、10万名专兼职老年社会工作者，切实提升养老服务持续发展能力。陕西也围绕养老机构数量、床位供给等内容，提出了“十四五”时期的发展目标，到2025年，养老机构护理型床位占比达到55%以上，建设500家社区医养结合服务中心、康复护理床位新增1万张，建成200个示范性城乡老年友好型社区，陕西提出要以老年人需求为中心，不断建立健全基本养老服务体系，切实降低养老服务成本，发展普惠型养老服务，切实提高老年人生活品质。

（五）健全现代文化产业体系，推动文化和旅游深度融合发展

“十四五”期间，我国将健全现代文化产业体系和市场体系，主要通过扩大优质文化产品供给、推动文化和旅游融合发展、深化文化体制改革来实现。扩大优质文化产品供给方面主要包括：过实施文化产业数字化战略，加快发展新型文化企业、文化业态、文化消费模式，壮大数字创意、网络视听、数字出版、数字娱乐、线上演播等产业实力。推动文化和旅游融合发展方面主要措施有：深入发展大众旅游、智慧旅游，创新旅游产品体系，改善旅游消费体验；加强区域旅游品牌和服务整合，建设一批富有文化底蕴的世界级旅游景区和度假

区，打造一批文化特色鲜明的国家级旅游休闲城市和街区；推进红色旅游、文化遗产旅游、旅游演艺等创新发展，提升度假休闲、乡村旅游等服务品质，完善邮轮游艇、低空旅游等发展政策；健全旅游基础设施和集散体系，推进旅游厕所革命，强化智慧景区建设；建立旅游服务质量评价体系，规范在线旅游经营服务。深化文化体制改革方面主要包括：完善文化管理体制和生产经营机制，提升文化治理效能；完善国有文化资产管理体制机制，深化公益性文化事业单位改革，推进公共文化机构法人治理结构改革；深化国有文化企业分类改革，推进国有文艺院团改革和院线制改革；完善文化市场综合执法体制，制定未成年人网络保护、信息网络传播视听等领域法律法规。

“十四五”期间，国家还将开展社会主义文化繁荣发展工程，包括中国特色社会主义理论出版传播、文艺精品创作、全媒体传播和数字文化、文化遗产保护传承、旅游目的地质量提升、重大文化设施建设、中华典籍整理出版7项重大工程。文化和旅游部印发的《关于推动数字文化产业高质量发展的意见》从企业培育、产业集群和产业项目3方面提出了2025年的发展目标，包括培育20家社会效益和经济效益突出、创新能力强、具有国际影响力的领军企业，打造5个具有区域影响力、引领数字文化产业发展的产业集群，建设200个具有示范带动作用的数字文化产业项目。陕西提出到2025年，全省旅游总收入突破1万亿元，旅游总人次达到9亿人次，形成文化旅游万亿级产业板块。以“文旅+”为导向，精心培育文化旅游融合发展的新业态，促进文化旅游多业态跨界发展，推进“文旅+工业”“文旅+教育”“文旅+体育”“文旅+农业”融合，构建“一带一路”文化交流枢纽，建设世界文明交流互鉴窗口，扩大文旅国际合作“朋友圈”。以优化服务为重点，全力营造文化旅游发展的新环境。发挥西安文旅全球网络推广合作联盟作用，加强线上线下精准营销，构建会展、活动、电商、媒体多元化宣传营销新矩阵，提升西安旅游国际影响力。

四、发展环境优势

（一）建立市场化、法治化、国际化的营商环境

优化营商环境主要内容包括营造平等保护、公平竞争的市场环境，提升政务服务水平，规范和改进监管执法，加强法治保障。陕西全面落实国务院深化“放管服”改革优化营商环境电视电话会议和全省优化提升营商环境大会精神，进一步梳理企业投资兴业的堵点、难点，对标先进水平，持续加大“放管服”改革力度，着重解决短板弱项，把对标国际标准和加强横向比较相结合，坚持问题导向，完善相对集中行政许可权改革，逐步形成顺畅、高效的行政审批体系，率先在全国出台优化营商环境条例，保护市场主体、规范政府监管行为，不断降低行政事业性收费标准，减轻企业制度性交易负担。如西安高新区为了给区内企业营造良好的发展环境，结合区内发展实际，优化提升出实招，派驻 303 名亲商助企专员，实现服务企业“零距离”，在西安市率先实现“一枚印章管审批”，着力打通数据孤岛，上线“一网通办”高频事项，做项目和企业发展的贴心“管家”，高新区已形成电子信息产业、现代制造业、现代服务业三大主导产业。西安高新区的做法只是陕西省着力优化和提升营商环境的一个缩影。自 2018 年以来，陕西省上下针对企业的堵点和痛点持续发力，加快打造法治化、国际化、便利化的营商环境，营商环境持续优化。

（二）双循环带来新机遇，投资环境进一步优化

双循环带来投资合作新机遇，在内循环为主导的双循环发展背景下，人口、资源等要素向大城市逐渐集聚，现代幸福服务业与城市共生，给城市生活带来更大的便捷性，做到商业和城市发展和谐发展。教育、养老、健康等产业发展需要更加注重在社区的便捷性。陕西积极引导境内外企业在先进制造业、“两新一重”建设、现代服务业等领域加大投资力度。通过进一步放宽市场准入，全面清理不合理的限制条件，

鼓励社会力量扩大多元化多层次服务供给。完善支持服务业发展的政策体系，创新适应服务新业态新模式和产业融合发展需要的土地、财税、金融、价格等政策。健全服务质量标准体系，强化标准贯彻执行和推广。完善服务领域人才职称评定制度，鼓励从业人员参加职业技能培训和鉴定。深入推进服务业综合改革试点和扩大开放。大力发展市场主体，优化企业组织结构。通过积极引导，培育和形成一批多元投资主体的大公司和大集团，大力发展非公有制经济的现代服务业主体。

（三）打造内陆改革开放高地，构筑更高水平开放型经济体系

“十四五”时期，西安将打造内陆改革开放高地作为目标之一，正通过做优开放通道、做好开放平台、做大开放载体，构筑更高水平开放型经济体系，建设连接国内国际双循环的国际门户枢纽城市。陕西自古就是中国重要的对外开放门户，承担着“向西开放的前沿”使命，深度融入共建“一带一路”，在充分利用好区位优势的前提下，延伸畅通面向中亚、南亚、西亚国家的贸易通道。“效率高、成本低、服务优”为陕西建设国际贸易通道指明了方向、提出了要求。建设更高水平开放型经济新体制的陕西实践，符合发展开放型经济、发挥后发优势赢得区域发展主动权的理论与逻辑，契合了陕西区位、交通、资源禀赋的区位特征，着眼于现代经济要素的集聚、流动及其与产业之间的互动融合，旨在通过更大空间的要素配置、产业分工体系重塑、区域发展能级提升，使陕西更好地融入“一带一路”，推动经济在更高开放平台上“引进来”与“走出去”，形成具有陕西特色的对外开放新格局。开放为陕西补短板、释放后发优势、实现新时代追赶超越创造了机遇。陕西是亚欧大陆桥的重要支点，多条铁路、公路、航线在此交会，具有区位、产业、科教、文化等优势。深度融入共建“一带一路”大格局，发展更高层次、更高水平的开放型经济，成为陕西现代幸福服务业引进利用全球技术、资本、人才资源，构筑现代产业体系，加快经济发展方式转变、结构优化的重要路径。

第五章

对外开放格局下陕西旅游服务业高质量发展

当前，我国旅游业进入高质量发展阶段，旅游业是人民生活水平提高的一个重要指标。作为一项公认的关联性大、带动性强的综合产业，旅游业是人们参与度最大、影响面最广的一种现代人文活动。新中国成立以来，我国旅游业经历了从无到有、从小到大的不断发展和演变，现已成为世界最大的国内旅游市场和世界第一大国际旅游消费国。旅游业以探求新知和休闲度假的消费需求为驱动，使游客从领略自然风光、观瞻历史胜迹、体验文化魅力等活动中获得审美、愉悦身心和感知世界的美好经历，并获得满足感和幸福感，旅游业的幸福效应已成为社会共识。新时代赋予旅游业担负起满足人民需求、增进民生福祉的重要使命，国家对旅游业定位的继续调整意味着旅游业所承担的功能和责任也在不断调整。旅游业作为现代服务业为旅游业的发展确定了方向。

随着中国特色社会主义进入新时代，旅游业发展进入转型升级和提质增效的新阶段。陕西省旅游资源丰富，是中国省域旅游大省，旅游业在陕西社会经济发展中的重要作用日渐显著，自“一带一路”倡议提出以来，陕西旅游国际化水平不断提升。“十四五”时期，陕西把对外开放作为加快追赶超越的关键一招，创新开放理念、丰富开放内涵、拓展开放领域，建设更高水平开放型经济新体制，打造陆空内外联动、东西双向互济的开放型经济新格局。在对外开放新格局下，陕西旅游服务业面临重要的发展机遇，将旅游服务业打造为陕西经济的支柱产业，对促进陕西旅游业以及中国省域旅游服务业高质量发展具有重要意义。

一、对外开放格局下旅游服务业的定位

回顾新中国成立 70 多年来旅游业的发展历程，总体上经历了 1949—1977 年的外交事业阶段、1978—1990 年的快速起步阶段、1991—2008 年的迅速发展阶段、2009 年至今的融入国家发展战略阶段 4 个阶段。2009 年 12 月，国务院出台《关于加快发展旅游业的意见》，明确提出把旅游业培育成国民经济的战略性支柱产业和人民群众更加满意的现代服务业，开启了中国旅游业发展的新时代。2016 年 11 月，国务院办公厅印发的《关于进一步扩大旅游文化体育健康养老教育培训等领域消费的意见》明确提出，要着力推进幸福产业。2018 年 3 月，国务院办公厅出台《关于促进全域旅游发展的指导意见》，提出“旅游是发展经济、增加就业和满足人民日益增长的美好生活需要的有效手段，旅游业是提高人民生活水平的重要产业”，这是旅游承担社会责任的官方解读。至此，旅游作为重要的现代服务业和幸福服务产业，在促进经济、繁荣文化、惠及民生等方面发挥着显著作用。作为一项涉及多领域、多产业、多业态和多群体的现代幸福服务业，旅游服务已成为改善民生、满足社会成员精神需要的一项重要活动，也是促进社会不断进步与发展的有效润滑剂。

二、对外开放格局下陕西旅游服务业的特点与优势

陕西是中国的旅游大省，旅游资源十分丰富，深厚的历史文化底蕴和垄断性旅游资源在国内外享有极高的知名度，特别是以关中历史文化为特征的“古色观光旅游”、以陕北革命根据地为标志的“红色旅游”和以陕南秀美风光为吸引力的“绿色生态旅游”，各区域旅游资源风格迥异、各具特色。其主要特点如下：

（一）旅游资源优势明显

陕西省是中华民族和中华文化的主要发祥地，拥有十分丰富的旅游资源。境内旅游资源存量大、种类多，地上地下文物遗存极为丰富，被誉为“天然的历史博物馆”。全省有各类文物点3.58万处、博物馆151座、馆藏各类文物90万件（组），文物点密度大、数量多、等级高，居全国首位。如“世界第八大奇迹”秦始皇兵马俑，中国历史上第一个女皇帝武则天及其丈夫唐高宗李治的合葬墓乾陵，佛教名刹法门寺，中国现存规模最大、保存最完整的古代城垣西安城墙，中国最大的石质书库西安碑林等旅游资源均具有独特优势。陕西省内的各大博物馆内陈列的西周青铜器、秦代铜车马、汉代石雕、唐代金银器、宋代瓷器及历代碑刻等稀世珍宝也极具特色。除文旅资源外，依托秦岭独特的气候、动植物、地质、水文、生态特征，陕西的山水等自然旅游资源也极为丰富。境内华山、太白山、骊山等驰名中外，富集的旅游资源是对外开放新格局下陕西旅游服务业发展的重要基础。

（二）交通区位优势显著

陕西旅游发展涉及的汽车、航空、铁路、公路运输业近年来蓬勃发展。陕西省具有得天独厚的区位优势。陕西北靠内蒙古，南接川鄂，西依甘宁，东邻晋豫，是通往大西北的门户，有着承东启西、连接南北的区位优势。省会城市西安作为全省的政治、经济、文化中心，是中国西部最大的城市，也是西北地区最大的科技中心、金融中心和商贸中心，是连接南北、贯穿东西的重要交通枢纽。千台以上的旅游大巴，吞吐量和运送旅客量以及国际航运量大大加强的咸阳国际机场，“米”字形铁路和省内高铁，半小时、一小时、两小时、三小时、四小时交通圈，四通八达的高速公路形成了旅游交通大动脉，改变了陕西旅游交通业的发展格局。航空、铁路、高速公路形成四通八达的“米”字形交通骨架，让陕西在空运、陆运、铁路运输方面成为天然的交通枢纽。旅游服务业迅猛发展的陕西，正在以“国际运输走廊”“国际航空枢纽”“国际旅游枢纽建设”为抓手，加快形成航空高端带动、铁路公路无缝衔接的现代化交通体系。陕西全省接待境内外游客数量逐年递增，便利通达的交通网络发挥了重要作用。

（三）政策支持效应显现

“十三五”时期，陕西省重视文旅产业融合发展，通过加强协调配合、完善配套政策、强化金融服务、增强人才供给、规范市场秩序和加强宣传推广等保障措施取得了旅游服务业的长足发展。“十四五”时期，陕西旅游服务业着力推动高质量发展，体现以人民为中心的发展思想。将突出特色优势，做大做强陕西文化旅游产业；突出开放发展，充分利用市场机制拓宽投融资渠道；突出文化旅游融合，大力发展新业态，提升影响力和吸引力作为重要发展目标，并不断提高旅游资源利用效能，打造国际水平的旅游产品，加快推进旅游产业从量变到质变、从粗放经营到质效提升。如西安市为使政策能够精准落地，出台的《西安市加强文化建设促进文化旅游产业融合发展三年行动方案政策实施细则及申报要求》，在政策引导、资金走向、搭建平台、提供服务等方面做出了具体规定。在基金投资方面加大支持力度，在重大项目供地方面给予保障优惠，对创立国家标准、创新知识产权的精品旅游演艺，按照投入收益情况，采取给予100万元以上的奖补等措施。此外，西安市在基础设施和博物馆建设方面加大投入，对各类旅游基础设施建设、智慧旅游建设按标准给予奖补。积极的政策鼓励和支持促使旅游业发展效应明显提升。

（四）国际旅游竞争力潜力增强

陕西西安是世界遗产之城，共有3项9处世界遗产，包括秦始皇帝陵及兵马俑坑、“丝绸之路：长安—天山廊道路网”（汉长安城未央宫遗址、唐长安城大明宫遗址、大雁塔、小雁塔、兴教寺塔、彬县大佛寺石窟、张骞墓）、与其他省份共享的长城资源。兵马俑与西安市使陕西成为中国旅游起步早、起点高、影响大的省份，西安入境旅游优势明显，潜力巨大。据统计，近3年入境游客在陕西省的消费水平显著提高，入境游的主要客源国为韩国、美国、马来西亚等国家。随着陕西经济的不断开放发展，“一带一路”、国家中心城市、陕西自由贸易试验区、国际性综合交通枢纽等建设项目的深入推进，陕西成为国际旅游出口优质服务提供地，旅游服务贸易发展前景广阔，竞争力优势显化，旅游流引导下的客流、商流、物流、资金流、信息流等经济要素必然促进陕西旅游业高质量开放化发展。

三、陕西旅游服务业面临的新形势与挑战

当前，我国旅游业正处于国民经济换挡期、文化和旅游融合的纵深发力期、全球旅游格局深度调整期和国家战略全面落实期“四期合一”的关键发展期。受国内外复杂形势、新冠疫情影响，旅游业的短板逐渐显露，一是对于不断提升的大众高品质旅游需求供给渐显乏力；二是区域间旅游服务业发展不平衡问题日渐突出；三是新冠疫情对全球旅游业造成了冲击和影响，中国境内外游客数量呈现“断崖式”下跌，全球旅游业进入冰封期。各方面变化导致传统的依托规模增长的旅游业已难以应对这一时期的复杂变化，必须通过高质量转型，全面提升旅游服务业质量，推动旅游服务业向纵深、现代化发展。作为最体现人们的生活心态和幸福感最强的现代服务业，在当前国内国际双循环的新发展格局下，旅游服务业面临新的形势和发展态势。陕西旅游服务业面临同样的大环境，重塑旅游生态价值链。机遇与挑战并存，陕西如何抓住机遇，科学研判，跨界发展，使旅游服务业真正成为陕西经济发展的支柱产业，对促进旅游业高质量发展和现代服务业整体发展具有重要意义。

（一）疫情影响下的旅游业与高品质旅游产品的供给改革

受新冠疫情影响，全球旅游业进入寒冬期，虽然国内疫情有所缓解，但国外疫情的持续暴发仍然将在一段时间内影响大多数国家的旅游

业。2020 年 9 月 5 日，中国国际服务贸易交易会举办期间，世界旅游城市联合会（WTCF）举办了以“重启旅游，再创繁荣”为主题的世界旅游合作与发展大会。此次大会发布了《新冠肺炎疫情下世界旅游业的恢复与发展报告》（以下简称《报告》），《报告》指出，新冠疫情对全球旅游业造成冲击，2020 年全球国际游客人数预计将结束正增长，出现 1% ~3% 的下降，国际旅游业收入将整体下滑58% ~78%。同时，此次新冠疫情将导致全球旅游行业损失1 亿 ~1. 2亿个直接工作机会。《报告》还指出，由于人员流动可能带来病毒传播，各国政府在解除跨地区旅行限制之前应客观谨慎地评估旅游业重启可能带来的各种潜在问题和挑战。《报告》提及旅游行业复苏有一定的趋势，从本地和区域游逐渐过渡到国内游，最后实现国际游的恢复。当前的疫情对全球旅游业都是巨大的考验，旅游业面临重新洗牌。

根据历史经验，一些突发事件只要能得到有效、及时控制，就不会产生持久影响，只是引发短期的恐慌。尽管受新冠疫情影响，但保持我国旅游业长期增长的因素依然存在，我国经济发展过程中人民的生活水平和幸福感不断提升，我国国内人民的旅游需求依然旺盛，旅游已成刚需，疫情将旅游产业的营销重点转向国内。因而，需做好国内旅游市场转型，那种传统的依靠人挤人的红利时代、躺着赚钱的时代已经结束。旅游市场面临巨大变化，陕西旅游服务业发展关键在于服务品质的提升，能够提供真正符合市场需求的优质旅游产品供给才是立身之本。旅游业可以借助本次过渡期和休整期，加强基础设施建设，优化管理与服务制度，结合消费者需求做优服务，提升运营，做好旅游服务的品质化和精细化，这对陕西旅游服务业的转型和高质量发展反而是一种促进。

（二）数字化时代的不确定性与旅游服务业新价值体系的重塑

信息技术的快速发展及互联网的普及，使我国全面进入数字化时代，断点、突变、不连续性、不确定性意味着所有的行业都要被重新定义。断点的出现，使得商业环境和商业竞争从可预测变成不可预测，旅游服务业的价值体系进入重塑期。互联网尤其是移动互联网的四通八达和信息共享，让商业信息面向民众更加透明，信息基础设施建设不断发展、数据要素融入市场化配置将进一步释放居民消费潜能。价值创造以及获取价值的方式发生了根本改变。对于旅游服务业来说，数字化社交的生态系统发展速度太快，陕西旅游服务业数字化面临挑战，大数据综合治理、数字化应用标准、大数据安全保障以及大数据领域专业人才培养等方面需进一步提升和突破，新业态下技术的进步和商业模式的变化必然倒逼旅游服务业的数字化升级和商业模式重塑。

对于旅游业而言，数字化建设是必然的升级方向，也是整个行业的机遇。国家对旅游大数据政策支持力度不断加大。2019 年 8 月，《关于进一步激发文化和旅游消费潜力的意见》提出，指导各地建立文化和旅游消费数据监测体系，加强大数据技术应用，整合共享数据资源。2020 年 3 月，《关于促进消费扩容提质加快形成强大国内市场的实施意见》提出，提升"智慧景区"服务水平，利用互联网、大数据、云计算、人工智能等新技术做好客流疏导和景区服务。2020 年 11 月，《关于深化"互联网 + 旅游"推动旅游业高质量发展的意见》在智慧旅游景区建设、旅游信息化基础设施、旅游公共服务、线上旅游营销、旅游创新创业及旅游数据安全等方面，对大数据技术应用做出了明确要求。旅游业开始了新的变革，如鼓励采取新的业务流程模式、推动数字化转型、促进部门间相互协作、调整旅游服务的方式等以响应行业变化。一些知名博物馆已向全世界的游客开放在线虚拟博物馆资源，以科技为创新驱动力，把握行业趋势和投资方向，强化运营，加强创新，充分利用大数据，对整个陕西旅游业而言是挑战更是机遇。

（三）双循环互相促进下的国内旅游服务业创新发展

当前，在我国“以国内大循环为主体、国内国际双循环相互促进的新发展格局”下，境外旅游业受到了极大的冲击。建立以国内大循环为主体的双循环旅游发展格局，是我国旅游发展走出困局的有效途径，这不仅是旅游发展思路上的变革，更是旅游发展格局上的重组。内循环就是城市休闲和乡村度假，大循环就是观光和目的地度假，双循环就是入境旅游和出境旅游①。针对目前的国际局势，突出国内大循环主体地位，集中精力振兴国内旅游，用构建国内旅游大循环的成效和经验去影响带动国际旅游的发展，有利于推动国际旅游大循环的构建，形成国内旅游与国际旅游相互促进的局面。尽管大循环条件没有完全成熟，但内循环条件却已经完全成熟。国家新的战略布局是旅游行业面临的最重要的战略机遇，通过发展格局重组，丰富产品类型，完善产品体系促进旅游市场的复苏和振兴，能有效拉动内需，促进消费市场的振兴。

创新是引领发展的第一动力，陕西旅游服务业创新发展在当前机遇下利用各种产业政策，包括放量土地供给、加大财政金融支持等手段，在利好政策引导下释放旅游服务业潜在市场需求，使更多人参与到国内旅游、陕西旅游中。大力发展国内旅游服务业，也是解决党的十九大报告提出的发展不平衡不充分的问题，让经济发展惠及广大民众的重要方面。陕西在大力发展国内旅游、省内旅游方面，将全域旅游事业作为一项民生工程进行发展面临前所未有的机遇。推动乡村旅游、生态旅游、体育旅游，提升陕西城乡居民参与度和幸福感，加快旅游业跨界融合发展，形成旅游经济新亮点。

① 魏小安在2020中国休闲度假大会上的主题演讲。

四、对外开放格局下陕西旅游服务业高质量发展思路

（一）全力打造新时代陕西区域优质旅游产业

新经济发展阶段，中国的大众旅游需求已经开始转化为人民对美好旅游生活的需求，旅游服务已经开始向优质旅游产品供给方面转化，中国旅游产业的发展方式由重速度、重规模向重质量、重品质转型。2018 年的全国旅游工作会议提出“我国旅游业发展要从高速旅游增长阶段向优质旅游发展阶段转变”，这意味着优质旅游并不等同于过去所提出的品质旅游、优质服务，而是比品质旅游、优质服务的内涵和外延更为广阔。旅游业对其他产业具有明显的带动性，是综合性产业，优质旅游产业体现为在旅游服务质量、旅游社会效益、旅游国际影响力、旅游经济发展水平、生态旅游保育、游客满意度、文明旅游程度等方面均达到优质。

陕西优质旅游产业发展一方面要践行全域旅游发展理念，要求旅游行业主管部门、旅游企业能够切实转变发展思路，共同改变竭泽而渔、掠夺式开发的发展方式，从粗放式发展加快向更加集约、可持续的发展方式转变。关中地区、陕南和陕北地区在资源和游客市场上既具有趋同性，又有很大的差异，各地政府和旅游企业要在准确定位的基础上，实现旅游产业的差别化发展，大力发展特色旅游。另一方面陕西优质旅游发展要进一步明确政府与市场的关系，探索建立“陕西优质旅游负面清单”管理模式，进一步释放市场活力，政府更多从规划引导、信息发布、政策支持等宏观层面发挥作用，让市场更多在旅游微观领域发挥作用。只有以高品质的发展标准、全局性的提升战略、全域性的旅游思维、全程性的实践指导为依托，才能适应新时代大众旅游的诉求。

（二）提升旅游业作为幸福服务产业的社会辨识度

旅游业是幸福服务产业，已经发展成为大众幸福生活的新方式。新时代的旅游发展就是要让更广泛的人民群众有获得感、公平感，特别是要感受到旅游带来的幸福感，这是新时代赋予旅游业的重要使命。作为第一大幸福服务产业，旅游业发展必须要坚持以“人民为中心的发展思想”，把人民群众的利益放在首位，既要充分满足游客的旅游需求，更要充分满足本地居民日益增长的美好生活需求，要让更多居民有品质、有效率地参与旅游业发展，让本地居民成为地方旅游业发展的真正主人，能够享受高质量的旅游发展成果。《旅游权利法案》第一条即明确了“每个人都有休息和娱乐的权利”。《马尼拉世界旅游宣言》明确指出旅游是人的基本权利，旅游是人类实现自我精神解放的重要途径。“2016 中国幸福小康指数”调查显示，90.8%的受访者在过去的旅游经历中体验到了幸福的感觉。可见，旅游已经成为衡量现代生活质量的重要标准，是改善大众生存条件、实现个体美好生活的最直接的方式。

国家统计局发布的 2019 年中国经济成绩单显示我国人均 GDP 达 1 万美元，这为我国全面建成小康社会奠定了坚实的基础，研究表明，旅游度假休闲已成为人们日常生活的刚需，旅游业成为名副其实的事关人民群众美好生活的幸福服务产业。陕西旅游业在发展的过程中，对增进就业、提高收入、扶贫脱困、乡村振兴发挥了独特作用。因而，一方面，陕西旅游行业相关部门要结合旅游业发展新现象、新特征，为旅游产业的健康发展提供良好营商环境，保障旅游企业有序、公平竞争，保障市场化机制平稳运行，从而为民众提供质优价美的旅游产品，切实增强大众获得感。另一方面，陕西各地区应结合旅游业发展的新趋势，着力培育一批新兴市场主体，以新时代大众旅游新需求为导向，创新资源整合方式，创新产品开发路径，以市场新主体带动新产品开发，形成能满足大众需求的常态化休闲产品、综合性体验消费的旅游产品，如邮轮旅游、养生旅游、研学旅游、体育旅游等度假产品，不断扩大旅游福利的受益群体，加大对特殊消费群体的关注，使人们的旅游体验更加便捷、轻松，将旅游业培育为无偏差常态化的幸福服务产业。

（三）积极培育国际旅游服务业竞争力

自“一带一路”倡议提出以来，中国与沿线国家旅游合作越来越密切。2018 年 11 月 23 日，国务院发布的《关于支持自由贸易试验区深化改革创新若干措施的通知》中明确“支持西安机场利用第五航权”。2019 年 4 月，交通运输部发布的信息显示，中国已和“一带一路”沿线 45 个国家和地区开通了直飞航班，国际旅游服务贸易发展日益便利化。2019 年 5 月 13 日，陕西首条第五航权货运航线“首尔—西安—河内”开航仪式在西安召开。目前，西安咸阳国际机场客货运航线有 347 条，其中国际航线 68 条，通达 29 个国家 55 个城市，其中“一带一路”沿线国家 14 个、城市 28 个，已初步形成“丝路贯通、欧美直达、五洲相连”的国际航线网络格局。对于不沿海、不靠边、地处内陆的西安而言，开放第五航权的积极作用将更加显著。第五航权的开放意味着拥有了拥抱全球航空市场的“准入券”。陕西不断拓宽对外开放大通道，让地处内陆的西安通过“空中丝绸之路”站在了对外开放的前沿。陕西发展国际旅游业进入黄金时期，尤其是提供高水平的旅游服务，发展入境旅游对经济增长的带动作用更加明显，近几年，“一带一路”沿线国家在中国入境游客源市场结构中的活跃度在持续上升。

新冠疫情暴发以来，国际旅游服务业供需经历深刻的变革，出境旅游市场持续面临巨大的挑战，行业发展步入双循环格局。入境旅游规模是中国旅游服务业竞争力的直接体现，当时新冠疫情以及世界经济发展预期较悲观，据分析，制约入境旅游的主要因素正在由国内转向国外，国际局势的走向极大影响出入境旅游市场。双循环背景下，旅游服务业需要探寻市场和行业变化的逻辑，找到推动行业高质量发展的解决方案。陕西旅游服务业的开放发展，一是要重塑旅游产业发展格局，充分利用全球旅游业休整期，促进国内旅游服务业与国际旅游服务业的融合共生、本土品牌多元化发展、国际品牌本土化调整与改革；二是陕西旅游业国际化发展要紧紧布局“一带一路”沿线城市和 RECP 这个有着 23 亿人口、25 亿美元市场潜力的区域；三是深入推进旅游产业数字化转型，各大在线旅游平台、酒店集团等生产和积累了大量游客消费行为和经营数据，要加大对这些数据资源的开发力度，指导企业产品研发和运营管理，站在行业层面，要汇聚整合众多“数据孤岛”，建立数据共享平台，为企业国际化投资、运营和行业监管提供决策依据，积极培育和提升陕西国际旅游服务竞争力。

（四）大力发展低碳生态旅游

党的十九届五中全会提出推动绿色发展，促进人与自然和谐共生的目标，明确了“十四五”时期加快推动绿色低碳发展，当前中国正在加快形成节约资源和保护环境的产业结构、生产方式、生活方式、空间格局。2020 年我国首次提出碳中和承诺，在奋力谱写陕西新时代追赶超越过程中，践行“绿水青山就是金山银山”的发展理念，推动绿色循环发展成为陕西经济高质量发展的重要任务。旅游业需进一步加快由传统“大开发、大破坏、大治理”的运营模式转型为生态旅游与生态保护模式，推动旅游企业更新环保节能设备、运用环保技术手段、开发绿色旅游产品，实现旅游行业可持续发展。

陕西旅游业发展一方面需要利用各区域不同的生态资源、自然景观和文化特质，打造四季化的特色旅游产品，通过整合生态优势，从单极旅游向多极拓展，实现由满足游客体验需求向全民共建共享转变，推进“绿水青山就是金山银山”的生态价值转换，进一步提升居民幸福水平。另一方面要大力发展乡村旅游，如秦岭北麓区域可基于山清水秀生态美优势，依托特色农产品，深入开发农业观光、现代农业示范园区，开展水果采摘、农业种植、自然教育等项目，形成“旅游+农业”格局，把“生态美”变为“农民富”，做大做强高效乡村旅游业、乡村服务业。通过构建陕西特色旅游产品新体系，开拓全域旅游空间新格局，完善优质旅游新服务，实现生态旅游与地方经济社会发展相互促进。

第六章

对外开放新格局下陕西文化服务业高质量发展

文化作为一种软实力，是衡量一个国家或地区国际竞争力的重要因素。文化服务业作为资源消耗低、发展潜力大、开发价值高、投资机会多的绿色朝阳产业，已逐渐成为带动经济发展的新增长点。随着经济社会发展进步和社会主要矛盾的转化，人们的文化消费需求快速增长，精神文化生活的需要越来越成为人们美好生活需要的重要方面，高品质的精神文化生活越来越成为衡量人民幸福感的重要尺度。这对文化事业和文化产业的繁荣发展提出了新要求，也创造了新空间。国家“十四五”规划明确提出当前中国经济社会发展要坚持以推动高质量发展为主题，文化事业和文化服务业本身的发展，也要体现高质量发展要求，以更好满足人们的精神文化需求、推进社会文明程度提升、推动社会主义先进文化发展。陕西作为中国的文化大省，在几千年的发展中积累了丰富多彩的历史文化，作为“一带一路”的核心区，陕西在加强东中西互动合作、打造内陆改革开放新高地、全面提升开放型经济水平方面承担着重要的历史使命。着力发展文化产业，讲好中国故事、陕西故事，展示文化服务在国际交往中的影响力。推动文化资源创造性转化、创新性发展，加快文化强省建设，提升陕西文化影响力是陕西在新的历史阶段重要的任务。

一、陕西文化资源种类与特点

陕西省文物局统计数据显示，陕西省共有近 5 万处不可移动文物、700 万余件（组）馆藏文物，备案博物馆 319 座，不可移动革命文物1224处。这些丰富的历史文化资源让陕西具有了文化建设发展的先天优势。底蕴深厚的“文学陕军”、极具地域特色的“长安画派”、厚积薄发的陕西影视、异军突起的陕西戏剧等，这些颇具影响力的文化陕西品牌，让陕西省具备了从文化大省迈向文化强省的坚实基础和可能性。

（一）丰富的历史文化资源

陕西自古以来就是中华民族和中华文明的发源地之一，有着无比深厚的文化底蕴与极其丰厚的历史文化资源，在中国历史进程中发挥了重要作用。从周丰镐到秦咸阳，再到汉唐长安城，西安是中国历史上历时最久、规模最大的王朝都城；从炎黄始祖到周公吐哺，从司马迁到班固，无数杰出历史人物在三秦大地涌现。陕西是华夏民族的发祥地之一、农耕文明的发源地之一、统一王朝的中心地之一、哲学思想的诞生地之一、文学艺术的昌盛地之一和文化交流的发源地之一，有着极其宝贵的丰富的历史文化资源。弘扬和传承中华民族优秀文化传统，对增强民族自信心与凝聚力、提高国家文化软实力和陕西影响力具有十分重要的意义。

作为华夏民族的发祥地之一，在距今100万年左右，陕西就已经有蓝田猿人、大荔猿人的活动。距今约4000年华夏民族逐渐融合而成，黄帝作为亿万国人所认同的文化符号源远流长。随后，周人、秦人作为华夏民族的主体居民为华夏民族的发祥、华夏文明的进步做出了巨大的贡献。作为农耕文明的发源地，距今五六千年的半坡氏族华夏先民就已经培植出粟、黍等农作物种类，为源远流长的中华文明肇始奠定了坚实的物质基础。作为统一王朝的中心地，陕西先后有13个王朝在关中建都，历时1000多年，这在中国古代都城史上是绝无仅有的。作为哲学思想的诞生地之一，《周易》开启了中国朴素哲学思想的智慧之门。作为文学艺术的昌盛地之一，《诗经》《谏逐客书》《过秦论》《论贵粟疏》《史记》《汉书》等宏伟著作皆产于此，汉代辞赋盛行，隋唐更是在文学艺术领域取得了辉煌的成就。还有作为中国文化的标志性符号的书法，陕西始终处于中国书法文化发展的前沿。作为文化交流的发源地之一，西周时期陕西与外地的联系就不断加强，秦始皇统一全国后大大加速了秦文化的传播，并对世界产生了重大影响，汉朝张骞出使西域，中外经济文化的交流经由丝绸之路更加频繁。作为丝绸之路的起点，长安是各国使节、学者、商人的驻足地，也是陕西文化乃至华夏文化向外传播的窗口。

（二）底蕴深厚的“文学陕军”

重于乡土、以现实主义见长、思想性与艺术性兼备，陕西作家作品中独特的文学面貌与传统铸就了陕西文学的辉煌。曾经的“十七年文学”“文学陕军东征”“文学陕军再出发”等文学发展高潮，让陕西涌现了一批文学巨匠、产生了一批文学巨著，为陕西赢得了“文学重镇”的美誉。在中国长篇小说最高奖项——茅盾文学奖的获奖作品中，有3部来自陕西。改革开放以来，陕西作家为中国文坛奉献的优秀小说作品层出不穷，在文学史上写下了辉煌的一页。以路遥、陈忠实、贾平凹、红柯、叶广芩、冯积岐、高建群、吴克敬等为代表的陕西作家群体，为陕西文学赢得了至高荣誉，尤其是从20世纪90年代以“陕军”的响亮名号享誉全国，到近年来“文学陕军”新梯队建设初具规模，陕西小说的金字招牌在时间的大浪淘沙中越发闪亮。

改革开放以来，新的社会生活也为小说创作带来新的方向，贾平凹的《腊月·正月》、邹志安的《哦，小公马》、莫伸的《窗口》、陈忠实的《信任》、京夫的《手杖》、王戈的《树上的鸟儿》等作品，都展现出陕西小说蓬勃发展的生命力。1982年，路遥发表中篇小说《人生》，1986年12月首次出版《平凡的世界》。1988年，贾平凹推出长篇小说《浮躁》。1993年，文坛刮起了强劲的“西北风”，陈忠实的《白鹿原》、贾平凹的《废都》、京夫的《八里情仇》、程海的《热爱命运》、高建群的《最后一个匈奴》，这5部陕西作家的作品同时在北京的5家出版社出版，引起轰动。时任《光明日报》记者的韩小蕙在1993年5月发表了题为《“陕军东征”火爆京城》的文章，“陕军”这个说法由此叫响。陕西厚重的历史文化积淀与深刻的革命文化熏陶，造就了陕西小说独一无二的风格。陕西作家对乡村、对现实、对社会生活的深切关注，也让陕西小说具有重要的现实意义。从柳青、杜鹏程、李若冰等老一辈作家继承而来的文学传统，为陕西小说的发展奠定了坚实的根基，也让陕西小说在对现实的关注与思考中焕发出强大的生命力。2000年后，陕西这块文学沃土上又出现了一大批在全国有影响力的作家。冯积岐、红柯、叶广芩、陈彦、冷梦、朱鸿、和谷、方英文、吴克敬、穆涛等作家以自己的实力和新的风格赢得了读者关注，也赢得了在文学界的新地位。

2016年9月，在陕西省委、省政府的科学筹划、精密安排下，陕西创造性地实施了“陕西百名优秀中青年作家资助计划”。据不完全统计，5年来，“百优作家”在省级以上文学刊物共发表作品1477篇次，其中在国家级刊物报纸及重要选刊、有影响力年度选本发表168篇次，在有重要影响力出版社出版图书21部，获省级以上重要奖项31次。在“百优计划”的助力下，“文学陕军”新梯队初具规模，“百优计划”的实施极大地调动了陕西省作家的积极性，涌现出一批有理想、有道德、有实力、有激情的优秀作家，创作出《我的世界文学地图》《日近长安远》《慢船去香港》《魏紫的春天》《红雪莲》《得城记》等一批在全国产生影响的精品力作，受到广大读者、文学评论界的一致好评，在陕西文坛形成了追赶超越的可喜局面。“60后”“70后”作家周瑄璞、王妹英、杜文娟等相继推出新作《多湾》《得城记》《红雪莲》；“80后”作家周子湘在《人民文学》《民族文学》发表小说，并被《小说选刊》转载；青年女作家杨则纬的小说被《小说选刊》《小说月报》转载，获得《中国作家》“剑门关”年度奖。在诗歌、散文创作方面，以王琪、成路、左右、马语、梦野、马召平、李育善等为代表的作家群体，用优美的语言与读者在思想和灵魂深处碰撞、共鸣。在报告文学、儿童文学创作方面，以杜文娟、吴梦川、黄丽、周公度、梁慧贤为代表的作家群体，用温暖细腻、充满童趣和力量的文字，关注着青少年的成长，呵护着每一个孩子的童年和梦想。陕西省文学创作精品亮点纷呈，文学环境持续优化，呈现出强劲的发展势头，陕西围绕建设内陆改革开放新高地，着力扩大开放，积极创造条件、整合资源，打造“丝绸之路”文学人文交流基地，为推动经济高质量发展迈出更大步伐、打造内陆改革开放高地、推动生态环境质量持续好转，为陕西省谱写新时代追赶超越新篇章提供文学力量。

（三）极具地域特色的“长安画派”

美术创作是陕西文化事业发展的重要领域，“长安画派”是中国画现代画派之一，享誉全国。20 世纪 60 年代以长安画家或寄居在长安一派的画家——赵望云、石鲁、何海霞、方济众等为代表的西安美术团体，在北京等地组织了一次巡回展，他们以表现黄土高原古朴倔强为特征的山水画和表现勤劳纯朴的陕北农民形象的人物画在中国画坛引起轰动，并提出了“一手伸向传统，一手伸向生活”的口号，“长安画派”也随之被提了出来。“长安画派”以其鲜明的时代特色、地域特色以及浑厚大气的风格特征，在现代绘画史上占有重要的地位。但学术界对“长安画派”的认同，也经历了长达 10 年之久，在经过长时间的争论之后，直到 20 世纪 70 年代才被美术界所肯定。而对这一重要画派的理论研究也只是近几年才逐渐引起人们的关注。

赵望云的代表作《改造荒山　学习文化》《万山红遍　层林尽染》，以苦难生活为视角，用“旅行写生”方式进行现实主义水墨人物画创作，展现了大西北的时代风貌 、地域文化 、风土人情。石鲁的《赶车人》《印度神王》《古城堡》《转战陕北》《东方欲晓》的绘画语言为“叙事模式”和“抒情模式”。以“叙事模式”方式所表现的绘画题材主要反映的是革命现实主义以及新中国成立初期的时代精神。“抒情模式”以陕北黄土高原为题材，气势磅礴，贫瘠苍凉的黄土高原，将革命浪漫主义与黄土高原风貌相融合等。“长安画派”从崭露头角之时便显示出某种地缘性的风貌特点。2021 年是“长安画派”成立 60 周年。60 年来，“长安画派”的画作饱含着鲜明的地域特色、浓郁的生活气息以及强烈的时代精神。画家们对生活深刻体验，对传统追求本源，以戛戛独造的面目和磅礴的气势在中国画坛独树一帜，使之成为 20 世纪具有重大影响力的绘画流派之一。

（四）厚积薄发的陕西影视

电影是文艺的重要组成部分，也是广大人民群众喜爱的文化娱乐方式之一。坚持创作满足人民群众需求、经济效益与社会效益双效统一的电影作品是“影视陕军”的追求目标。陕西电影的发展在全国一直有着举足轻重的地位。早在延安时期，延安电影团的成立，为新中国的电影事业发展奠定了良好的基础。改革开放以后，陕西电影的发展在全国起着引领作用，电影的生产和制作在全国和全世界都有着重要影响力。

1984 年，吴天明导演的电影《人生》问世，“西影”金字招牌在全国打响，以原西安电影制片厂为代表、以西部电影为品牌的陕西电影走出了自己独特的艺术道路。作为新中国六大电影基地之一，西影见证了陕西电影发展史的光影变迁，成为陕西乃至中国电影的一张名片。2016 年 10 月，西影投资 10.3 亿元启动了“电影圈子 · 西影电影产业集聚区”建设。2018 年 10 月 9 日，“电影圈子 · 西影电影产业集聚区”落成，该集聚区涵盖了影视创作生产、影视拍摄、影视文化体验、教育培训、电影基金、版权运营、文化娱乐、艺术商业等多种业态、多样功能，包括了西影中心、西影 TIME、西影电影艺术体验中心、胶片电影工业馆、光影剧场、西影生活美学馆、电影主题酒店等多个承载影视产业功能的建筑空间，以电影为核心，以产业为方向，助推“电影 +”产业融合。

“十三五”以来，陕西全面实施“文化强省”战略，出台了《关于支持文化大发展大繁荣若干财税政策的意见》等系列扶持政策，加大资金扶持和项目支持力度，激活影视创作生产，影视产业发展硕果累累。全省电影备案立项768部，拍摄完成326部，电视剧备案公示179部6730集，许可发行50部2154集，影视企业数量持续增长，影视产业项目加快建成，一大批影视力作在大银幕和小屏幕上大放异彩，讲述着精彩的中国故事、陕西故事。随着一批影视产业园区相继建成开放，丝绸之路国际电影节连年成功举办，陕西省电影行业协会、陕西影视联盟、影视产业基金等平台机构陆续成立，陕西已形成了活跃的影视创作生态和完善的影视产业链条。西影电影圈子、秦汉新城影视拍摄基地、白鹿原影视城、绥德三十里铺影视拍摄基地等产业园区快速发展。影视产业发展势头良好，无论是影片数量还是质量都节节升高，电影市场快速增长，电影生产数量位居西部第一、全国前列。《白鹿原》《爱的帕斯卡》《她们的名字叫红》等一批富有鲜明艺术与文化特色的优秀影视作品在全国乃至国际上大放异彩，不仅形成了陕西影视创作百花齐放的繁荣景象，也大大提升了陕西影视的影响力，彰显了陕西文化自信，叫响了文化陕西品牌。

（五）异军突起的陕西戏剧

戏剧是中华优秀传统文化的重要组成部分，陕西是拥有50个剧种（地方剧种41个）、近万个剧目的文化资源大省。陕西共有秦腔、同州梆子、汉调桄桄、汉调二黄、道情、陕北道情、线戏、老腔、碗碗腔、弦板腔、阿宫腔等戏曲剧种26个；国办、改制转企、民营、民间班社4种性质的戏曲演出团体有267个，其中国办团体有35个、改制转企团体有42个、民营团体有65个、民间班社有125个；陕西省从事编剧、导演、演员/操纵、作曲/配器、演奏员、舞美设计、制作、管理人员、工勤人员及其他艺术分工的在职从业人员总数达1.1万余人，其中42%的人员身处国办团体及改制转企团体之中，其余为民营团体、民间班社成员。

陕西戏剧有着辉煌的过去，出现过从《火焰驹》《三滴血》到《血泪仇》《梁秋燕》，再到《六斤县长》《迟开的玫瑰》《西京故事》等一大批脍炙人口的经典地方戏曲剧目，也有如《又一个黎明》《平凡的世界》《柳青》等外来剧种佳作。这些戏剧为几代人的精神文化生活提供了丰富的营养。但随着时代的发展、多种文化艺术形式的涌现，加上在对传统文化的利用、改编、移植过程中创新程度不够等都对陕西戏剧造成了巨大的冲击。

近年来，陕西省大力扶持、推动戏曲事业的发展，培育出有利于戏曲活起来、传下去，出精品、出人才的良好环境。陕西省文化和旅游厅从项目设立、政策落实和经费支撑等方面，支持戏曲艺术的保护和发展。先后推出了新编秦腔历史剧《关西夫子》《李十三》《诗圣杜甫》《大唐玄奘》《丝路长城》，国家级非遗秦腔抢救传承剧目《再续红梅缘》，国家艺术基金资助剧目青春版《迟开的玫瑰》，新编秦腔现代戏《路遥的世界》《苦乐村官》《项链》等剧目，不断推动剧目建设、演出推广、创作及人才培养等各项工作的可持续发展。陕西戏剧已经逐渐走出低谷，越来越多的人，尤其是年轻人开始关注戏剧，爱上戏剧。

二、对外开放格局下陕西文化服务业发展的主要成就与短板

文化服务业不仅是一个地区文化竞争力的重要基础，也是充满生命力和发展前景的产业。2016—2020 年，陕西省规模以上文化企业由 810 家增至 1570 家，营业收入由 676. 9 亿元增至 1033. 6 亿元。其中，2019 年营业收入高出全国平均水平 12. 1 个百分点，排名全国第三。虽然陕西文化服务业保持较高增速，但与东部发展较快省份相比，还有较大差距。

（一）陕西文化服务业发展的主要成就

1. 文化市场主体不断扩大

随着新时代社会经济的蓬勃发展以及越来越多的人认识到文化产业的重要作用，陕西各方面纷纷加强对文化服务业投资，有政府以及大型国有企业投入的大中小型国有文化企业，有民营资本投入的各类文化企业，社会资本不断进入文化产业服务业领域。《中国文化及相关产业统计年鉴》（2020）显示，2014 年全省文化产业投资 814.8 亿元，2017 年翻一番多，固定资产投资 1776.7 亿元，其中文化艺术服务、文化休闲娱乐服务、文化产品生产的辅助生产和文化用品的生产投资额明显攀升（见表 6－1）。按照规模以上文化产业统计制度，2018 年陕西规模以上文化企业达到 1205 户，占全国比重为 2.1%。2019 年陕西规模以上文化企业增加到 1544 户，同比增长 28%。在从业人数方面，2014 年年末陕西规模以上文化企业从业人员达 70641 人，占全国比重为 0.9%，2018 年年末从业人员达 92077 人，占全国比重为 1.1%。2019 年年末，陕西规模以上文化企业从业人员达 110072 人，同比增长 19.5%。

表 6－1　按行业分组的文化及相关产业投资　　单位：亿元

行业	2015 年	2016 年	2017 年
文化产业投资合计	944.3	1464.1	1776.7
新闻出版发行服务	7.6	6.9	3.4
广播电视电影服务	16.1	15.6	15.0
文化艺术服务	165.0	196.2	214.6
文化信息传输服务	40.7	73.9	50.9
文化创意和设计服务	56.8	44.3	42.5
文化休闲娱乐服务	532.4	964.5	1259.6
工艺美术品的生产	16.2	27.2	29.0
文化产品生产的辅助生产	40.5	66.9	81.2
文化用品的生产	49.7	65.5	70.6
文化专用设备的生产	19.3	3.1	10.0

资料来源：陕西文化统计概览（2018）。

2. 文化服务业对GDP的贡献持续增加

党的十八大以来，陕西文化服务业快速发展，增加值不断扩大，占全省地区生产总值的比重快速提升，对全省经济增长的贡献率和拉动作用显著提升，正不断朝着支柱产业的目标稳步迈进，文化强省目标日趋显现。进入新时代，陕西文化服务业快速发展，年均增速在12.5%以上。2012年，陕西文化产业增加值达到500.7亿元，2014年达到646.1亿元，2016年达到802.5亿元，2017年达到911.1亿元，是2004年的14倍，是2008年的4.9倍（见表6-2）。陕西省各市（区）文化产业增加值及其占地区生产总值的比重近几年来稳步上升，其中西安市作为龙头，文化产业占地区生产总值的比重达到7.86%，远远高于全省水平（见表6-3、表6-4）。2017年，陕西文化产业增加值占地区生产总值的比重达到4.16%，在全国各省（市、区）中排名第六位，同期高于全国水平。

表6-2 陕西省文化产业增加值占地区生产总值比重

年份	地区生产总值/亿元	文化产业增加值/亿元	文化产业占地区生产总值比重/%
2008	7315.0	186.7	2.55
2009	8186.7	226.6	2.77
2010	10123.5	286.0	2.82
2011	12512.3	380.3	3.04
2012	14453.7	500.7	3.47
2013	16205.5	597.2	3.69
2014	17689.9	646.1	3.65
2015	18021.9	711.9	3.95
2016	19399.6	802.5	4.14
2017	21898.8	911.1	4.16

资料来源：陕西文化统计概览（2018）。

表6-3 陕西省各市（区）文化产业增加值　　单位：亿元

区域	2013	2014	2015	2016	2017
全省	597.20	646.11	711.93	802.52	911.10

续表

区域	2013	2014	2015	2016	2017
西安市	381.60	410.04	451.62	501.54	587.07
铜川市	9.70	10.33	11.49	13.01	14.22
宝鸡市	29.20	31.61	34.77	39.27	45.61
咸阳市	50.00	55.04	61.17	68.54	60.08
渭南市	32.40	34.89	38.22	42.98	49.38
延安市	14.40	15.35	16.58	18.45	20.29
汉中市	22.20	24.05	26.36	29.38	33.29
榆林市	27.60	29.67	32.07	35.60	40.00
安康市	18.70	20.62	23.01	25.79	29.32
商洛市	10.20	10.81	11.91	13.34	15.11
杨凌示范区	1.10	1.16	1.30	1.45	1.69

资料来源：陕西文化统计概览（2018）。

表6－4　2017年陕西省各市（区）文化产业占地区生产总值比重

区域	地区生产总值/亿元	文化产业增加值/亿元	文化产业占地区生产总值比重/%
全省	21898.81	911.10	4.16
西安市	7471.89	587.07	7.86
铜川市	348.43	14.22	4.08
宝鸡市	2191.61	45.61	2.08
咸阳市	2292.51	60.08	2.62
渭南市	1650.63	49.38	2.99
延安市	1312.59	20.29	1.55
汉中市	1333.30	33.29	2.50
榆林市	3361.29	40.00	1.19
安康市	974.66	29.32	3.01
商洛市	757.06	15.11	2.00
杨凌示范区	136.96	1.69	1.23

资料来源：陕西文化统计概览（2018）。

3. 营业收入与利润不断增长

2018 年，陕西规模以上文化企业营业收入达到 843. 8 亿元，2019 年前三季度，陕西规模以上文化企业实现营业收入 698. 6 亿元，增速比全国平均水平快 16 个百分点，比陕西省同期地区生产总值增长速度快 17. 8 个百分点。其中，以内容创作生产、创意设计服务和文化装备生产为代表的新兴文化业态完成营业收入 254. 8 亿元，占全部营业收入的 36. 5%，比上年提升 12 个百分点。2018 年陕西文化产业实现营业利润 51. 6 亿元，同比增长 36. 6%；应缴增值税 17. 2 亿元，同比增长 15. 9%。其中，文化服务业实现营业利润 31. 9 亿元，同比增长 71. 0%，应缴增值税 7. 3 亿元，同比增长 47. 9%；文化批发和零售业实现营业利润 7. 9 亿元，同比增长 30. 6%，应缴增值税 3. 6 亿元，同比增长 16. 9%。国有文化企业是陕西文化产业的骨干力量。其中，陕文投集团、西影集团、陕西广电集团、陕西新华出版传媒集团、陕西演艺集团 5 家省属文化企业共实现利润总额 5. 60 亿元，占全省规模以上企业利润的 10. 9%。

4. 城乡居民文化消费不断提升

文化消费很大程度上决定了文化产业的发展，文化产业的发展则反作用于文化消费，可以带动和刺激文化消费。随着社会经济和文化产业的发展，陕西城乡居民文化消费水平与需求不断提升。新时代，陕西大力发展文化产业，不断满足人民群众对美好生活的向往，广大城乡居民文化消费不断提升促进了陕西文化产业的发展，也反映了陕西文化服务业的发展。2008 年，陕西省城镇居民人均文化娱乐消费支出仅为 584 元，2018 年达到 1169. 7 元，10 年间全省城镇居民人均文化娱乐消费支出年均增长 7. 1%。2008 年，全省农村家庭人均文化娱乐消费支出 86 元，2018 年达到 217 元，是 2008 年的 2. 5 倍，10 年间全省农村家庭人均文化娱乐消费支出年均增长 9. 7%。

（二）陕西文化服务业发展的短板

作为文化资源大省，陕西文化产业的发展、提升有着先天的优势。当前陕西文化产业的发展不能再强调拥有资源，更要强调创意和创造，与东部省份相比，陕西文化产业发展存在国际竞争力相对较弱、文化资源转化率低、文化贸易占总贸易比重低、文化产品结构不够合理、文化贸易伙伴地理分布不均等问题，亟待寻找新的发展路径。

1. 产业布局不平衡，结构不够合理

陕西省文化产业区域发展不平衡和产业结构不合理问题突出，2016 年，关中、陕南、陕北文化产业增加值占全省总量比重分别为 83%、9%、8%，很不平衡。西安市增加值为 501.54 亿元，占全省增加值的 63%。这种情况虽然符合文化产业的发展规律，但是一城独大，发展不平衡现象十分突出。

2. 规模以上文化企业数量少，企业实力偏弱

文化服务业的发展需要依托文化企业，尽管陕西文化企业新增数量增长较快，但小型文化企业较多，实力偏弱，在经营过程中面临盈利模式不稳定、生命周期短、可持续发展难度大等突出问题。如 2017 年上半年，全国规模以上文化企业有 5.4 万家，实现营业收入 4.38 万亿元。而同期陕西省规模以上文化企业为 848 家，实现营业收入 363.8 亿元，企业数占全国的 1.5%，营业收入仅占全国的 0.83%，存在文化市场主体太少、规模以上企业太少的突出问题。

3. 文化产业知名品牌少、龙头企业不强

知名的自主文化品牌是实现文化产业发展方式转变的重要途径，只有打造更多的本土文化产业知名品牌，才能保证文化服务业发展战略目标的实现。陕西省知名文化品牌不够多，且对于文化精品的深度研究、深度开发力度不够，尚未形成文化产业集聚规模效应以及文化品牌效应；文化产业仍多以传统行业为主，文化企业创新意识不强，

创新能力不足，以“互联网+”和“跨界整合”为基础的文化产业创新活动相对滞后。陕西省的陕文投集团、新华出版传媒集团、陕西演艺集团、西影集团等多家大型文化企业，无论从规模、影响力，还是产业运作水平上都与同行业领军企业有着较大差距。

4. 文化服务业开放水平不足，文化服务贸易规模偏小

商务部公布的数据显示，中国文化服务出口区域差异较大，文化服务出口排名前5位是上海、北京、广东、江苏和浙江。2019—2010年公布的国家文化出口重点企业名录显示，陕西省只有2家企业入围。陕西与东部省份相比，文化企业出口量仅占1%左右。尽管近年来陕西文化产业规模不断增加，但走出国门进入国际市场的企业、产品及其质量明显不足，文化服务业开放水平与贸易规模仍需进一步提升。跨文化对接“一带一路”和国际化市场的专业人才较为缺乏，现有文化资源的挖掘、整合和利用程度不高，文化服务国际市场的优势和竞争力不足，整体上导致陕西文化服务贸易规模偏小，国际竞争力弱。

5. 文化产品和服务的供给与群众的文化需求结构不适应

目前陕西文化产业生产结构与市场需求结构不适应，低端供给过剩与中高端供给不足并存，文化产品有数量、缺质量，传播当代中国价值观念、体现中华文化精神、反映中国人审美追求的精品力作还比较少，还不能满足广大人民群众多样化、多层次、多方面的精神文化需求，抑制了文化消费。文化产品在内容上创新不足，向市场提供能够得到广泛认同的精品力作和拳头产品不多，生产更好更多两个效益相统一的文化产品的任务还很艰巨。有文化特色的现代企业制度尚未完全建立，社会效益和经济效益平衡难度较大，有的企业甚至一味迎合市场、制造文化垃圾，亟须从法律法规和政策上为高质量文化供给主体提供坚定支持，不断优化供给结构。

三、对外开放新格局下陕西文化服务业高质量发展的思路

加快构建以国内大循环为主体、国内国际双循环相互促进的新发展格局，促进供需两端结构优化升级，是“十四五”文化产业服务构建新发展格局的核心内容。在新一轮对外开放高地建设过程中，陕西文化服务产业发展需要突出重点，增强本土文化企业的竞争能力，培育具有国际竞争力的文化市场主体，打造一批有代表性、影响力、竞争力的文化产品品牌。不断扩大优质文化产品供给，提高文化企业实力和竞争力，扩大陕西文化的国际影响力，在文化强省建设中发挥更大作用。

“十四五”时期，是陕西省在新时代新阶段推进文化体制改革，促进文化产业高质量发展的 5 年，这对不断满足人民群众精神文化需求，全面提升文化发展质量具有十分重要的意义。根据《陕西省国民经济和社会发展第十四个五年规划和 2035 年远景目标纲要》，“十四五”期间，陕西将坚持把社会效益放在首位、社会效益和经济效益相统一，以文化体制改革为动力，以重大文化项目建设为抓手，完善文化产业要素配置，扩大优质文化产品供给，壮大文化消费市场规模，健全现代文化产业体系和市场体系。到 2025 年全省文化产业增加值占生产总值比重达到 3.5% 以上。

（一）优化政策体系，提高对外开放水平

2020 年 8 月，商务部印发的《全面深化服务贸易创新发展试点总体方案》明确了全面深化试点地区探索，包括优化政策体系、扩大对外开放、提升便利水平等方面的重点任务。陕西正在打造内陆改革开放新高地，是“一带一路”经济合作和人文交流的重要支点，承担着向西开放和推进“一带一路”向纵深发展的重要任务。文化服务是重要的联系纽带，做优做强文化产业对讲好“中国故事”十分重要。陕

西一方面要充分利用“一带一路”倡议带来的历史性机遇，充分利用陕西自由贸易试验区的政策机制，在产业政策、项目审批、资金扶持、税收优惠、投融资渠道等方面进行创新，为陕西文化企业“走出去”创造良好的政策环境。另一方面陕西还需进一步为文化产业发展营造公开公平的营商环境，鼓励社会资本和外资进入文化产业，进一步提升开放水平并拓展文化服务的对外发展空间。

（二）优化文化服务业布局，提升文化品牌影响力

针对陕西文化资源丰富，区域内文化类型、内容、元素存在一致性的特点，以及在文化保护、传承及弘扬过程中存在雷同等问题，陕西需要进一步优化产业布局，在发展文化产业中要以黄河流域生态保护和高质量发展重大国家战略定位，重新审视陕西的文化资源，并将其置于黄河流域文明、华夏文明的重要组成部分和主要文化高地等高度，重新赋予陕西文化新的时代内涵、时代精神和生命活力，全面提升陕西整体文化品牌的影响力。一方面可以通过组织各类文化专项课题，加强陕西文化研究与阐释，从理论上赋予陕西文化新的时代内涵，梳理好陕西文化的发展历史，阐明陕西文化独特的价值理念。另一方面要依托重大项目带动陕西文化的专项发展，做好不同区域文化产业的科学合理布局，主动对接国家战略，使陕西文化成为黄河流域文明、华夏历史、中国红色革命斗争精神的重要符号和标志，夯实陕西文化的品牌影响力。

（三）促进大数据赋能文化产业，助力传统文化脱胎换骨

传统文化服务业的表现方式与新时代科技的融合是传统文化发展的必然趋势。日新月异的数字技术为弘扬传统文化开辟了新的路径和实现空间，互联网时代也为这种新的传播方式提供了土壤。一些博物馆已经使用数字技术改进了展陈的方式，数字敦煌、数字故宫等让消费者足不出户感受到了中国传统文化的博大精深，直观快速、交互性强的网络直播引发了老百姓对文化的共鸣。文化遗产的数字化保护让

书写在古籍里的文字活化并能更多地展现在国人眼中，促进了文化在更大范围传播。当前，陕西必须要把握住数字经济带来的发展机遇，顺应技术手段、制作方式、传播下载的变革，推出一批具有代表性的以网络电影、网络剧、网络直播、网络表演等形态呈现的高品质文化产品，满足国内外不同消费群体的多层次需要，把优秀文化的价值表现与数字化相结合，让文化的社会效益生动起来，助力传统文化产业及传播方式脱胎换骨。

（四）促进乡村文化振兴，加快现代乡村文明建设

文化是乡村持续发展和文明传承的灵魂，也是推动乡村全面振兴的重要引领和动力源。《乡村振兴促进法》规定，文化振兴要拓展乡村文化服务渠道，传承发扬农村优秀传统文化，加大农业遗产和非物质文化遗产保护力度，引导发展特色鲜明、优势突出的乡村文化产业。乡村文化建设属于“软实力”，是一项长期、系统的工程，要用乡村文化自信助力乡村振兴，需要各方持续发力、久久为功。陕西经济高质量发展离不开农村的高质量发展，促进乡村文化振兴，提升乡村文化自信要充分挖掘乡村文化中的人情味、邻里互助、礼尚往来、诚实守信、集体意识等，重新唤起乡村的文化活力，推进乡村振兴。陕西要把重建乡村文化自信提上日程并摆在重要位，通过激发村民文化自觉，丰富农民生活内容，提高农民整体素质，提升农民生活品质，以文化自觉成就文化自信，加快现代乡村文明建设。

第七章

对外开放新格局下陕西体育服务业高质量发展

近年来，我国体育产业迅速发展，新业态、新商业模式不断涌现，产业体系逐步健全。体育产业作为现代服务业的重要领域，是现代幸福服务业的重要组成部分，目前已成为国际公认的21世纪最具活力并具有高渗透性、交叉性、拉动性的朝阳产业、健康产业、绿色产业。党的十八大以来，我国体育产业发展取得了显著的成就，体育产业的规模不断扩大，体育产业体系不断健全。从2014年国务院颁布《关于加快发展体育产业促进体育消费的若干意见》（以下简称《意见》）开始，国务院先后颁布了20多项支持体育服务业发展方面的文件，并把体育服务业的发展提升到国家战略的高度，旨在通过体育行业改革促进产业发展，为国家经济转型升级提供新的动力。2019年8月10日，国务院办公厅印发了《体育强国建设纲要》，提出体育产业到2035年要发展成为国民经济支柱性产业的战略目标，这是我国首次从政策层面回答了体育产业发展的战略指向，也是首次从国家层面将体育产业定位为推动国民经济发展的支柱性力量。自2014年《意见》发布以来，陕西省结合省情实际先后出台了《陕西省关于加快发展体育产业促进体育消费的实施意见》《陕西省关于加快发展健身休闲产业的实施意见》以及有关产业布局的足球、冰雪、航空等项目的发展规划文件10余份，为陕西体育服务业的发展绘就了宏伟蓝图。

体育使人更加关注自我生命，关注生活质量和幸福感。推动体育服务业高质量发展，是满足人民对美好生活向往的重要内容。进入新时代，美好生活需要成为我国社会经济发展的重要衡量指标，也成为客观看待体育服务业发展的重要视域。体育服务业发展可以提升人民群众的幸福体验，具有释放负面情绪、打破个人局限等功能，与人民对美好生活追求之间存在关联。推动高质量发展是遵循经济发展规律、保持经济持续健康发展的必然要求，体育服务业高质量发展是陕西经济高质量发展的重要组成部分。在对外开放格局下，陕西对外开放的领域越来越广泛，体育服务领域迫切需要建立起能够适应社会主义市场经济的体育经济，实现体育服务业的社会化、产业化、一体化高质量发展。

一、陕西体育服务业发展的基本情况

（一）陕西体育服务业发展门类齐全，但总体规模较小

体育服务业包括体育健身休闲、体育竞赛等 8 个体育产业核心领域，具有群众参与范围广、关注度高、市场前景广阔等特点。陕西省体育服务业发展项目较为齐全，健身、足球、篮球、羽毛球、游泳、击剑以及乒乓球等传统项目发展火热，同时还开发了秦岭穿越、西安城墙国际马拉松等新兴体育项目。逐步形成集合体育休闲、健身、旅游、教育培训、贸易、体育博览、体育用品销售、体育经纪、体育广告等多样化的现代体育服务业，服务企业数量不断增多。为贯彻国家体育总局冰雪、水上、航空、山地户外运动产业发展规划，陕西省体育局与专业机构紧密合作，于 2018 年发布了陕西冰雪、水上、航空、山地户外等运动产业规划。省体育局牵头建立了体育、发展改革、财政、旅游等多部门参与的联席会议制度，共同研究健身休闲产业发展政策，破解发展难题，推动健身休闲产业快速发展。

从全国范围来看，2019 年全国体育产业总规模（总产出）为 29483.4 亿元，增加值为 11248.1 亿元。从名义增长看，总产出比 2018 年增长 10.9%，增加值增长 11.6%。从内部结构看，体育服务

业发展势头强劲，增加值为7615.1亿元，在体育产业中所占比重增加到67.7%，比上年提高2.9个百分点（见表7－1）。《中国体育产业发展报告（2020）》显示，2018年，我国体育产业增加值为10078.0亿元，相较于2015年的5494. 4亿元，累计增长了83.4%，年均增长率约为22.4%。京津冀地区、长三角地区、粤港澳大湾区、海峡西岸城市群是我国体育产业最为发达的区域。2018年长三角地区体育产业总规模为8620亿元，占当年全国体育产业总规模的32.43%；2017年粤港澳大湾区体育产业增加值约为1594亿元，占当年全国体育产业增加值的20.4%。

表7－1 2019年全国体育产业状况

分类名称	总量		结构	
	总产出/亿元	增加值/亿元	总产出/亿元	增加值/%
体育产出	29483.4	11248.1	100.0	100.0
体育服务业	14929.5	7615.1	50.6	67.7
体育用品及相关产品制造	13614.1	3421.0	46.2	30.4
体育场地设施建设	939.8	211.9	3.2	1.9

资料来源：国家统计局网站，http：//www.stats.gov.cn/tjsj/zxfb/202012/t20201231_ 1811943.html。

与以上地区相比，我国中西部地区体育产业规模明显较小。第四次全国经济普查和陕西省2018年度体育产业调查统计结果显示，陕西省共有从事体育产业活动的法人单位5409个，实现营业收入225.17亿元。与国内体育产业发达区域相比，规模明显偏小，且体育产业发展存在结构和区域上明显的不平衡性（见表7－2、表7－3），从营业收入上来看，体育用品及相关产品销售、贸易代理与出租在陕西体育产业营业收入中占有较大的比重，其次为体育用品及相关产品制造、体育场地设施建设，三者营业收入占比为86.34%，其中西安的营业收入占全省的77%以上。

表 7－2　2018 年陕西按产业类别分组的体育产业营业收入和体育产业法人单位情况

产业类别	营业收入/亿元	百分比/%	法人单位数/个	百分比/%
合　计	225.17	100.00	5409	100.00
体育管理活动	0.01	0.00	773	14.29
体育竞赛表演活动	7.43	3.30	956	17.67
体育健身休闲活动	9.61	4.27	1042	19.26
体育场地和设施管理	7.85	3.49	148	2.74
体育中介与广告策划服务	1.29	0.57	71	1.31
体育培训与教育	0.37	0.17	183	3.38
体育传媒与信息服务	2.57	1.14	195	3.61
其他体育活动和相关服务	1.63	0.72	174	3.22
体育用品及相关产品制造	39.88	17.71	69	1.28
体育用品及相关产品销售、贸易代理与出租	123.43	54.82	1252	23.15
体育场地设施建设	31.10	13.81	546	10.09

资料来源：陕西省体育局网站，http：//sxty.gov.cn/detail/1942。

表 7－3　2018 年陕西省分地区体育产业营业收入和体育产业法人单位情况

地区	营业收入/亿元	法人单位数/个
陕西省	225.17	5409
西安市	173.29	2937
铜川市	1.59	102
宝鸡市	5.97	360
咸阳市	5.44	256
渭南市	6.89	313
延安市	1.49	292
汉中市	5.20	250
榆林市	4.03	421
安康市	19.94	305
商洛市	0.77	123
杨凌区	0.56	50

资料来源：陕西省体育局网站，http：//sxty.gov.cn/detail/1942。

（二）陕西体育服务业结构不断优化，但体育产品创新能力弱

产业体系与产业结构是我国体育服务业发展水平的直观体现，陕西目前的体育服务业结构主要是以体育用品及相关产品销售、贸易代理与出租，体育用品及相关产品制造和体育场地设施建设为主要发展内容，体育健身休闲活动、体育场地和设施管理、体育竞赛表演活动共同发展的产业发展格局；但在体育服务、培训与教育等方面投入严重不足。第四次全国经济普查显示，全国的三大产业中服务业的法人单位占比最高，吸纳就业的行业主要是体育制造业和体育服务业，与全国相比，西部地区体育制造业、体育服务业和体育建筑业三大行业远远落后于东部地区，这也间接反映出陕西体育产业的整体情况（见表7－4、表7－5、表7－6）。为促进陕西体育服务业的发展，合理布局产业结构，陕西成立了陕西体育集团，在产业布局方面，突出了体育赛事、体育金融、体育服务、场馆运营、体育综合体建设五大主业，不断丰富体育产品和服务供给，并在模式转型、经营能力提升、处僵治困等方面取得阶段性成果。自2018年国家《关于加快发展体育竞赛表演产业的指导意见》出台后，陕西省体育系统以筹办第十四届全运会为契机，发挥赛事的牵引作用，努力打造体育精品赛事及“我要上全运”系列群众体育赛事等，推动了竞赛表演产业的快速发展，丰富了人民群众体育文化生活。随着国家运动休闲特色小镇规划政策的出台，陕西省加快了运动休闲特色小镇建设的步伐，出台了《陕西省省级运动休闲特色小镇评定管理办法（试行）》，评选出太白县咀头镇冰雪运动休闲特色小镇、志丹县足球运动休闲特色小镇、汉滨区瀛湖运动休闲特色小镇和柞水县营盘运动休闲特色小镇4个首批省级运动休闲特色小镇试点项目，全省运动休闲特色小镇规范化建设就此拉开了序幕，树立了样板。陕西体育产业结构处于不断优化的过程中。

表7－4　2018年体育产业法人单位及从业人员在三大行业中的分布

体育产业		法人单位数/万个	法人单位数占比/%	从业人员数/万人	从业人员占比/%
体育服务业	体育管理活动	3.3	13.8	34.1	7.3
	体育竞赛表演活动	0.9	3.8	8.0	1.7
	体育健身休闲活动	4.5	18.8	45.0	9.7
	体育场地和设施管理	0.4	1.7	6.9	1.5
	体育经纪与代理、广告与会展、表演与设计服务	1.4	5.8	8.4	1.8
	体育培训与教育	1.5	6.3	19.0	4.1
	体育传媒与信息服务	0.8	3.3	7.3	1.6
	其他体育服务	1.1	4.6	16.3	3.5
	体育用品及相关产品销售、贸易代理与出租	5.5	22.9	59.9	12.9
体育制造业		4.2	17.5	254.0	54.6
体育建筑业		0.3	1.3	6.0	1.3
总计		24.0	100.0	464.9	100.0

资料来源：第四次全国经济普查。

表7－5　2018年体育产业三大行业在四大区域中法人单位数及其占比

四大区域	体育制造业		体育服务业		体育建筑业		合计	
	法人单位数/万个	占比/%	法人单位数/万个	占比/%	法人单位数/万个	占比/%	法人单位数/万个	占比/%
东部地区	3.6	85.7	11.9	61.0	0.2	53.7	15.6	65.0
中部地区	0.3	7.1	3.5	17.9	0.1	22.8	3.9	16.3
西部地区	0.1	2.4	3.3	16.9	0.1	18.4	3.5	14.6
东北地区	0.2	4.8	0.8	4.1	0.0	5.2	1.0	4.2
合计	4.2	100.0	19.5	100.0	0.3	100.0	24.0	100.0

资料来源：第四次全国经济普查。

表 7－6　2018 年体育产业三大行业在四大区域中从业人员数及其占比

四大区域	体育制造业		体育服务业		体育建筑业		合计	
	从业人员数/万人	占比/%	从业人员数/万人	占比/%	从业人员数/万人	占比/%	从业人员数/万人	占比/%
东部地区	207.6	81.7	123.1	60.1	4.3	71.7	335.0	72.1
中部地区	34.7	13.7	37.8	18.4	0.8	13.3	73.3	15.8
西部地区	6.6	2.6	35.4	17.3	0.7	11.7	42.7	9.2
东北地区	5.1	2.0	8.6	4.2	0.2	3.3	13.9	3.0
合计	254.0	100.0	204.9	100.0	6.0	100.0	464.9	100.0

资料来源：第四次全国经济普查。

从陕西体育产品供给方面来看，陕西大部分产品集中在低端和服务领域，甚至存在过剩的现象。体育用品的生产目前主要局限于广东、浙江、福建等地区，陕西当地的体育用品生产企业整体实力较差，企业类型基本上局限于小微规模。而大规模的生产企业也主要是兼营多，缺乏专业化生产和运营的大型企业。不能根据消费者的实际需求制定相应的产品服务，新产品研发能力较弱，也不能根据消费者需求及时调整产品的结构，进而导致大众化的服务消费需求不能得到有效的满足。随着人们对健康的重视，大众健身的需求呈现旺盛发展的趋势，但是就陕西现有的健身服务而言，设备齐全的健身俱乐部一般为经营服务，服务价格较为昂贵。而开放性的健身场所，数量相对较少。大众健身服务需求旺盛，而健身服务产品创新能力不足，出现外溢现象，不能有效满足人们现有的消费需求。当前，陕西省正全力推进体育产业园区建设，依托省内各大高校和科研机构，打造体育产业众创空间，吸引本地企业、引进先进企业入驻园区，从事传统体育用品、现代体育装备、智能穿戴设备、体育智能系统的研发生产，在项目设立和资金扶持上加大力度，推进体育制造业高质量发展。

（三）后疫情时期康养运动理念深入人心，体育服务业经营模式发生变化

随着人民生活方式的转变，体育产业的重心也逐渐由体育制造业转向体育服务业，跨界融合增强了体育的娱乐性和社交功能。《2020年全民健身行为和消费研究报告》显示，在新冠疫情居家期间，体育运动者锻炼热情较高，保持运动者比例为93%。在锻炼方式方面则更显出多样性：58%的锻炼者做自己熟悉的基本运动，运动类App的使用占48%，视频网站上运动视频的使用比例为37%，29%的锻炼者购买了健身设备，新兴的教练直播运动形式的使用比例也达到了20%。2021年8月6日京东大数据显示，从人均体育消费金额来看，西藏、浙江和上海的消费能力最强；从体育消费的渗透率来看，北京、西藏、新疆、天津和青海的全民健身氛围最浓。从年龄结构来看，最大的体育消费群体是26～35岁的青年人，占比超过四成，其次是36～45岁和16～25岁的群体，占比分别为26%和22%。政策扶持和国内体育产业强势崛起的双重推动下，体育健身的各类设施和体育培训资源将更加开放和丰富，无论是日常体育锻炼，还是进一步提升专项的体育技能，各类体育消费需求的激发将带动体育消费市场不断地扩容和提质，体育服务业在满足人民日益增长的美好生活需要方面发挥的作用越来越不可替代，体育消费必将会向高质量和更高品质阶段发展。

新冠疫情所带来的巨大冲击波将促使陕西省体育服务业从业者改变单一的线下经营模式，积极探索线下和线上同步发展模式，实现两者之间的优势互补。线上健身培训、体育器材装备网上销售，将成为新冠疫情结束后一段时期从业者探索的重要课题。新冠疫情也激发了全民健身和养生的热情，“非接触式”体育消费用户占比显著提升，如健身、垂钓、瑜伽等。网络健身俱乐部、网络体育培训课程等新产品将会如雨后春笋般涌现，同时也将助推各级政府加大对公共体育等基础设施的投入

力度。随着群众更加关注个人健康，对全民健身的认可度和参与度将会大大提高，健身休闲、体育培训、体育康养、体育旅游等体育服务业的市场规模会不断扩张。尤其是体育培训业可能会迎来更大的需求，专业的运动健身指导服务会更受欢迎。

二、对外开放新格局下陕西体育服务业面临的机遇

（一）国家“十四五”规划带来的机遇

“十四五”时期，是在全面建成小康社会、实现第一个百年奋斗目标之后，乘势而上开启全面建设社会主义现代化新征程、向第二个百年奋斗目标进军的第一个“五年”。陕西从之前的构筑内陆改革开放新高地，到建设“一带一路”五大中心，积极融入新时代西部大开发新格局。在此背景下，陕西省正处在从工业化中期向后期跨越的关键时期，处在创新驱动与投资拉动并重的阶段，发展动力加快转换，发展空间拓展优化，发展路径更加清晰。深度融入共建“一带一路”倡议，新时代推进西部大开发形成新格局、黄河流域生态保护和高质量发展等国家重大战略深入实施，为陕西体育服务业发展提供了重要机遇。

2019 年随着国务院办公厅印发的《体育强国建设纲要》出台，国家首次为体育强国建设制定实施文件。2021 年 3 月《中华人民共和国国民经济和社会发展第十四个五年规划和 2035 年远景目标纲要》中把体育产业发展纳入国家规划，并通过中央预算内投资支持全民健身和体育产业基础设施建设，推动体育产业高质量发展，在总计多达 65 个章节的丰富内容之中，共出现 14 次“体育”、1 次“文体”、3 次“运动”、5 次“健身”等与体育内容相关的字眼。国家“十四五”规划提出“展望 2035 年，要建成文化强国、教育强国、人才强国、体育强国、健康中国，国民素质和社会文明程度达到新高度，国家文化软实力显著增强”。体育与文化、教育、人才并列，成为四大

强国目标之一。在第十章促进服务业繁荣发展中进一步将体育与健康、养老、托育、文化、旅游等并行，成为亟待加强的基础性服务业。陕西“十四五”规划也明确提出要大力发展现代服务业，推动文化旅游、健康养老、家政物业、商贸服务、体育健身等生活性服务业向高品质、多元化发展，加强公益性、基础性服务业供给。体育始终是提高人民健康水平的重要途径，是满足人民群众对美好生活向往、促进人的全面发展的重要手段。而体育服务业是新时代满足人民群众对美好生活向往的新兴产业、幸福产业、健康产业，承担着落实体育强国、健康中国等国家重大战略的责任使命。在国家规划的指导下，陕西体育落实国家“十四五”规划，为体育服务业发展带来重要机遇。

（二）新一轮技术革命及数字化技术提升带来的机遇

目前，数字技术的快速发展为体育服务业信息化发展提供了良好的基础及发展机遇。在国家大力推进数字经济与实体经济深度融合的背景下，数字经济与体育产业融合，催生出体育产业数字化发展新模式。数字体育水平则成为衡量一个国家体育发展水平的重要标准之一。当前，除在体育赛事领域应用外，数字体育大数据也渗透到体育培训、体育彩票、体育营销等诸多领域。通过大数据与信息技术的支持，体育健康及医疗行业的融合发展可实现对现有资源的整合和重新调整，提高行业运行效率，挖掘产业巨大潜力。同时以大数据分析为基础，以物联网服务运营平台为依托，实现个性化健康管理将成为未来体育健康产业的发展趋势和突破口，新一轮技术革命及数字化技术提升给体育服务业的新模式、新业态、新消费带来巨大发展机遇，这意味着深化体教融合、体卫融合、体旅融合等改革进入新的发展阶段，对体育培训、体育康复、户外体育领域来说蕴藏着巨大的商机。

通过全球的物联网实现信息交流的智慧体育，核心内容是“智能化”，交流的对象已经不仅仅是人，更多的是“物”。智慧体育是传感技术、物联网技术、大数据技术、信息安全技术以及光纤技术的综合，这些技术的有机结合使智慧体育在体育管理服务中发挥了重要的作用。“智慧体育”不仅是智能硬件和App，更是现代的经营理念、科学管理方法与新技术的融合，它包括以智能化数字化为基础的信息化互联网研发方式、标准化平台化运营模式，可提升场馆运营能效比、提升赛事IP（Intellectual Property）整体价值、改善公众整体参与度、完善体育产业整个链条。在新经济新常态下，供给侧结构性改革不仅是引领经济发展的战略举措，也对体育产业发展与升级起到统领和启示作用。同时，智慧体育是“美丽中国”“健康中国”两大战略相结合的重大体现，满足了人民对美好生活和健康生活的心理需求。

（三）中国人民对美好生活的向往带来的机遇

健康是幸福生活最重要的指标，体育健身是保持健康最有效的途径。六大现代幸福服务业关乎老百姓的幸福生活，要满足老百姓美好的生活需求，就要大力发展六大现代幸福服务业。体育产业、体育服务业的发展关乎人民的身体健康，只有全民健康才能全面小康，全面健康的基础是全民健身，因此我国把体育纳入全民健康战略作为实现小康的一个政治目标提出来。体育服务可以实现通过运动，不用花很多钱看病的目标，还能实现身体好、寿命长这个重要目标。

随着居民生活水平的进一步提高，人们对体育消费的投入越来越大，近几年我国健身人群增长很快，根据国家体育总局数据整理所得，2015年中国经常参加体育锻炼的人数为3.6亿人；2025年计划增长至5亿人；2030年计划增长至5.3亿人。2016—2025年，中国运动健身人数将以39%的速率增长。随着参与健身人数的增长，中国健身休闲产业规模也将大幅增长，2015年中国健身休闲产业规模达8000亿元；2025年计划增长至3万亿元。2016—2025年，中国健身休闲产业规模增长率将高达275%。国际经验表明，居民收入水平的提升与文化体育消费需求增长的关系密切，加之中国具有体育人口基数大、互联网渗透率高、政府推动力强等独特优势，中国已经进入了体育服务业需求快速增长的时期。

陕西正在深入实施健康中国行动，即加强体育基础设施建设，构建更高水平的公共服务体系，精心做好“体育＋”文章，推动竞技体育、群众体育、体育产业、体育文化融合协调发展，不断活跃群众文化体育生活，努力满足人民群众日益增长的健康需求，进一步激发推动体育服务业高质量发展。因此，陕西扩大体育消费，发展健身休闲、户外运动等体育服务，有助于创新、便捷、扩大民众体育消费方式，因而给体育零售、健身器材等领域带来较大商机。

（四）注意力经济的发展带给体育服务业的机遇

凯文·凯利在《必然》一书中提到：“在信息丰富的世界里，唯一稀缺的资源就是人类的注意力。既然它是最后的稀缺资源，那么注意力流向哪里，金钱就跟到哪里。”注意力经济时代，高质量的、良好的体验是最具价值的，因为体验才是不可复制的商品。在知识爆炸的后信息社会，注意力资源已经成为十分稀缺的经济资源，不但成为财富分配的重要砝码，而且经营注意力资源的产业如媒介、广告、体育、模特等获得迅猛发展，成为高利润的新兴产业群。当前，体育赛事 IP 是从体育赛事角度，形成具有特殊标识、品牌价值、传播意象，呈现自带流量的特征。当前体育赛事 IP 不仅借助其他媒介间接传达它的精神内涵，更以自身鲜活的形象直击人们的心灵，全面融入人们的生活，随时随处可见，表现出一个具象的、有“生命”的载体形象。例如足球、篮球赛事，赛制上每年为球迷奉献数百场比赛，赛事作为内容本身具有高频次的曝光度，从而产生持续的传播力。对于参与者而言，高频次地参与赛事本身就是建立黏性和忠诚度的过程。奥运会、世界杯等拉动的消费规模非常庞大，现在奥运会主要的收益来源于电视转播权益的买卖，一个奥运会 40 亿美元收入大部分来自电视转播权的买卖。陕西 2021 年举办的第十四届全运会对陕西来说是一次千载难逢的机遇，这意味着可以利用举办第十四届全运会的机会大力推动陕西省的竞技体育、全民健身等多项事业的发展，打造体育强省。第十四届全运会作为国内水平最高、规模最大的综合性体育赛事，对展示品质西安新形象、助推陕西经济发展起到积极促进作用。

（五）对外开放新格局促进体育服务业国际化水平提升的机遇

在构建教育对外开放新格局中，体育发挥着重要的作用。在经历新冠疫情的肆虐之后，体育健身的理念愈加深入人心，体育产业在关键时期迎来了发展的良机。如长三角体博会以体育休闲产业为核心，是华东地区最具影响力的体育产业盛事之一，迄今已成功举办十届，已成为连接中外、沟通世界的经贸桥梁，以及经济全球化的重要窗口，享誉业界。2020 年 11 月的长三角体博会在金华市体育中心广场设立了 4 万平方米的展区，首次融入直播带货新模式，实现线上线下深度融合，旨在打造展示长三角体育产业发展成就、带动体育消费的开放型合作平台。体博会上，专门从事健身运动的奕健身、电动冲浪板制造企业一苇智能科技、专注于家用运动健康的家用运动健身器材生产商佑美科技等金华本土体育企业纷纷组团参展，带来了最高新的体育科技、最贴心的体育服务、最优质的体育用品，为金华发出了嘹亮的品牌强音。在国内国际双循环相互促进的新发展格局下，开放对体育服务业加快发展和提高水平十分必要。此外，体育产业特别是体育比赛能够通过电视和网络信号以极低成本极为便利地跨国传播，国内比赛不精彩，就必然被国外比赛抢走市场。中国的规模市场早已被国外职业体育产业紧紧盯上，NBA 通过姚明开拓中国市场的行为就很成功。现在，每年有大量的国外顶级俱乐部来中国开拓市场，因此，国内赛事需要尽快提升水平，提高比赛的精彩程度和吸引力，对外开放引进全球优质资源促进体育服务国际化水平的进一步提升。陕西在新一轮的西部大开发，建设西安国家中心城市和关中平原城市群，引领西部地区开放开发，开启全面建设社会主义现代化国家新征程中承担着重要的历史使命，借鉴国内外经验，发展具有世界影响力的职业体育赛事，意味着竞赛表演产业大有可为，体育场馆运营机构前景广阔，可通过内外力实现“体育强省”的目标。

（六）“双减”政策助推体育教育培训发展

2020 年 9 月国家体育总局和教育部联合印发的《关于深化体教融合促进青少年健康发展的意见》提出，要推动青少年文化学习和体育锻炼协调发展，要将体育科目纳入初、高中学业水平考试范围，纳入中考计分科目，启动体育素养在高校招生中的使用研究。2021 年 7 月 24 日，国家“双减”政策正式落地，为体育教育培训行业发展释放出积极信号。受政策影响，体育教育培训行业成为市场和家长关注的重点，同时体育培训成为培训机构转型的首选。企查查数据显示，仅 2020 年全年体育培训相关企业新增 6.7 万家，同比增长 76.4%；2021 年上半年，体育培训企业注册量为 4.8 万家，同比增长 108.7%。国家统计局、国家体育总局联合发布的《全国体育产业总规模与增加值数据公告》显示，体育教育培训业总规模与增加值都实现了跨越式发展。陕西作为人口大省，深入贯彻实施体教融合，支持社会体育组织为学校体育活动提供指导，普及体育运动技能，促进青少年健康发展。陕西省体育局和陕西省教育厅在西安签署体教融合发展战略合作协议，明确提出将发挥双方优势资源，创建国家级青少年训练基地，畅通联建共办专业运动队的政策机制。陕西省鼓励专业运动队，职业体育俱乐部定期组织教练员和运动员深入学校指导开展相关体育活动。陕西紧抓战略机遇，促进陕西体育和教育融合发展和综合改革，努力实现陕西体育和教育事业的追赶超越。

三、对外开放新格局下陕西体育服务业高质量发展路径

（一）持续加强宣传，发挥群众体育的多元功能和综合价值

人的一生是一个不断塑造自我、提升自我的过程，是不断追寻生命意义的过程。体育本真价值正是对生命意义的追求、对自我的挑战，对生物个体、整个生命体而言，体育可以真正实现从生存价值观转向幸福价值观，使生活更美好。因此终身体育思想可以使人树立正确的生命观、人生观和体育价值观。当前，各项体育运动都有大众化的趋势，大众体育发展到一定的成熟阶段时，就会产生高水平的体育运动，即从大众体育中萌生出竞技体育高水平人才，大众体育的蓬勃发展是体育服务业发展领域强有力的根基。

要将体育服务业培育成新的增长点，首先要持续做好宣传工作，一方面，陕西地区经济水平较低，群众缺乏科学锻炼的具体意识，需要政府及相关部门科学引导，让大众树立起体育锻炼的意识，要讲好群众身边的健身故事，以体育文化吸引群众、以科学健身引导群众、以体育精神感染群众，增强老百姓的健身意识，促进群众体育活动的快速发展。另一方面，传统的体育发展方式还没有彻底改变，群众体育、体育产业、体育文化还没有得到应有的重视，群众体育的顶层设计、理论研究和方法手段仍然落后。群众作为一个庞大的消费群体，需要陕西政府及相关部门借助新媒体、融媒体平台等予以科学指导，这不仅有利于当地群众健康运动、科学运动，还有利于刺激和引导新的产业、新的商业模式，这是对群众体育的多元功能和综合价值的发掘，也是促进新时代体育服务业高质量发展的重要内容。

（二）利用政策叠加优势，积极提升体育服务业国际化水平

陕西是“一带一路”的核心区，在国家西部大开发中承担着重要的历史使命，西安国家中心城市、关中平原城市群等国家战略、规划

为陕西的开放发展提供了多重政策优势。体育是国际竞争的一个重要领域，如在奥林匹克运动、世界单项体育赛事、地区性综合运动会和国家（地区）间体育交流对此都有反映，同时国际性的赛事也在塑造国际关系方面有着积极的作用。国家一方面可以通过体育增进国家利益，将体育内化为综合国力的组成部分；另一方面可以以体育为媒介进行交流互动，借助体育交流塑造有利于本国发展的国际关系。武术、健身、气功、太极拳、太极剑、木兰扇、象棋等中国传统体育项目，蕴含着丰富而深刻的文化内涵。

在推进“一带一路”向纵深发展的过程中，陕西体育界对中国优秀的民族传统体育文化也应该大力宣传。对外陕西要进一步利用政策优势提升文化软实力，促进群众体育开放发展。坚持“引进来、走出去”并举的原则，对内要最大化盘活社会体育资源，优化资源配置，推进全民健身社会化、市场化建设。通过开展国际体育文化交流、体育博览会等活动发展门户经济；积极融入“一带一路”倡议，加大人才资源的交流和培养，不断提升体育服务业的国际化水平。

（三）发挥区域独特资源优势，打造山地体育品牌

陕西秦岭独特的地理位置，加上特殊、复杂的地质构造，使陕西省的山地体育旅游资源极其丰富，除了有秦岭、太白山等国家自然保护区外，华山、骊山等知名旅游景点中不仅有巍峨的山峰，造型奇特、神秘的溶洞，还有险要的峡谷，可以满足不同层次人的体育需求，在巍峨高险的秦岭山脉上还有许多古建筑，丰富的山地体育旅游资源为陕西秦岭山地体育旅游资源的开发奠定了良好的基础，十分有利于开展山地体育和冰雪体育。2017 年发布的《国际山地旅游健康宣言》指出，世界山地旅游国家和地区通过发展山地旅游取得了许多成功的经验。山地不仅是重要的旅游资源，更是人类身心健康可依托的生态资源。山地旅游契合人们崇尚回归自然、追求健康幸福的愿望，是促进人的健康、环境健康、生态文明和经济可持续发展的重要

驱动力量。体育爱好者在亲近自然界、享受运动乐趣、提高生活品质的同时，实现了体育消费需求的增加，从而促进了体育产业的发展。

山地适宜开展的运动项目主要有徒步、漂流、林地探险、露营、滑雪、溯溪、骑马、攀岩、山地摩托等。陕西通过发挥秦岭的独特地理优势，立足于渭南、安康、西安等固有的山地体育产业基础之上，有重点地建设六大山地体育产业区域：商山体育产业区、安康体育产业区、骊山体育产业区、华山体育产业区、终南山体育产业区、太白山体育产业区。陕西秦岭的山地体育产业链需要立足于秦岭的山地体育产业资源，提供体育服务和产品，满足大众群体和专业运动员对山地体育的消费需求，促使山地体育成为陕西体育的亮丽名片与品牌，成为陕西体育高质量发展的着力点和突破口，从而为地方经济高质量发展创造价值。

（四）紧抓数字经济发展，培育体育服务业新商业模式

2019 中国国际数字经济博览会明确提出要“引导数字经济和实体经济深度融合，推动经济高质量发展”的政策建议。《中国互联网发展报告（2021）》显示，2020 年我国数字经济市场规模高达 39.2 万亿元，数字经济正在不断重塑整个社会生态。特别是在“后疫情”时代，传统人员接触型运营模式受限，传统企业增加数字化固定投资，加快数字化转型，成为新的数字化成长路径。

数字经济生态帮助整个体育产业升级，如 2015 年成立的阿里体育集团拟整合阿里生态中的电商资源，以及媒体、营销、视频、家庭娱乐、智能设备、云计算、大数据和金融等平台，融合形成一个贯穿赛事运营、版权、媒体、商业开发、票务等环节的全新产业生态。简极科技“城市体育数字化服务中心”持续增强城市体育应用场景创新、智慧体育业务拓展以及竞训数字化服务提质等落地服务能力，以用户价值为核心、以智能硬件为入口、以数据为纽带融合场景数字化服务，为各地市体育产业转型发展提供新动能，推动智慧体育城市数

字化、智能化水平升级发展。

运动保陕西运营中心的成立将成为连接陕西体育产业和其总部丰富的国内外运动健康领域优势资源的重要平台，通过全流程风险管理、体育全媒体等业务，为民间赛事标准化带来质的提升，利用运动保生态的科技、智慧等优势，来打通体育产业链上下游，让赛事管理更加标准化，释放数字化供应链裂变势能，为陕西体育产业发展增添活力与动力。陕西体育服务业发展需要借鉴国内外经验，在现有数字化转型发展基础上，仍需积极培育龙头企业，做好“数字技术＋产业”和“传统产业＋数字技术”两条路径快速发展工作。

（五）大力发展运动项目，优化现代体育服务业体系

国务院发布的《全民健身计划（2021—2025年）》（以下简称《计划》）提出，到2025年，县（市、区）、乡镇（街道）、行政村（社区）三级公共健身设施和社区15分钟健身圈实现全覆盖，每千人拥有社会体育指导员2.16名，带动全国体育产业总规模达到5万亿元。《计划》提出要优化产业结构，加快形成以健身休闲和竞赛表演为龙头、高端制造业与现代服务业融合发展的现代体育产业体系。东莞证券指出，随着国民健身需求的上升，产业链上优势龙头有望受益。健身行业上游主要包括健身器材、教练培训与课程研发，中游主要是线下健身中心、O2O服务平台和健身App等，下游主要包括健身食品补给、运动鞋服、智能可穿戴设备等运动周边服务，以及信息查找、社交平台和数据管理等服务。赛事作为体育产业链上游，能够直接辐射影响下游的体育培训、体育用品等服务业和制造业，并间接影响旅游、娱乐等周边产业。

陕西体育服务发展空间较大，需要根据当前的体育服务业发展短板，找准抓手，实现通过体育服务业发展经济的目标。举办西安马拉松赛、长安剑客国际击剑精英赛、“中国台协杯”全国斯诺克团体锦标赛、西安城墙国际马拉松赛、中国跆拳道国际公开赛、世界女子国

际象棋大师巅峰赛、全国街舞公开赛、宝鸡鳌山滑雪公开赛、宝鸡“百合杯”乒乓球国际大奖赛暨第38届“百合杯”乒乓球联赛、咸阳中国杯城市定向赛、铜川射箭公开赛、渭南华山国际自然岩壁攀登公开赛、吴堡黄河大峡谷国际漂流公开赛、汉中国际铁人三项赛、安康国际搏击争霸赛等成为加快建设体育强省的有力举措。2021年陕西第十四届全运会的举办对陕西、西安体育事业的发展起到巨大的推动作用，陕西需要持续以打造“国际赛事名城”、促进经济社会建设发展为目标，以承办国际、国家级顶级赛事为抓手，加快体育文化事业持续健康发展。

（六）落实体教融合，促进青少年身心健康全面发展

为落实“强化体育课和课外锻炼，促进青少年身心健康、体魄强健”战略部署，按照《国务院办公厅关于强化学校体育促进学生身心健康全面发展的意见》和《陕西省人民政府关于加快西部体育强省建设的意见》《陕西省人民政府办公厅关于强化学校体育促进学生身心健康全面发展的实施意见》的要求，陕西要进一步强化体育和教育融合发展，通过建立和完善体教结合、协同发展的长效机制，强化体育教育和青少年运动员培养体系建设，完善青少年体育竞赛体系建设，鼓励更多的青少年热爱体育运动、参与体育活动。要切实做好体育运动场地建设，积极推动公共体育场馆设施为学校体育提供服务，免费或优惠向学生开放。此外，还需支持西安体育学院及其他高校体育类专业发展，为新时代陕西体教融合发展注入新活力。

第八章

对外开放新格局下陕西健康服务业高质量发展

根据《“健康中国2030”规划纲要》，到2030年，我国健康产业规模显著扩大，健康服务业总规模将达16万亿元，较2020年增加8万亿元。同时，我国将建立起体系完整、结构优化的健康产业体系，形成一批具有较强创新能力和国际竞争力的大型企业，健康产业成为国民经济支柱性产业。2014年陕西省人民政府发布的《关于促进健康服务业发展的实施意见》提出，陕西健康产业发展的主要任务是：大力发展医疗服务；全面发展中医药医疗保健服务；加快发展健康养老服务；支持发展多元化健康服务；实施全民健身计划；积极推动健康旅游发展；积极发展健康保险服务；培育健康服务业相关支撑产业；推进健康服务信息化。陕西“十四五”规划明确发展健康养老，积极发展医药产品、医疗器械、保健用品、健康管理、健康咨询等大健康产业，推动医养康养融合发展，加快安康、铜川、西安等医养结合试点城市建设，建设一批省级中医药康养示范基地。随着“推进健康中国建设”国家战略的深入实施，陕西出台了多项举措助力大健康产业发展，并将发展大健康产业作为促进当地经济结构转型升级、推进供给侧结构性改革的着力点以及新的经济增长点。

一、陕西健康产业发展概况

（一）陕西健康指标位居西部前列，人民群众健康获得感显著增强

陕西医疗资源处于西北五省区之首。2019年，全省共有各类卫生

机构35404个，其中医院共有1209个（含综合医院756个，中医医院168个，中西医结合医院16个，专科医院263个，护理院6个），基层医疗卫生机构有33619个，专业公共卫生机构有493个，其他卫生机构有83个。卫生机构床位数有26.58万张，共有卫生技术人员35.38万人，其中医生有10.87万人，护士有15.04万人。“十三五”时期，陕西卫生健康事业快速发展。全省卫生健康累计投入2250亿元，较“十二五”增长73%；二级以上医疗机构新增195个，增长20%；床位数增长了26%，专业技术人员增长了33%。人均期望寿命由75.7岁提高到77.37岁，孕产妇死亡率由13.5/10万下降到7.48/10万，婴儿死亡率由6.49‰下降到2.93‰，居民健康素养水平由8.3%增长到17.06%，主要健康指标位居西部前列。

陕西现有医药工业企业217家，规模以上药品生产企业162家，其中中药企业有100余家，取得药品生产批准文号的有6600余家，能够生产化学药品、中成药、生物制品等药品品种约3000个，其中，化学药品和中成药构成了陕西省医药工业的主体，生物升华制剂也逐步成为医药工业的一个重要组成部分。陕西中药材种植历史悠久、品种繁多、品质优良。现已建成多家中药材GAP基地并获得国家地理标志产品和有机认证。陕西省拥有中药种植、养殖相关公司和基地8788家，其中商洛市、汉中市和安康市为中药种植大市，种植、养殖基地和相关公司超过1000家。中药工业方面，陕西省拥有中药研发、生产企业281家，主要集中在西安市、咸阳市和渭南市。目前已经涌现出了以步长制药集团为龙头的中药产业群，陕南有盘龙、汉王、安康正大制药等，陕北有常泰、天宁制药等，关中更是聚集了许多优秀中药企业如西安金花、西安正大、西安碑林、西安世纪盛康、陕西康惠制药等。其中，步长制药、盘龙药业、康惠制药等企业已成功登陆主板、中小板。

陕西健康服务供给侧结构性改革加快推进，强基层、补短板收效明显，服务的公平性、可及性、多样性、有效性大大提升。陕西省全省基本建成覆盖城乡居民的基本医疗卫生制度，打造15分钟医疗服务圈，实现人人享有基本医疗卫生服务。重点加强专业公共卫生机构、基层医疗卫生机构和医院之间的分工协作，实现医疗服务公平可及、群众就近就医，强化基层基本医疗服务功能，提升急诊抢救、二级以下常规手术、老年病、康复等医疗服务能力；加强县域内外转患者数量居于前 10 位病种所在科室建设；降低县域外就诊率。同时，全面开展家庭医生签约服务，以老年人、慢性病和严重精神障碍患者、孕产妇、儿童、残疾人等为重点人群。当前以基本医疗保险为核心的医疗保障制度，不仅是各类健康服务的支柱筹资来源，以医疗保障制度普遍覆盖和三方购买服务为杠杆，有效提升了城乡居民的健康风险抵御能力，还对医疗卫生服务资源配置、药品规范使用和城乡居民健康管理起到基础性的引导作用。发挥医疗保障制度对健康服务资源配置的优化作用，是推进健康陕西的关键与核心，成为健康产业发展的重要保障。

（二）医疗器械产业初具规模，呈现集群化发展趋势

当前随着社会老龄化程度的提高以及人们保健意识的不断增强，全球医疗器械市场需求持续快速增长，医疗器械行业是发展非常迅速的行业之一。我国医疗器械产业整体发展较快，但目前仍无法充分满足国内市场需求，与发达国家相比仍存在差距。我国医疗器械产业存在较大缺口，市场发展空间极为广阔。国家发改委印发了《增强制造业核心竞争力三年行动计划（2018—2020 年）》的通知，将“高端医疗器械和药品关键技术产业化”认定为九大重点领域之一。随后，国家发改委又制定了《高端医疗器械和药品关键技术产业化实施方案》，重点支持影像设备、治疗设备、体外诊断产品、植入介入产品、专业化技术服务平台五大类医疗器械发展。

医疗器械涉及人的生命健康，国家对相关企业的设立、产品的生产与销售都有严格的审查，并建立了系统的管理和市场准入机制。企业取得食品药品监督管理部门的前置许可后，产品还需取得医疗产品

注册证书，注册条件要求较高并且耗时较长，Ⅱ类产品取得证书一般耗时6个月，Ⅲ类产品则需要12个月以上。产品出口国外一般需要取得欧盟的CE认证或者美国FDA许可。由于我国经济发展水平在地域上显现出不平衡的特点，导致制造业主要集中在沿海地区一带与长三角和珠三角一带，这两个区域的产业链比较完整，经济发展水平较高，医疗器械消费市场也主要集中在国内一、二线城市等发达地区。

近年来，陕西围绕健康中国建设要求和医疗器械技术发展方向，聚焦使用量大、应用面广、技术含量高的高端医疗器械产业的培育和发展，取得了显著成效。据众成医械大数据平台统计，截至2020年年底，全国医疗器械生产企业共计25440家，其中科技型中小企业有4274家，全国占比为16.8%，同比增长41.9%。从科技型中小企业所占比例来看，四川省医疗器械科技型中小企业以27.4%的比例位居全国第一；天津市和江苏省分别以26.3%和25.1%排名第二和第三；之后为陕西省、广东省、湖南省、湖北省、山西省、上海市和江西省（见表8-1）。从产业集聚情况来看，西安高新区充分发挥工学、电子信息、通信工程与生命科学交叉融合的优势，聚集了医学3D打印、诊断试剂、医学影像、再生医学、光学器械以及医疗新材料等医疗器械产业集群，进入全国集聚区医疗器械科技型中小企业数量前10（见图8-1）。陕西医疗器械生产企业正不断提升研发创新能力，提高市场竞争力，塑造“陕西制造品牌”，助力陕西省医疗器械产业做大做强。

表8-1　截至2020年年底全国医疗器械生产企业数量与比例

序号	省份	数量/家	全国占比/%	科技型中小企业占比/%	增量/家	增速/%
1	广东省	996	23.3↑	21.9	304	43.93
2	江苏省	762	17.8↓	25.1	220	40.59
3	山东省	372	8.7↓	14.8	158	73.83
4	浙江省	253	5.9↓	12.1	32	14.48
5	上海市	182	4.3↑	17.3	20	12.35

续表

序号	省份	数量/家	全国占比/%	科技型中小企业占比/%	增量/家	增速/%
6	河南省	177	4.1↓	16.0	70	65.42
7	北京市	169	4.0↑	16.2	-8	-4.52
8	湖北省	161	3.8↑	18.5	90	126.76
9	天津市	150	3.5↑	26.3	30	25.00
10	湖南省	142	3.3↑	19.2	83	140.68
11	四川省	141	3.3↑	27.4	33	30.56
12	安徽省	135	3.2↓	16.1	70	107.69
13	江西省	124	2.9↓	16.3	50	67.57
14	陕西省	110	2.6↓	22.1	40	57.14
15	辽宁省	76	1.8↓	9.4	27	55.10
16	河北省	74	1.7↑	4.7	15	25.42
17	福建省	73	1.7↑	14.1	13	21.67
18	山西省	45	1.1↓	17.4	12	36.36
19	黑龙江省	37	0.9↓	12.3	6	19.35
20	重庆市	36	0.8↓	11.2	4	12.50
21	吉林省	26	0.6↓	5.9	2	8.33
22	贵州省	10	0.2↓	6.7	1	11.11
23	云南省	8	0.2↓	6.7	5	166.67
24	海南省	6	0.1↓	10.5	3	100.00
25	新疆维吾尔自治区	4	0.1↑	4.1	4	&
26	内蒙古自治区	2	0.0↑	3.5	2	&
27	宁夏回族自治区	2	0.0↑	6.5	1	100.00
28	甘肃省	1	0.0↑	1.0	-4	-80.00
29	广西壮族自治区	0	0.0↑	0.0	-21	-100.00
30	青海省	0	0.0↓	0.0	-1	-100.00
31	西藏自治区	0	0.0↑	0.0	0	0.00

注：1. 全国占比=全省科技型中小企业数量/全国科技型中小企业数量。

2. 科技型中小企业占比=全省科技型中小企业数量/全省生产企业数量。

资料来源：众成医械大数据平台。

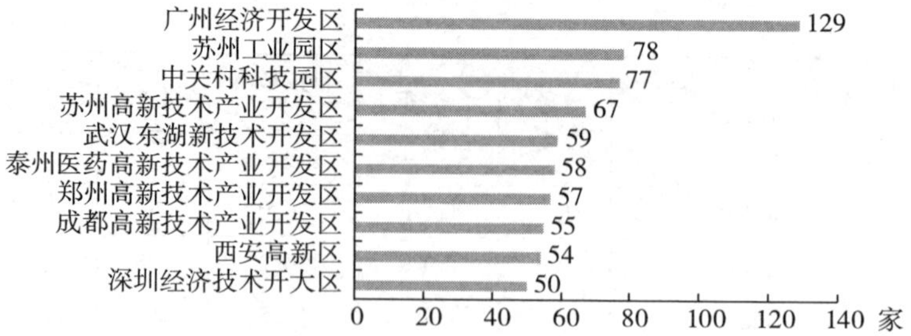

图 8-1　2020 年全国集聚区医疗器械科技型中小企业数量分布（Top10）

资料来源：众成医械大数据平台。

（三）保健品产业消费潜力大，形成了完整的产销区块链系统

随着国民对健康的诉求不断提高，民众在医疗保健上的支出快速提升。在“大健康”的社会环境下，中国的保健品行业消费规模逐年扩大。2015—2020 年，中国保健品的销售额呈现逐年上涨的趋势。在 2020 年新冠疫情暴发后更是呈现了“报复性增长”，达到 1984 亿元，同比增长 11.52%（见图 8-2）。“保养”不再是老一辈的专属，年轻一代的消费者也加入“保养”大军。益普索研究资料显示，情绪健康、身材管理、睡眠改善成为“90 后”Top3 健康诉求；同时，睡眠、脱发、口腔问题成为高增长 Top3 的健康需求。“90 后”养生，内服外调两手抓，他们普遍认为摄入类食物与产品的选择都对养生起到效用。其中，保健品成为众多内服选项之一，营养健康产业的作用和意义受到越来越多的关注。

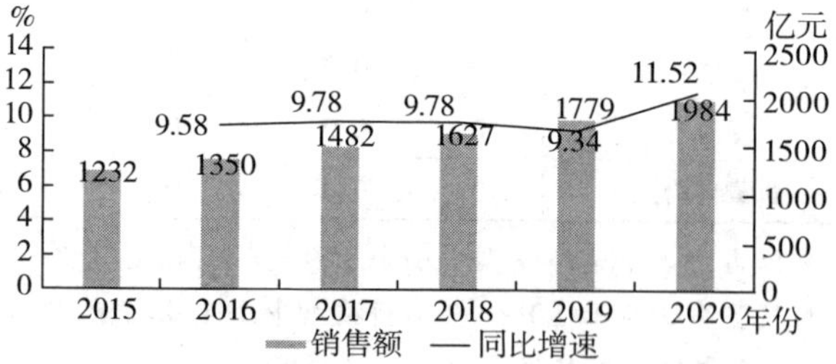

图 8-2　2015—2020 年中国保健品销售额变化情况

根据《全国食品工业“十三五”发展战略研究》的数据，保健行业每实现3亿元产值，可减少5亿元医疗费用。中国早已是保健食品原料生产大国。中国医药保健品进出口商会数据显示，美国以及欧洲、大洋洲等国使用的保健食品原料80%以上从中国进口，而这些保健食品原料大多来自植物提取物。比如，晨光生物生产的缓解眼睛疲劳的叶黄素原料，已在全球产销量第一。相较于东部沿海省份，陕西省经济发展水平相对较低，保健品消费量相对较少，保健品的购买者主要集中在亚健康人群。保健品生产上，陕西省聚集了天然植物提取物、天然食品、营养保健品、产品开发与生产技术等类别的行业优质厂商。陕西省植物提取物企业有800余家，产业发展非常强劲，陕西省年销售额超亿元的品种有80个，全年生物产值750亿元，已经形成了完整产销区块链系统，强大的产业基础吸引了中国国内及每年来自全球各地的采购商云集交流。

陕西植物提取物主要有蔬菜、水果提取物，植物、中草药提取物，菌类提取物，抗氧化、防衰老提取物，饮料原料提取物，食品添加剂提取物，减肥植物提取物，消费品提取物以及生产辅料等。化妆品原料方面，个人护理主要有日用品原料提取物以及化妆品及个人护理用品的原材料、配料等。化妆品配料方面主要有精油产品等原材料或配料；化妆品添加剂提取物和其他相关方面；实验室及产品研发、检测机构的最新技术和成果。陕西的植物提取物设备、制药机械及其相关的包装与技术领域涵盖了化工成套设备、喷雾干燥机、反应釜、降膜式蒸发器、真空减压浓缩罐、中草药提取浓缩机组、外循环浓缩罐、多功能提取罐、原料药设备、制剂设备、医药包装机械、医药自动化与数字化技术、实验室设备与耗材、洁净设备、流体设备、制冷设备、制药用水设备、中药设备、医药物流设备、医药包装材料、保健品包装软胶囊等。

（四）健康管理服务业起步晚，但整体发展较快

在我国，以个性化健康检测评估、咨询服务、调理康复、保障促进等为主体的健康管理服务产业处于起步发展阶段。自2001年我国成立了第一家健康管理公司以来，健康管理机构数量以每年25%的增速发展。目前疗养康复、保健养生、医疗美容、婴幼儿医疗服务等健康服务业新业态发展需求旺盛，相关扶持政策已经出台，但配套措施较为滞后。陕西健康管理服务业尚未形成品牌，有影响力的企业整体上不多。由于需求的不断增加，很多企业已经转型并投资于健康管理服务行业，如陕西佰美基因股份有限公司、西安那特优品牌运营管理公司、北京世健联健商医学研究院西北办事处、陕西中盛创业投资股份有限公司、陕西正健和健康科技有限公司、陕西健商教育科技有限公司、陕西德荣健康管理有限公司等企业在养老服务、健康管理等方面做出了有益的探索。

二、对外开放新格局下陕西健康服务业发展的重要机遇

随着城镇化进程提速、人口老龄化加快和“三孩”政策的全面放开、居民收入稳步增长等，陕西人民群众的健康需求将大幅增加，药品、保健品和健康服务的市场规模将加快增长，以互联网、云计算、大数据为代表的信息技术加速发展，推动生物技术与信息技术相互渗透融合，促进人类健康管理的智能化，远程诊断、智慧医疗、个体治疗等健康服务新业态和新模式不断出现，技术进步和模式创新为健康产业发展带来新生机，我国健康产业发展面临着前所未有的机遇。

（一）政策红利机遇

2016年以来，我国制定实施《“健康中国2030”规划纲要》《全民健身计划（2016—2020年）》《“十三五”卫生与健康规划》《“十三五”深化医药卫生体制改革规划》等一系列规划纲要，并提

出“三步走”的目标。政策加持，我国健康服务业的发展体系愈加完善，行业发展迸发无限生机。2020年6月1日，《中华人民共和国基本医疗卫生与健康促进法》实施，“国家实施健康中国战略”被写入法律，为健康中国建设提供了法治保障。目前，主要着眼于全方位干预健康影响因素、维护全生命周期健康、防控重大疾病，实施健康中国行动，政府、社会、个人协同推进15个专项行动，深入开展爱国卫生运动，综合防控儿童青少年近视和肥胖，推广戒烟限酒、适量运动、合理膳食、心理平衡的健康生活习惯，居民健康素养水平明显提升，关注健康、追求健康的社会氛围初步形成。国家“十四五”规划中进一步把保障人民健康放在优先发展的战略位置，坚持预防为主的方针，深入实施健康中国行动，完善国民健康促进政策，织牢国家公共卫生防护网，为人民提供全方位全周期健康服务。《“健康陕西2030”规划纲要》《健康陕西行动实施意见》等重要文件，将进一步推动健康融入所有政策。文件指出要进一步拓展卫生健康职能，加快由以治病为中心向以人民健康为中心转变，全生命周期健康服务保障体系基本建立。多种政策的叠加和交汇是陕西健康服务业发展的重要政策机遇。

（二）大健康消费机遇

大健康产业已经进入全民需求时代，产业市场规模呈量级增长。尤其是在新冠疫情影响和双循环战略格局下，全社会进一步提高了对健康产业的认识高度，健康服务业迎来了重要发展机遇。健康消费是当前我国内需的重要组成部分，一方面健康消费既能够维护健康，促进服务消费规模持续扩大；另一方面又是扩大居民其他消费需求的重要前提，能够有效拉动社会总需求扩容并带动就业增长。新冠疫情暴发以来，很多公司崛起和发展起来，后疫情时代，疫情防控进入常态化，也会催生健康产业方面的需求。健康产业已成为发展潜力极大的“未来产业”，正在酝酿和形成规模超过10万亿元的巨大蓝海市场。

健康服务已经成为关系国计民生、未来社会整体幸福指数的国家级重大事业。数据显示，2015—2019 年，中国的大健康产业整体营业收入保持增长，2019 年营业收入规模达到 7.25 万亿元。中国与全球的大健康产业发展情况基本一致，同样由于大健康结构变化，需求也不断增长，具有可持续增长性。加之“70 后”“80 后”正逐渐成为社会各领域的中流砥柱和财富的主要拥有者，同时也是主流消费人群，他们崇尚自然、高品质的消费观念，与“50 后”“60 后”有本质不同，也正是因这批高收入、健康理念先进的人群带动，关于健康消费的社会价值观正在发生根本性变化，人们从关心治疗逐渐转向关心预防、养生及整体健康管理。人们的健康需求，不再仅仅局限于医疗环节，而是从医疗逐步地向大健康的产业链前端和后端的高价值环节延展。整个大健康产业链条上的企业都将迎来历史性的发展机遇。

（三）信息技术发展带来的机遇

大数据、互联网、云计算等新一代信息技术的不断突破和深化应用，为大健康产业快速发展提供了广阔的空间。在大数据与信息技术的支持下，健康及医疗行业可实现对现有资源的整合和应用，提高行业运行效率，挖掘产业巨大潜力。同时以大数据分析为基础，物联网服务运营平台为依托，实现个性化健康管理将成为未来健康产业的发展趋势和突破口。尤其是健康服务管理面临较大的发展机遇。移动互联网、大数据、可穿戴设备等为健康管理的发展带来推动力，为开展健康管理的长期监测，更准确地进行个性化的健康评估和干预奠定基础，为创新健康管理服务模式、提高服务水平提供更便捷的路径。传统的健康管理体系正随着“互联网 + 健康管理”时代的来临而发生转变，由云计算和大数据等驱动的健康管理将会逐渐成熟并逐步探索出新的服务模式。同时，健康管理数据资源将成为国家重要的战略资源，也将为健康管理产业发展注入强劲发展动力。

（四）人口老龄化和“三孩”政策带来的机遇

第七次人口普查数据显示，2020 年我国总人口达到 14.1 亿人，比 2010 年增长了 5.38%，年均增长 0.53%，但略低于上一个 10 年 0.57% 的平均增长率。其中从年龄构成来看，60 岁及以上人口的比重上升 5.44 个百分点至 18.7%，显示出人口老龄化程度的进一步加深。我国人口年龄结构呈现“中间降，两头升”的趋势，老龄化程度加深，劳动力占比有所缩小，出生人数逐渐回落。我国应多举措缓解老龄化问题，全面放开“三孩”政策，积极解决老龄化带来的问题。老龄化、少子化，即“一老一少”问题，是近年来我国人口发展的重要趋势，也是“十四五”及更长一段时间，我国必须加以应对和破解的突出问题。因此，婴幼儿、孕妇和老年人三大特殊人群的预防保健、健康服务和保健品消费等增量叠加消费升级趋势为健康产业发展带来新一轮的发展机遇。

三、对外开放新格局下陕西健康服务业高质量发展的目标

“十四五”时期，陕西省卫生健康系统提出要把握健康陕西建设和应对人口老龄化两大战略，以健康陕西建设统揽卫生健康各项工作，着力打造好“五大体系”，扎实推进健康陕西 17 项行动和 8 类健康细胞示范建设，所有设区市和一半以上县城开展健康城市建设，全域健康治理水平达到西部领先。

（一）打造优质高效公共卫生服务体系

陕西省将完善重大传染病救治网络，建成 2 个重大疫情救治基地，10 个设区市全部建成“平疫结合”的传染病院（公共卫生中心），每个县至少有 1 家综合医院设立传染病区。改革完善疾病预防控制体系，整合组建“大疾控”，在卫生健康行政部门试行公共卫生总师制度，在疾控机构设立公共卫生首席专家特设岗位。落实“两个

允许”，推进公共卫生机构和基层医疗卫生机构公益一类保障和公益二类管理。完善传染病疫情和突发公共卫生事件监测系统，全面提升监测预警能力、风险评估能力、现场流行病学调查能力、检验检测能力和应急处置能力。加强学校卫生建设，全面开展学生常见病和健康影响因素监测及干预工作。加强职业卫生建设，夯实企业防治投入主体责任，加快各级各类职业病危害防治机构建设，提升全省职业病危害检验检测能力。

（二）打造高质量医疗卫生服务体系

在陕西全省范围，重点推进儿童、呼吸、心血管、癌症等12个国家区域医疗中心建设；布局陕南、陕北、关中东部和关中西部4个片区，推进省级区域医疗中心建设；西安交大一附院、二附院等10家医院要进入全国百强；打造口腔、眼科、骨科、精神卫生等西部一流、全国先进的专科医院；全省再增加15家三级甲等医院。在基层，实施县级医院服务能力提升工程，重点建好胸痛、卒中、创伤、危重孕产妇和新生儿救治“五大中心”，健全急诊急救医疗网络；加强重症、呼吸、麻醉、传染及院感防控等疫情防治重点学科建设；支持50万以上人口大县创建三级综合医院，200个乡镇卫生院建成县域医疗分中心，达到二级综合医院水平；鼓励推进村卫生室产权公有化，引导专业技术人才流向基层。

（三）打造全生命周期健康保障体系

提升妇幼健康保障能力，加强各级妇幼保健机构、妇产医院、综合医院产科建设，为全体妇女儿童提供高品质、普惠性的生育全程健康服务。提升婴幼儿照护服务能力，发展普惠托育服务体系，形成规范化、多层次、多样化的婴幼儿照护服务新格局。提升老年健康服务供给能力，建成综合连续、覆盖城乡的老年健康服务体系，建设一批老年病医院、康复医院、护理院等医养结合机构；加强老年人健康体检和慢性病健康管理；加快推进社区卫生服务机构和乡镇卫生院延伸居家社区医养结合服务；开展智慧助老行动，让老年人用得上、用得好现代化智能技术。

（四）打造中医药传承创新发展体系

坚持中西医并重，以创建国家中医药传承创新中心为契机，建设中西医结合“旗舰医院”和中医药特色医院，构建集预防、保健、治疗、康复和科研于一体的中医药传承创新体系；做大做强“秦药”品牌，推广中医药适宜技术，加快中医药事业和产业高质量发展；巩固基层医疗卫生机构中医馆建设成果，配齐配强中医师；促进中医药养生保健、健康养老和旅游等特色服务融合发展。

（五）打造卫生健康综合支撑体系

在人才方面，实施“秦医英才计划”、农村订单定向医学生免费培养政策，扩大全科医生培养和转岗培训范围。在科研方面，深化医教研协同，深入实施卫生健康领域科技创新，力争取得生物安全、重大疾病防治、药品临床综合评价等科研突破。在信息化方面，大力发展“互联网＋健康”，完善以患者为中心、全流程闭环的智能化医疗服务模式。在监管方面，建立覆盖省、市、县、镇、村五级的医疗卫生行业综合监管工作体制机制，积极推进“互联网＋监管”，实现医疗卫生行业服务质量效率最大化、最优化。

四、对外开放新格局下陕西健康服务业高质量发展方式

（一）坚持新发展理念，充分贯彻落实健康产业国家战略

进入新时代后，我国社会主要矛盾已经转化为人民日益增长的美好生活需要和不平衡不充分的发展之间的矛盾。为有效解决不平衡不充分的发展问题，必须运用科学的思路和方法来指导经济工作，加快建设现代化经济体系，不断增强我国经济创新力和竞争力。要解决好

发展不平衡不充分的问题，就必须坚持创新、协调、绿色、开放、共享的新发展理念，把保障人民健康放在优先发展的战略位置，深入实施健康中国行动。大力发展卫生健康事业，既可以增强人民体质，也有利于解除群众看病就医的后顾之忧，积蓄经济发展的长久势能，扩大内需潜力，为推动形成以国内大循环为主体、国内国际双循环相互促进的新发展格局提供重要支撑。陕西要大力推动“一老一小”健康服务，加强“一老一小”健康服务保障，全面加强出生缺陷综合防治，促进3岁以下婴幼儿照护服务发展，制定托育机构设置标准和管理规范；加强老年健康教育和预防保健，将老年健康与医养结合服务列入国家基本公共卫生服务，大力促进医养结合，为居家老人提供医疗服务。坚持预防为主方针，针对居民主要健康问题和影响因素，聚焦重点人群，完善国民健康促进政策，优化重大疾病防控策略措施，广泛开展全民共建共享的健康行动，倡导文明健康、绿色环保的生活方式，重视精神卫生和心理健康，为人民提供全方位、全周期健康服务。

（二）推动融合发展，构建全方位、多层次的健康产业链

产业融合已经成为产业发展及经济增长的新动力，有利于产业结构的转换和升级。我国的发展实践证明，推动产业间融合互动，是实现经济发展提质增效、转型升级的重要举措。健康服务业是现代服务业的重要内容和薄弱环节，促进健康产业发展是满足群众迫切需要、提升全民健康素质、保障和改善民生的重大举措，也是提升服务业水平、形成新的增长的重要抓手。发展大健康产业，就是转变传统医疗产业发展模式，即从单一救治模式转向“防—治—养”一体化防治模式。因此，产业融合发展成为发展趋势，推动健康产业与文旅、康养、体育、教育等产业的融合发展，树立大健康理念，构建全方位、多层次的健康产业链势在必行。陕西除继续发展以医疗器械和药品为主的医疗医药工业外，要大力发展以保健食品、药妆、功能性日用品

等为主的保健品产业，以个性化健康检测评估、咨询服务、疾病康复等为主的健康管理服务产业，促进健康服务和健康制造的有机融合，加快促进健康与养老养生、休闲旅游、互联网、体育健身、药械研发、食品等产业融合发展，实现全产业链发展，催生更多医疗健康新产业、新业态、新模式，构建“医、养、健、智”四位一体的大健康产业链。

（三）推动更高水平开放，做好国内国际健康服务市场

以开放助推健康服务业改革发展，以更高水平开放促进健康服务业高质量发展，推动更宽领域开放，增强健康产业链供应链国际竞争力。陕西可利用自由贸易试验区先行先试，通过示范区，聚焦健康产业，强化创新要素集聚、高端生产制造、健康生活示范，引进培育优质企业，创新国际化医疗康养机构合作模式，带动健康产业高质量发展。一方面，做好保健产品进出口的跨境电子商务，培育一部分品牌化企业，扩大省内健康产品的出口市场，做好优质保健食品等的进口业务。另一方面，加快健康服务与制造业的融合，在服务业和制造业融合发展的过程中，坚持“引进来”与“走出去”并重，深化双向投资合作，充分利用好国际国内两个市场、两种资源。同时，要以陕西对外开放高地建设为契机，对标国际标准，营造国际一流的营商环境，一视同仁、平等对待包括外资企业在内的所有市场主体。不断提升中国市场对国际企业的吸引力，把吸引制造业和服务业外资作为当前和今后一段时间对外开放工作的重要着力点，推动陕西健康产业服务实体经济。

（四）加快转型升级，推动健康产业向中高端加快迈进

借助互联网和大数据技术，建立健全健康产业信息统计系统和信息共享平台，为健康产业创新发展提供数据和信息支撑。鼓励发展基因检测、干细胞治疗、移动医疗、智慧医疗等新型服务模式，支持发展新型健康产业业态和新兴产业，拓展健康产业发展空间。如医疗健

康技术和数据数字化的结合，可以实现对疾病更深入的理解、保障治疗的安全性、提高护理质量、更快早期诊断、增加患者接受治疗的机会、新疗法和药物的有效目标识别、缩短新疗法的上市时间以及个性化医疗等。陕西要加快医药工业与新一代信息技术深度融合，引导和支持企业拓展新领域，发展新业态，推动医药产业智能化、服务化、生态化，实现产业中高速发展和向中高端转型，深化开放合作，保障质量安全，增加有效供给，增品种、提品质和创品牌，培育一批医疗、药品、医疗器械、中医药等重点产业，打造一批具有国际影响力和核心竞争力的知名品牌，不断满足人民群众多层次、多样化的健康需求。

（五）优化资源布局，促使健康产业集中集聚集约发展

加强统筹规划，整合空间资源，结合区域资源禀赋和产业基础，鼓励有条件的地区建设符合地方特色的健康产业科技创新园区和基地，引导各地健康产业差异化发展。科学确定各地健康产业发展重点，合理规划健康产业布局，因地制宜打造一批特色健康产业集聚发展平台，形成错位发展、有序竞争的良好局面。例如，陕西是中药资源大省，中药材年产量近百万吨，为中药工业、大健康产业提供了优质原料。陕西省核心园区中，大部分将中医药产业作为主导产业，并建设运营了一批中医药特色园区，树立鲜明的产业发展旗帜，逐步形成集聚效应。陕西要充分发挥中药产业的“天然基因”优势，利用西安高新区草堂科技产业基地、华阴市生物医药产业园、旬邑中医药健康产业园、国家火炬咸阳中医药特色产业基地、西北国际中医药产业园等核心资源，优化资源布局，推动健康产业内容升级和结构优化，完善健康产业链，形成覆盖健康服务前、中、后端的全产业链条，依托中医药资源、文化、气候、交通、科研人才、园区和龙头企业等众多优势，促进健康产业集中、集聚、集约发展。

第九章

对外开放新格局下陕西养老服务业高质量发展

养老服务是重要的民生工程，事关国家发展全局和百姓福祉。第七次全国人口普查数据（2021年5月11日）显示，我国60岁及以上人口的比重达到18.70%，其中65岁及以上人口比重达到13.50%。为积极应对人口老龄化压力，推动养老服务业高质量发展已经成为社会共识。第七次人口普查数据显示陕西省60岁及以上人口为7591202人，占比19.20%，其中65岁及以上人口为5266597人，占比13.32%。与2010年第六次全国人口普查相比，60岁及以上人口的比重增加了6.35个百分点，65岁及以上人口的比重增加了4.79个百分点。根据《陕西省国民经济和社会发展第十四个五年规划和2035年远景目标纲要》，“十四五”期间，陕西将积极应对人口老龄化，促进人口长期均衡发展，完善养老服务体系，提升养老服务供给质量。陕西站在对外开放的前沿，需要创新性高质量发展养老服务业，促进“银发经济”繁荣，满足老年人多元化、多层次需求，加快建设新时代现代化养老服务体系，推进形成多层次、多类型、多元化的养老服务业新发展格局。

一、陕西养老服务业发展概况

目前，陕西已经迈向老龄化社会，养老服务业将发展成为经济增长的重要产业。陕西养老服务业发展总体上处于起步阶段，产业化发展尚未形成规模。为促进陕西养老服务业健康有序发展，一方面政府积极出台系列政策推进养老服务产业创新，并推动养老服务产业转型升级的快速实现；另一方面通过政策引导，鼓励社会力量积极参与，一部分企业和公益组织积极参与和建设养老服务平台。经过多年的发展，陕西居家养老服务基础较为稳定，机构养老的支撑作用明显加强，社区养老服务快速发展，养老保险制度不断健全，养老服务体系不断优化。

（一）养老服务相关政策更加完善

国家十分重视养老服务业发展。各层级相继出台了加快发展养老服务业、全面放开养老服务市场等政策措施，在国家养老服务重要政策的指导下，陕西的养老服务体系建设取得了显著成效。《陕西省人民政府办公厅关于全面放开养老服务市场提升养老服务质量的实施意见》（陕政办发〔2017〕76 号）（以下简称《实施意见》）提出，到 2020 年，养老服务市场全面放开，养老服务和产品有效供给能力大幅提升，供给结构更加合理，养老服务政策法规体系、行业质量标准体系进一步完善，信用体系基本建立，市场监管机制有效运行，服务质量明显改善，群众满意度显著提高，养老服务业成为促进社会发展的新动能。

党的十八大以来，中央、省级福彩公益金累计投入 21.36 亿元，用于养老服务体系建设。陕西省各类养老机构及服务设施有 11508 个，其中公办养老机构有 432 个、民办养老机构有 287 个，城镇社区日间照料中心有 657 个、农村互助幸福院有 10132 个，养老床位有 21.5 万张，每千名老人床位拥有率达到 31.9 张。为了保障养老服务业的健康发展，陕西省不断完善养老服务政策制度体系，先后制定了《实施意见》《关于推进全省养老服务高质量发展实施方案（2019—2020 年）》等一系列政策措施。同时，通过建设“15 分钟城市养老圈”“时间银行”“智慧养老”等多项措施，基本建立起多元化养老服务体系。全省符合条件的城乡低保、特困人员中 60 周岁以上的老年人已全部纳入临时救助、医疗救助范围，做到应保尽保、应养尽养。在完善体系建设的同时，发布了《社区居家养老服务规范》等5个省级地方行业标准，省民政厅联合卫健等部门开展养老院质量建设专项行动，全省养老机构标准化服务水平明显提高。

（二）养老服务设施布局更加合理

陕西省统筹省、市、县、乡镇不同层级的国土空间规划，从不同类别落实养老设施布局用地规模，将养老设施发展专项规划落实到国土空间总体规划上来，合理配置养老服务设施。在国土空间规划编制中做好养老服务设施顶层空间布局总体要求，重点根据本地区人口结构、老龄化发展趋势，明确养老服务设施用地的规模、标准和布局原则。落实市、县、乡镇国土空间规划养老服务设施要求，合理规划配套养老服务设施。对已建成城区养老服务设施不足的，结合城市功能优化和有机更新统筹规划，将现有资源改造为养老服务设施。对新建住宅小区将严格落实人均用地不少于0.1平方米的用地标准，将养老服务设施用地落实情况作为规划设施包括方案审批、验收的重要环节。陕西自2020年起开始实施特困人员供养服务设施改造提升、民办养老机构消防安全达标、老年人居家适老化改造3项工程。根据计划，到2022年年底，对敬老院实施改造提升，加强护理型床位建设、基础设施和安全消防设备配置，进一步提升敬老院照护能力，强化对农村失能特困人员的兜底保障。民办养老机构消防安全达标工程计划在两年内对不符合国家工程建设消防技术标准、不满足消防安全管理要求，经判定为重大火灾隐患的民办养老机构进行整改。老年人居家适老化改造工程结合城镇老旧小区改造，采取政府补贴等方式对所有纳入特困供养、建档立卡范围的高龄、失能、残疾老年人家庭，按照《无障碍设计规范》实施适老化改造。

（三）持续推进医养结合的养老服务保障

陕西省持续推进医疗卫生与养老服务结合。随着陕西老龄化速度的加快，失能、部分失能老年人口大幅增加，老年人的医疗卫生服务需求和生活照料需求叠加的趋势越来越显著，健康养老服务需求日益强劲，目前有限的医疗卫生和养老服务资源以及彼此相对独立的服务体系远远不能满足老年人的需要，迫切需要为老年人提供医疗卫生与养老相结合的服务。医疗卫生与养老服务相结合，是社会各界普遍关注的重大民生问题，是积极应对人口老龄化的长久之计。陕西 80 岁以上的老年人有 84 万人以上，患有老年慢性病的占到 80% 以上，失能半失能老年人占比 19.3%。陕西省政府出台的《陕西省人民政府办公厅关于推进医疗卫生与养老服务相结合实施意见》，将医养结合作为推进健康陕西建设的重要举措纳入《“健康陕西 2030”规划纲要》与《“十四五”老龄事业发展规划》，陕西医养结合政策已基本完善。陕西先后确定了西安、铜川、安康为国家级医养结合试点城市，分 3 批建设省级医养结合示范基地 39 个。陕西省将第二人民医院整体转型为省老年病医院，打造省级医养结合培训基地。各市也积极建立了一批市（县）级试点示范单位，2019 年有 5 个成功模式入选国家“医养结合在中国的最佳实践”典型经验名单。加快推进医养服务主体发展，鼓励社会力量针对老年人健康养老需求，设立老年康复、老年护理、安宁疗护等医养结合机构。据统计，全省有 146 个二级以上医疗机构开设了老年病科，276 个医疗卫生机构开设了康复保健科，1497 个医疗机构开设了老年人就医绿色通道。全省共有 283 家医养结合机构，医疗机构与养老机构建立签约合作关系的达到 1000 多对。

（四）进一步加强养老服务人员队伍建设

陕西省养老护理员队伍建设总体上面临数量短缺、专业能力不强、流失率较高等困难。加快养老服务人才队伍建设，是推动新时代陕西省养老服务高质量发展的重要举措。截至目前，通过持续实施“千人培训计划”，陕西省民政厅培训了 7000 多名养老护理员、900 多名养老院管理人员，全省培训了 2 万余名养老护理员，养老服务从业人员规模不断扩大、结构不断向好。陕西将养老护理员培训作为职业培训和促进就业的重要内容。对参加养老服务技能培训或创业培训且符合补贴条件的劳动者，按规定给予培训补贴。推动普通高校和职业院校开发养老服务和老年教育课程，为社区、老年教育机构及养老服务机构等提供教学资源及服务。如西安翻译学院健康运动学院开设的养老护理专业，近年来培养了一大批养老服务人员，同时学校利用教学资源，积极承担社会服务培养养老护理人员。陕西贯彻落实职业技能等级与养老服务人员薪酬待遇挂钩机制，建立养老服务行业从业人员奖惩机制，提升养老护理队伍职业道德素养。将养老护理员纳入企业新型学徒制试点和城市积分入户政策范围。积极开发老年人力资源，为老年人的家庭成员提供养老服务培训，倡导“互助养老”模式。

二、对外开放新格局下陕西养老服务业高质量发展的基础

整体上，陕西养老服务体系建设已经解决了“有没有”的问题，“十四五”期间要着力解决“优不优”的问题。“十三五”时期，陕西省以“补短板、强弱项、优服务、提质量”为着力点，建立了以居家为基础、社区为依托、机构为补充、医养相结合的养老服务体系。“十四五”期间，陕西养老服务的高质量发展成为工作的重点，养老服务工作将坚持“扩供给、补短板、提品质、重监管”的发展思路，重点在政策引导、体系健全、产业改革、制度创新、队伍建设等方面下功夫。对外开放新格局下，陕西养老服务高质量发展面临重要机遇期，针对社会组织养老短板，政策支持进一步开放，境外资本在内地通过公建民营、政府购买服务、政府和社会资本合作等方式参与发展养老服务，同等享受境内资本待遇。境外资本在内地设立的养老机构接收政府兜底保障对象的，同等享受运营补贴等优惠政策。陕西养老服务高质量发展的基础牢固，优势进一步显现。

（一）政策扶持力度进一步加大

“十四五”期间，陕西省将推动养老服务促进条例等地方性法规出台，建立养老服务公共事业发展财政投入机制，将养老服务作为重要民生工程纳入“十四五”规划着力实施。进一步落实非营利性养老服务机构企业所得税支持政策。对在社区提供日间照料、康复护理、助餐助行等服务的养老服务机构给予税费减免扶持政策。落实各项行政事业性收费减免和养老服务设施供地政策。境外资本在陕西举办养老服务机构接收政府兜底保障对象的，同等享受运营补贴等优惠政策。基层养老服务建设成为新一轮养老服务政策扶持的重点，陕西省政府建立由省民政厅牵头，相关部门为成员单位的养老服务工作联席会议制度，指导养老服务健康发展，政策扶持力度进一步加大，政策优势更加明显。

（二）养老服务新模式进一步推广

近年来，陕西积极探索新的养老服务模式，推进养老服务与健康、养生、旅游、互联网等产业融合发展，大力发展“银发经济”，丰富养老服务业新模式、新业态。智慧养老主要基于智慧科技，把那些人力做不到的、做不好的或者是不愿意做的事情交给机器或者系统去完成，一方面可以提升老年人的满意度，另一方面还可以通过利用老年人的智慧（经验和知识）去帮助解决一些企业中遇到的难题，发挥老年人的作用。全省进一步拓宽智慧健康养老服务新模式，用智慧化手段创新养老服务体系建设，逐步实现智慧健康养老服务全覆盖。例如，咸阳市以居家社区养老为方向，以互联网、大数据、物联网等现代技术为依托，探索出了“政府 + 企业”建平台、“公益 + 市场”强运营、“线下 + 线上”优服务为主要内容的“时间银行”新时代智慧互助养老新模式。“时间银行”发挥了政府治理、社会调节、居民自治良性互动，构建全民参与养老志愿服务新格局等方面的作用，契合中国人重亲情、近乡土的特性情怀，体现了鲜明的咸阳地方特色。

2018年年初，咸阳市被工信部、民政部、卫健委授予“全国智慧健康养老示范基地”称号，2019年8月，咸阳市成为全国居家和社区养老试点市。新型智慧养老模式更加便捷地提供多样化的上门服务，如陕西瑞泉养老服务有限公司与国内人工智能领先技术企业合作打造的一款老年关爱机器人，专门服务居家养老的人群。智慧养老帮助老年人跨越“数字鸿沟”，享受网络时代的便利，陕西瑞泉养老服务有限公司已形成了包括中医院、护理院、互联网医院、家政公司、中央厨房等在内的运营服务体系，并建成基于智能机器人的精准养老服务平台。在陕西，政府、养老机构等各方形成合力，一方面在“前端”下功夫，着眼于老年人的生活起居、医疗救助、情感互动等诸多场景，开发符合老年群体使用习惯的智能产品；另一方面在“后端”做文章，不断优化与养老服务相关的网络互联、数据采集、云端计算、运营管理等技术，增强人员和服务的专业化。

（三）生态养老优势进一步凸显

生态养老是有利于老年人身心健康的一种积极养老方式，随着生活水平的日益提高，老年人通过走近大自然，亲近生态环境，享受自然环境，让选择自然养老、生态养老成为一种趋势，生态养老模式将成为经济新的增长点。“绿水青山”是生态康养产业发展的核心和载体，秦岭是我国自然资源富集区，是陕西的生态资源宝库，为陕西发展养老服务业提供了极佳的环境。秦岭陕西段东西长约500千米，南北宽约200千米，平均海拔1500米以上，涉及西安、宝鸡、渭南、汉中、安康、商洛6个市，39个县和6个高新（旅游）区、353个乡镇、4000多个行政村，常住人口489万人。秦岭森林密布，林业用地面积占总面积的80.4%，森林覆盖率69.65%。秦岭范围内共有保护单元518个，其中国家大熊猫公园有1个、自然保护区有33个、饮用水水源保护区有40个，风景名胜区有14个、国家植物园有1个、森林公园有50个、地质公园有7个、湿地公园有11个、重要湿地有17

个、重要的大中型水库有15个。秦岭以丰富多彩的自然景观、沁人心脾的空气环境、健康安全的生态产品和内涵深厚的生态文化为主要资源和依托，发展生态养老极具优势。新发展格局十分有利于针对老年人等相关群体向国内外市场提供高品质健康疗养、慢性病疗养、职业病疗养、运动康复、老年病疗养等健康产品和服务，特别是西安市长安区，陕南的安康市、商洛市、汉中市，将生态优势转变成发展优势，发展生态养老服务业具有得天独厚的优势。

三、对外开放新格局下陕西养老服务业发展存在的问题

（一）养老服务业产业链尚未形成

在人口老龄化趋势下，老年群体面向维持生命、提高幸福感的产品和服务需求也越来越大，市场消费规模日益壮大，养老服务需求呈井喷式增长。但目前陕西省的养老服务业发展整体上还处于基础层面，养老机构所能提供的服务主要集中于老年人的生活护理层次。高层次的养老需求如老年理财、老年疗养等服务较少，专门为老年人提供特殊服务的“一站式”企业或机构非常少。政府推广适宜老年人的是“以社区为依托，以居家养老为主，机构养老为辅”的中国特色养老服务模式。但是，社区居家养老服务过多依赖政府资源和行政运行，养老服务业发展主要依赖政府带动，以全福利性质基础养老服务和半福利半营利性质养老服务机构为主要力量，全营利性质的，即面向拥有足够资金的老人提供的高端养老服务还不足，“花钱买服务”的养老理念还得不到老年人的广泛认同，老年人消费能力不足，市场主体作用发挥还不明显。作为一个多元化的服务业体系，养老服务产业辐射面广，直接涉及的有养老服务、养老用品、老年医疗、养老地产、养老金融业等。但目前这些服务产业还比较独立，上下游产业间未形成带动效应。一方面是养老观念和意识较为淡薄，另一方面老年

健身文化娱乐、老年用品开发以及老年旅游、养老地产等养老产业的发展比较缓慢，养老服务产业链尚未形成。

（二）养老服务业社会资本投入不足

养老服务业是一个特殊行业，整体来看，其是一个高投入、高付出、高风险、低收益的行业。养老服务行业前期基础建设投入巨大，资金短缺是社会办养老机构过程中普遍存在的问题。陕西省多数老人可支配收入低于社会平均水平，加快发展养老服务业的关键是加大资金的投入力度，这是当前及今后一个时期发展养老服务业的首要且基础性工作。目前，陕西养老产业资金来源还比较有限，难以实现服务设施和服务市场资源共享。除了政府有限的资金支持外，民营资本大多处于观望状态，资金投入十分有限。这种状况直接导致了机构养老、社区养老场所条件有限，发展空间不足。对外开放新格局下，社会资本投入不足的问题需要深入研究，如 RCEP 的签订，陕西自由贸易区的深度建设，需要陕西在“高端化”“国际化”“互补化”等方面积极探索，并通过释放政策红利来吸引境外资金支持养老服务业的持续发展。

（三）基层养老服务供给不足

当前，基层和农村养老的压力越来越大，养老服务供给主体单一，政府是提供主要公共服务的主导者，养老服务是公共服务的一部分，缺乏市场竞争机制。公立养老机构均为学校、政府闲置旧楼改建而成，基础设施简陋，乡镇敬老院管理服务水平较低、持续运营能力较弱。整体上陕西农村养老机构数量不足，软硬件设施投入不足，老年护理服务人员短缺和医疗保障的水平低，农村养老机构数量少，医养结合供给不足，机构之间水平不一，农村养老需求不能得到有效满足。城乡老年人服务供给存在严重差距。民营养老机构受土地、收益等政策限制，加上农村养老消费不足，入住率不高等问题，导致民营资本依然持观望态度。

（四）养老从业人员和养老专业人才缺乏

当前，陕西养老服务行业人员整体上文化水平较低，缺乏专业培训，从业人员平均年龄较大，只能从事一些简单的日常生活照料。专业护理人员社会认可度不高，工资待遇低，养老机构中专业护理人员和医护人员非常少，多数为农村中年妇女和城市待业下岗妇女。无论是养老机构还是居家养老服务人员（才）都很缺乏，经常一人多职，工作强度大。加之养老服务多数职业社会地位低、待遇差，吸引不了较高层次的人才，导致从业人员流动性非常大。养老服务无论是管理人员还是服务人员都相对低端化，养老服务人力资源匮乏、从业人员素质不高成为养老服务业面临的突出问题。

四、对外开放新格局下陕西养老服务业高质量发展建议

对外开放新格局下，陕西养老服务业将面临新的发展机遇。加快发展养老等服务业对调整优化经济结构、转变发展方式等具有重要意义。陕西省以开放促改革、以改革促发展，加快全面形成对外开放新格局，通过深入实施市场多元化战略，巩固传统市场，开拓新兴市场。在养老服务业领域积极探索和完善市场化改革，利用国内外资源推动文化旅游、健康养老、家政服务等生活性服务业向高品质、多元化方向发展，应将加快构建现代服务业发展新体系等作为重要工作加以推进。在现有基础上，大力发展普惠型养老和互助养老，鼓励发展嵌入式、连锁化、标准化居家社区养老服务，支持社会力量兴办医养结合机构，健全养老服务标准化体系，强化信息技术、智能硬件等在养老服务领域的推广应用，加强养老服务人才队伍建设。

（一）加快对外开放步伐，降低养老服务市场运行成本

养老服务是社会治理的一个重要方面，陕西的养老服务无论是在政策导向上还是实际运行中，政府都是主导力量，当前陕西养老服务

的保障体系是保基本兜底线，项目投入和实施主要依靠政府投入和政府补贴，养老服务的市场运行成本大。首先，降低运行成本，要转变政府职能，形成政府引导、社会参与、市场化运作的协作机制。对外开放新格局下，一方面，陕西要以更加开放的姿态和开放的理念，充分利用陕西自贸区的政策优势先行先试，积极引进境外资本参与市场竞争。在金融服务业逐步扩大开放的背景下，政府需要积极鼓励和引进资本投资养老产品和服务，在养老产品开发、商业保险运营管理等方面要加强在开放中学习国际先进经验，并积极引导国外养老服务产品有序进入陕西养老服务市场。另一方面，政府要鼓励更多的企业“走出去”学习国外先进经验，“走出去”投资于养老产业，促进优势资源互补，双循环新格局下国内外竞争环境发生明显变化，产业升级成为未来一段时间内重要的发展方向，加大养老产业对外投资，以内循环带动外循环，提升国民收入是重要的趋势。

其次，降低运行成本，要吸引民营资本入股或以独立投资等形式，促进养老服务业的多元化发展。通过适时出台政策，适当放宽准入限制，完善准入机制，出台对营利性养老机构的优惠政策，如免征增值税、所得税等，培育和壮大民营企业。尽管养老服务业的盈利状况不佳，但国家养老保障体系不断完善，随着养老消费观念及能力的转变、政策补贴跟进等，养老红利必然会出现，引导和鼓励大资本进入养老市场，伴随资本的进入，传统的养老机构将逐渐被整合，有经验及资金的大机构会对传统的管理方式和服务水平进行升级，通过大力支持国内企业养老服务领域着力打造一批具有影响力和竞争力的养老服务品牌，对养老服务商标品牌依法加强保护，民间资本的大量介入必然会降低和减轻政府的资金负担和压力，通过市场机制和公平竞争，必将反过来促进养老服务质量的提升和优化，在国内外市场上形成合力。

（二）挖掘银色经济潜能，促进消费结构升级

当前，陕西初步建立了多元化的养老服务体系。进入新的发展阶段，深入挖掘养老服务市场，坚持养老事业和养老产业协同发展，促进养老服务业向高品质和多样化升级成为重点。人口普查数据和国家统计数据一方面说明陕西老龄人口多，具有较大的养老市场；另一方面也说明了养老金水平不断提升和国民收入不断增长，这意味着庞大的老龄人口的消费能力在不断地提升。老龄化促进银色经济发展，需要对细分产业如老龄文化、健康、金融等产业进行优化，使其能够满足老年人口不断增加的潜在需求，促进消费结构的多元化。

经济发展在未来的一段时间内更加仰仗内需，若消费不能相应地扩大，将会产生制约效应。养老产业是扩大内需的蓝海市场，银发族是互联网的新生力量，是重要的消费群体。陕西要大力挖掘银色经济潜能，培育银色经济时代的人口红利。从供给侧来看，陕西要提供和开发满足不同消费群体的多层次、多样化养老服务产品，要在产品和服务质量上下功夫，引导和刺激银发族的潜在需求，提升老龄人口的消费能力。从需求侧来看，同样还有很多潜力可以挖掘，陕西在贯彻落实国家政策的同时，建立可持续的养老金体系更加有助于推动消费，此外，在“未富先老”状态下，陕西要引导老龄人口建立积极消费观，以养老服务为核心，带动旅游、教育、社交娱乐和消费品等产业的发展。同时，要紧跟时代，做到推进智能化服务要适应老年人需求。减少智能化、数字化带给老年人的“数字鸿沟”影响，保障老年人权益。

（三）加强金融服务支持，促进养老金融产品发力

养老服务业发展过程中一方面资金需求量大，产品研发、运作周期较长，加之养老产品和服务具有准公共产品的性质，企业盈利能力有限，导致金融机构对养老服务业的支持积极性不高。另一方面大多数养老项目属于公共服务类项目，所用土地属于划拨用地，同时缺少固定资产和基础设施，可提供的抵押物有限，申请抵押贷款难度较

高。尽管国家已出台多项政策鼓励金融机构加大对养老产业的金融支持，但实际效果不明显，缺少专门针对养老产业的信贷政策指引和特色金融产品，养老产业金融服务受传统金融服务路径依赖影响较为明显。

在当前养老“第三支柱”已启动的背景下，金融机构助力养老保障发展的养老金融应运而生，一是要提高金融支持养老服务领域的积极性，建议政府部门出台鼓励和支持养老金融发展的实施意见，统筹财政政策和货币政策的相互支持力度。加大对养老服务业的金融支持力度，调动金融机构加大对养老服务业信贷支持的积极性。二是健全养老理财产品风险管理机制，鼓励保险、基金、信托、理财行业推出养老金融创新产品，创设符合长期养老需求和生命周期特点的养老产品，为人民群众安享晚年提供更加优质的保险产品和理财服务。三是要强化养老服务金融消费者权益保护。加强对老年金融消费者的专业培训和教育，提高养老服务金融消费者的风险防范意识和水平，保护老年人金融消费权益。

（四）加强老年人关爱，建立健全长期照护服务机制

新时代陕西省在做好养老基本工作的同时，要从消费者的角度出发，树立以老人为本的理念，以促进老人心理健康、精神愉悦为取向，以家庭关爱为基础，以社区关爱为依托，引导社会力量提供多样化和个性化的精神关爱服务，全面加强老年人关爱服务。通过建立居家探访制度，通过政府购买服务等方式，落实定期寻访独居、空巢、留守、失能老年人工作机制。探索通过公开招投标方式，支持有资质的社会组织接受计划生育特殊家庭、孤寡、残疾等特殊老年人委托，依法代为办理入住养老机构、就医等事务。

同时，国家自启动长期护理保险制度试点以来取得了明显的成效，通过提供专业化的护理和照护服务，维护和提高需要长期照护的失能、半失能老人，残疾人和其他需要长期照护者的尊严与生活质量，通过举办专业论坛和学习典型示范经验，推广长期照护现代技

术、成果与理念，促进长期照护行业健康发展。造福高龄、失能、失智老人和残疾人是陕西在“十四五”时期的重点发展方向，加大长期照护服务供给，稳妥推进长期护理保险制度试点。鼓励发展商业性长期护理保险产品，为参保人提供个性化长期照护服务。全面建立经济困难高龄、失能老年人补贴制度，加强与残疾人两项补贴政策衔接。

（五）提升养老服务职业吸引力，加强人才队伍建设

当前，陕西养老服务人才总体处于短缺状态，高等院校养老服务专业建设面临招生难、养老机构面临留人难等问题。整体上养老护理工作在整个行业领域比较低端，现有的养老护理员大多数文化程度较低，也缺乏专业的养老护理技能训练。在养老产业的人才培养上，由于社会观念、薪资待遇、福利补贴等各方面原因，养老人员的流失问题比较严重。为解决老年照护资源紧缺问题，需要发挥政府和市场力量，陕西省要积极推进做好顶层设计，促进卫生、教育部门通过建立专业培训机构，对现有从业人员或有从业意愿的人员进行培训，探索“医疗+”“物业+”“家政+”等形式，鼓励卫生专业技术人才、物业服务人员、家政服务人员共同参与养老服务。

除政策支持外，陕西还要引导社会各界营造和树立养老服务职业的光荣感和使命感，通过加大职业激励和优惠扶持，大力提升养老服务职业待遇，增强养老服务职业吸引力。高校和职业院校要积极承担社会责任，主动服务地方经济发展，努力培养知识型、技术型、复合型的养老服务人才，借鉴国际先进经验，推广老年人才教育培养、使用、流动、激励等做法，开展课程和教材引进、开发教学标准。此外，陕西还需动员社会力量参与养老人才培养培训，积极调动院校、养老企业、行业协会与企业联盟、第三方组织和志愿者在养老人才培养、培训、认证、实训、宣传、服务和咨询等方面的积极性，改变政府“一手操办”的格局，让市场和社会组织共同担起社会养老人才的培养责任。

第十章

对外开放新格局下教育赋能现代幸福服务业高质量发展

追求幸福生活是人类进步的原动力，教育培训作为六大现代幸福服务业之一，在人力资本价值的实现过程中起着至关重要的作用。许多研究者认为教育有各种目的，但其终极目的和价值是让人们生活得幸福。教育对人生幸福具有积极的意义。有研究表明，人们的受教育程度越高，幸福感就越强，它帮助人树立正确的幸福观、提高学生感知幸福和创造幸福的能力，还通过改变人的社会身份、地位和改造世界而影响人的幸福，经过形成相应的价值观、人生观和世界观而作用于社会与世界，因而形成特定时代的幸福观。理想的教育是培养真正的人，并让每一个人都能幸福地度过一生，这就是教育应该追求的恒久性、终极性价值。教育是寄托人民群众对美好生活期盼的民生工程，尤其是职业教育在经济发展中对各行各业人才的培训发挥了重要作用。因而，教育本身不仅是现代幸福服务业，教育尤其是教育培训还为整个现代幸福服务业高质量发展起到重要的赋能作用。

一、教育服务行业发展概况

（一）教育培训行业

1. 教育培训市场向头部机构集中

2019—2020 年我国教育培训行业整体行情较好，海外上市公司总市值大幅增加。但 2021 年年初以来，教育培训行业监管政策收紧，我国教育培训行业将进入洗牌阶段。根据企查查模糊搜索结果（以

“教育培训”为搜索关键词），我国现有教育培训机构数量超过60万家，但企业规模大多较小，大规模连锁教育培训机构并不多。目前国内教育培训行业的上市公司主要有新东方（美股EDU）、昂立教育（600661）、达内科技（TEDU）等，截至2021年6月30日，共有65家教育培训企业在海外上市成功。教育培训上市企业数量的快速增加，反映出行业日趋成熟，市场向头部机构集中。由于教育培训行业企业多且小，大量中小型企业难以统计规模。

2. 疫情影响下线上教育培训规模扩大

受新冠疫情影响，2020年年初全国大中小学开学推迟，教学活动改至线上，推动在线教育用户爆发式增长，下半年疫情得到有效控制后规模有所减小但行业发展态势仍然良好。截至2020年12月，我国在线教育用户规模达3.42亿人，占网民整体的34.6%；手机在线教育用户规模达3.41亿人，占手机网民的34.6%（见图10－1）。

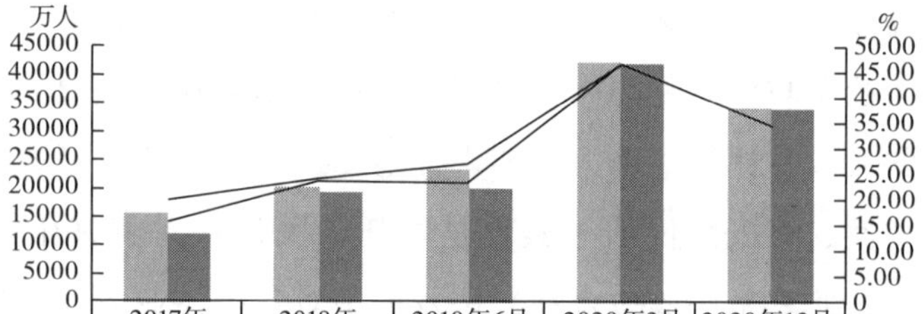

	2017年	2018年	2019年6月	2020年3月	2020年12月
在线教育用户规模	15518	20123	23246	42296	34171
手机在线教育用户规模	11890	19416	19946	42023	34073
—— 在线教育使用率	20.10	24.30	27.20	46.80	34.60
—— 手机在线教育使用率	15.80	23.80	23.60	46.90	34.60

图10－1　在线教育、手机在线教育用户规模及使用率

3. “双减”政策下课外辅导培训市场面临洗牌

2021年7月，国务院颁布《关于进一步减轻义务教育阶段学生作业负担和校外培训负担的意见》，要求全面规范校外培训行为，各地不再审批新的面向义务教育阶段学生的学科类校外培训机构，现有学科类培训机构统一登记为非营利性机构，对原备案的线上学科类培训机构，改为审批制；同时对培训机构融资活动也加强了限制。政策影响下占据细分市场半壁江山的课外辅导培训市场遭到重创，大量资质不全的中小型机构被整改或取缔，大型机构也频频被罚，教育培训上市公司股价持续下跌。据前瞻预测，未来几年我国教育培训行业将迎来洗牌阶段，市场规模或将有所减小。但从长期发展来看，洗牌过后教育培训行业将迈进更正规、更成熟的阶段，目前存在的产业集中度低、市场秩序混乱、“应试”倾向明显、师资建设水平低下等问题将得到改善，市场规模仍将继续扩大。

（二）国民素质培训行业

1. 素质教育发展前景广阔

我国的素质教育发展较早，但受升学制度以及相关教育政策的影响，发展较为缓慢。从20世纪90年代提出素质教育的概念以来，素质教育行业一直处于相对边缘化的地位。当前，校外培训尤其是学科培训遭遇严厉市场整顿，从近期教育行业的政策趋势来看，国家对素质教育整体上持鼓励态度。素质教育行业正处于快速崛起阶段，或将成为教育培训行业新的风口。素质教育行业发展前景被看好。国家教育政策导向是中国素质教育发展前景的“晴雨表”，从1993年《中国教育改革和发展纲要》提出应由应试教育转向全面提升国民素质的教育，到2021年教育部、中组部、中央编办、国家发改委、财政部、人社部等六部门联合印发《义务教育质量评价指南》，素质教育在义务教育阶段逐渐得到强化和重视（见表10－1）。

表10－1 1993—2021年素质教育重大政策汇总

时间	政策	内容
1994年	《中共中央关于进一步加强和改进学校德育工作的若干意见》	第一次正式使用“素质教育”术语
1997年	《关于当前积极推进中小学实施素质教育的若干意见》	构成了素质教育政策体系的基本构架
1999年	《中共中央 国务院关于深化教育改革全面推进素质教育的决定》	标志着从国家层面正式开始推行素质教育，施行素质教育成为教育领域的“基本国策”

续表

时间	政策	内容
2001 年	《基础教育课程改革纲要（试行）》	教育部启动了新一轮基础教育课程改革
2006 年	《义务教育法》	第一次将“实施素质教育”在法律层面规定为义务教育必须贯彻的国家教育方针
2014 年	《国务院关于深化考试招生制度改革的实施意见》	将学生综合素质评价内容分为思想道德、学业水平、身心健康、艺术素养、社会实践 5 个方面，明确考查重点
2016 年	《中国学生发展核心素养》	被誉为课程改革的“关键”、新课标的“源头”、中高考评价的“风向标”
2018 年	《关于规范校外培训机构发展的意见》	鼓励发展以培养学生兴趣爱好，创新精神和实践能力的培训
2018 年	《民办教育促进法》	设立实施语言能力、艺术、体育、科技、研学等有助于素质提升与个性发展的教育教学活动的民办培训教育机构，可以直接申请法人登记
2019 年	《关于深化教育教学改革全面提高义务教育质量的意见》	提出坚持“五育”并举，全面发展素质教育，将体育科目纳入高中阶段学校考试招生录取计分科目
2020 年	《深化新时代教育评价改革总体方案》	提到遵循教育规律，系统推进教育评价改革，发展素质教育，“德智体美劳”全方位的发展
2020 年	《关于全面加强和改进新时代学校体育工作的意见》和《关于全面加强和改进新时代学校美育工作的意见》	体育中考分值提高，艺术类科目纳入中考改革试点
2021 年	《义务教育质量评价指南》	教育部、中组部、中央编办、国家发改委、财政部、人社部等六部门联合印发，强调要遵循学生成长规律和教育规律，加快建立以发展素质教育为导向的义务教育质量评价体系

2. 素质教育市场规模不断增长

素质教育市场主要包括体育类、科技类、文化类和艺术类 4 个方面。体育类如羽毛球、乒乓球、游泳、跆拳道等，科技类如编程、机械拼装、科学、3D 打印等，文化类如硬笔书法、毛笔、朗读等，艺术类如画画、小提琴、古筝、舞蹈等。目前我国的素质教育市场占比最大的两个领域为艺术教育和体育户外领域，2020 年市场规模分别占到素质教育总市场规模的 41.8% 和 26.5%。素质教育市场规模也在不断增长，2015—2019 年，素质教育市场规模从 2642 亿元增长至 5286 亿元，年复合增长率达到 19%（见图 10－2）。2020 年新冠疫情的暴发对素质教育短期内造成了一定程度的影响，造成 2020 年素质教育市场规模有所下滑，下降至 3241 亿元。

图 10－2　2015—2021 年素质教育市场规模及增长率

（三）职业教育培训行业

1. 职业教育培训需求旺盛

职业培训是为适应经济和社会发展的需要，对要求就业和在职劳动者以培养和提高素质及职业能力为目的的教育和训练活动。职业培训的基本内容一般分为基本素质培训、职业知识培训、专业知识与技能培训和社会实践培训，通常情况下包括招录考试培训、职业技能培训、职业考试培训、企业管理与职业通识培训等。企查查数据显示，2012—2020 年，我国职业教育行业相关企业注册量一直维持稳定的小幅变化。根据麦肯锡的相关资料，我国人才供给面临结构性问题，在较高端就业市场，出现了 2400 万人的人才缺口，其中对受过职业培训者的人才需求缺口达到 1600 万人，尤其是随着我国经济转型升级即将迎来拐点，对高技能人才的需求逐渐增多，职业教育培训需求旺盛。根据人社部中国就业培训技术指导中心发布的《新职业在线学习平台发展报告》对就业人员/待业人员以及企业对职业培训的意愿调查来看，96%以上的就业人员/待业人员希望学习新职业技能，90%以上的企业希望通过职业培训增强员工能力。仅2021年出台的职业教育相关重点政策就有多项（见表10－2），这一方面反映了市场需求的扩大，另一方面也反映出了职业教育政策的支持力度与方向。

表10－2　2021年职业教育相关重点政策

时间	政策	内容
2021年	教育部2021年工作要点	建立健全以纵向贯通、横向融通为核心的现代职业教育体系，推动职业教育“长入”经济，“汇入”生活，“融入”文化，“渗入”人心，“进入”议程，推进实施《职业教育提质培优行动计划（2020—2023年）》，全面推动“职教20条”落实落地，完善“文化素质＋职业技能”考试招生办法，落实2020—2021年高职院校扩招200万人的任务
2021年3月	《2021年政府工作报告》	完成职业技能提升和高职扩招3年行动目标，建设一批高技能人才培训基地
2021年4月	全国职业教育大会	推动职普融通，增强职业教育适应性
2021年6月	《职业教育法》	规定职业教育与普通教育“具有同样重要地位”，支持社会办学与校企合作
2021年6月	《全民科学素质行动规划纲要（2021—2035年）》	构建职业教育、就业培训、技能提升相统一的产业工人终身技能形成体系
2021年7月	《关于推进教育新型基础设施建设构建高质量教育支撑体系的指导意见》	利用新一代信息技术开发数字教育资源，支持职业教育专业教学资源库的建设

2\. 职业教育培训规模持续增加

2021年，我国推出较多政策以推动职业教育发展，政策覆盖了职业教育的法律制定、目标规划以及线上职业教育等方面。政策的大力支持推动着职业教育及职业培训行业的发展。中研普华产业研究院的

《2021—2025 年中国职业教育培训行业竞争分析及投资前景预测报告》统计分析显示，我国职业培训工作取得了比较好的成绩，职业培训体系也已经初步建立，相关的改革措施也不断得到完善，职业培训的规模不断扩大（见图 10 - 3）。2019 年中国职业培训市场规模达 2291 亿元，同比增长 12.37%；2020 年受新冠疫情影响，中国职业培训市场规模有所下滑，为 2068 亿元，同比减少 8.87%。

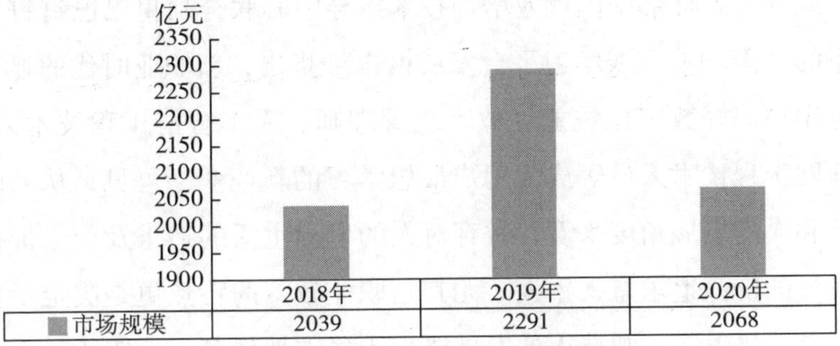

图 10 - 3　2018—2020 年职业教育培训市场规模

资料来源：中研普华产业研究院。

二、教育赋能现代幸福服务业发展的理论依据

（一）重新认识人的发展主体性

马克思将“有意识的生命活动”作为人与动物本质区别的第一个层面内容进行阐释，而立足于人类整体发展进程的视角来看，对于人内在本质内涵的阐述还需添加一些发展性的元素，如人在自由自主的生命活动本质之外，还具有对于更好生活目标追求的发展性本质的意蕴。杨成明（2018）认为人的发展主体性的生成是个体正确认识自我、挖掘自我、发展自我的基础，并是个体生活呈现积极幸福状态的重要支持。人的发展主体性的坚守是实现人生价值、获取人生意义的原动力，职业作为个体实现人生价值、获取人生意义的重要路径，其在一定程度上决定了个体自我价值与社会价值的实现范围，以及通过

职业所能获得人生意义的可能性。马斯洛需求层次理论表明，立足于个体整个人生发展历程来看，高层次发展需要的实现才是个体人生发展理想的终点，在这个过程中，职业能力对人生价值的实现具有重要的作用。然而职业能力的大小或者强弱往往与教育相关，无论是学历教育还是非学历教育等都对能力的提升至关重要。从这个角度来看，人的发展主体性需要教育为其赋能。

此外，人社部中国就业培训技术指导中心联合阿里巴巴钉钉平台发布的《新职业在线学习平台发展报告》指出，新职业时代的显著特点是用户偏好数字化技能，数字化管理师、人工智能工程技术人员、物联网工程技术人员等成为用户最想学习的新职业。可见，从人的主体性和人的发展角度来看，教育对人的幸福生活的追求及个人依托职业发展的价值追求意义重大。尤其是职业教育的特点更是决定了职业教育是以培养人、塑造人的发展能力为根本性任务，而职业教育的职业性决定了其通过培养个体综合性职业发展能力，从而使得个体内生出内在价值和外在价值协同实现的能力。

（二）推动区域提质培优创新的需要

当前，我国服务业快速成长，数字经济蓬勃兴起，服务业成为数字经济创新最为活跃的领域。数字经济为传统企业转型点亮“明灯”，加速了现代服务业的发展进程。服务业已经成为经济发展的主要拉动力，与老百姓生活密切相关的现代幸福服务业消费在新冠疫情影响下进一步向线上延伸，线上消费是最大拓展领域。现代幸福服务业数字化、信息化、智能化将成为大趋势，娱乐、旅游、教育、健康、养老等服务业供应链加快重塑。无论是幸福行业的生产者还是消费者，一方面需要掌握数字技能以适应经济转型发展，另一方面要掌握现代幸福服务业本身的专业知识以享受更丰富的产品，从而助力消费的升级。

新经济时代，新职业、新工种、新岗位不断涌现。人工智能、大数据、区块链等深刻改变了人才需求，传统行业不断被颠覆。数字化科技下的教育不再局限于学校，职业教育培训逐渐从学校教育向社会化知识传播扩散。当前，各地的区域创新发展离不开服务业尤其是现代幸福服务业的支撑，现代幸福服务业的良好发展可以带来巨大的经济效益，提升地区的经济发展水平，创新发展迫切需要一大批高素质技能型人才。可见，现代幸福服务业发展离不开职业教育的支持。同时，现代服务业的高速发展也对职业教育提出了新的更高要求。例如，当前养老事业井喷式发展面临养老服务人才的供给不足问题，在文化和旅游深度融合发展下，不仅需要既懂文化专业知识又懂旅游专业知识的人才，也需要懂数字化方面知识的复合型人才。职业教育及培训成为多样化教育新业态的活跃领域，新的发展呼唤新结构的人才供给，新职业人群的形成呼唤职业教育的深度变革。

（三）新阶段教育社会学“适应论”

当前，中国社会进入新的历史发展阶段，教育要适应社会经济发展并服务于社会经济发展。“适应论”以“教育从属于社会”作为思想前提，秉持从社会发展到教育发展的思路。现代幸福服务业是社会经济发展到一定阶段的产物，然而当前中国现代幸福服务业的高质量发展还需进一步突破瓶颈，若把教育放在社会情境与历史时空中考察，可以发现现代幸福服务业的发展需要教育的大力跟进和鼎力支持。新阶段教育从属于社会的关系发生转变，教育的作用和地位有着前所未有的提升，2018 年的全国教育大会认为教育是民族振兴、社会进步的重要基石，对提高人民综合素质、促进人的全面发展、增强中华民族创新创造活力、实现中华民族伟大复兴具有决定性意义，是国之大计。因而，新发展阶段教育主导、形塑社会的观念正在凸显，教育赋能现代幸福服务业高质量发展的功能日益突出。

“十四五”时期，推动高质量发展是战略主题，创造高品质生活是根本目的，实现高效能治理是坚强保障。在以人民为中心不断满足群众对美好生活的向往过程中，现代幸福服务业的发展起着至关重要的作用，现代幸福服务业是创造高品质的生活基础。为适应新阶段经济发展需要，教育在赋能现代幸福服务业发展中表现突出。当前，我国经济结构持续升级，数字化水平不断提升，但现代幸福服务业却面临人才结构性短缺，现代幸福服务业高质量发展和持续性升级面临瓶颈。为适应现代幸福服务业新的发展需要，教育成为现代幸福服务业发展的引擎和发动机。用教育赋能人才，用人才驱动行业，聚势赋能，人才强企，促进教育链、人才链与产业链、创新链的有效衔接，构建旅游、养老、健康、体育、文化产业的服务闭环，建立完整的幸福服务产业链方能实现现代幸福服务业的整体可持续发展。

三、对外开放格局下教育赋能陕西现代幸福服务业高质量发展的建议

（一）发挥好教育对陕西人民寻绎幸福生活的驱动作用

历史上，思想家和教育家描绘的幸福和美好生活皆与教育有内在的联结，教育与美好生活，也是一个恒久弥新的哲学话题，教育的社会建构理想是建构幸福社会，幸福社会不仅是教育的社会建构理想，也是教育的使命所在。现阶段，我国已由生存型社会跨入发展型社会，人的全面发展成为现实需要，教育一方面成为幸福生活的重要指标，另一方面也成为其他现代幸福服务业发展的内在驱动，其在确立与新时代美好生活相适应的教育目标与体系中发挥着重要作用。陕西省作为教育大省，科教资源十分丰富，陕西省完全可以借鉴相关国际组织和国家“美好生活指数”“幸福指数”“生活质量指数”及“人类发展指数”，形成符合陕西省情和陕西人共同价值体认同的美好生活指数，并将其作为地方政府、企事业单位和社会群体的美好生活水平指标并进行绩效评价，以此从内在本质上担负教育的新使命，从外部赋能上提升健康、养老、体育、旅游、文化等服务业的创新创业能

力，探索形成新时代朝向幸福美好生活的教育理想。

（二）提升职业教育对人民实现美好生活追求的助推功能

职业教育的行业性和地方性特点决定了职业教育在适应、服务和引导经济发展方面所具备的功能，职业教育肩负培养高素质劳动者的重大使命，国家人力资源的基础和主体是“数以亿计高素质的劳动者和数以千万计的高素质的技术技能型人才”。而这些人才主要依靠职业教育体系的培养。人民群众对幸福的追求通常会体现在自己及其子女能够成为国家需要的各级各类人才，去发挥作用，获得优偿。因此，职业教育对于人民实现美好生活追求有最直接的助推功能。职业教育与培训的结合是职业教育健康发展的内在要求。通过对接社会需求，积极为幸福服务行业培养高素质人才，促进服务业就业结构持续优化，增强职业教育的幸福感和吸引力，使进入职业教育领域的参与者能感受到教育带来的回报，当然，教育回报对现代幸福感的影响在不同教育水平群体间可能存在差异，但其并不影响人民群众在追求美好生活、提升自身幸福感过程中对现代幸福服务业所带来的非物质领域的回报。通过职业教育与培训的结合，可以促使更多的劳动力进入现代幸福服务业领域，推动劳动力市场中现代幸福服务业从业人员竞争力的提升，助推劳动力获得较高的经济收益和成就感，从而拥有更高的幸福度。

（三）促进教育深度融入现代幸福服务业体系建设

当前，中国经济转向高质量发展阶段，建设现代化经济体系是跨越关口的迫切要求和我国发展的战略目标，创新则是引领发展的第一动力，是建设现代化经济体系的战略支撑。现代幸福服务业发展是现代化经济体系的重要组成部分。支撑经济高质量发展和创新发展的两大基石是人才培养和科学研究，二者均是高等教育和职业教育职能使命的重要组成部分。教育在国家产业升级和整个社会高质量发展的过程中，超越物质着眼于整个社会的永续发展，为经济高质量发展服务，应把教育过程建构成精神文化享受、陶冶的过程，把教育塑造成经济高质量发展的力量源泉，深度融入现代幸福服务业体系建设，为社会经济发展培养人才，提供科技、文化和社会服务，通过构建知识型现代幸福服务业产业体系，发挥现代幸福服务业在现代化经济体系构建中“火车头”的作用，丰富现代幸福服务业发展内涵，以知识带动现代幸福服务业发展和创新。

第十一章

现代幸福服务业融合发展的经验借鉴

随着人民对美好生活的需求日益品质化、个性化、高端化，旅游、文化、体育、健康、养老及教育培训等现代幸福服务业蓬勃发展。中国推动高质量发展政策不断落实，现代服务业继续保持平稳发展势头，现代幸福服务业吸纳就业和创造税收的能力持续增强，现代幸福服务业高质量发展新格局基本形成。《国家发展改革委、国家市场监管总局关于新时代服务业高质量发展的指导意见》（发改产业〔2019〕1602 号）围绕制约服务业高质量发展的薄弱环节和共性问题部署任务，坚持“以人为本、优化供给，市场导向、品牌引领，创新驱动、跨界融合，深化改革、扩大开放”的原则，对重点推动服务创新、深化产业融合、拓展服务消费、优化空间布局、提升就业能力、建设服务标准、塑造服务品牌、改进公共服务、健全质量监管、扩大对外开放十大任务进行了整体部署。15 个部门印发的《关于推动先进制造业和现代服务业深度融合发展的实施意见》（发改产业〔2019〕1762 号）对先进制造业和现代服务业相融相长、耦合共生进行了指导。

服务业与制造业、服务行业之间融合发展，更深更广地融入全球价值链，全面提升发展能级的鼓励性政策不断出台。各省市结合实际情况均出台了相关的政策与文件。例如，《山东省服务业创新发展行动纲要（2017—2025 年）》提出要加快业态和模式创新，构建产业生态圈。顺应消费升级和产业升级趋势，支持文化、旅游、养老等服务业跨界融合发展。要积极应用现代科学信息技术，大力推广新型管理、营销和服务模式，适应生产生活需求变化，进一步完善文化教育、健康养老、家庭服务等方面的服务，全面提升服务能力和水平。《上海市服务业发展“十四五”规划》明确提出要适应高品质生活新需求，加强制度供给、推动模式创新，大力发展健康养老服务、文创教育服务、会展旅体服务、商贸家政服务，不断提升人民群众的获得感、幸福感。

一、文商体旅融合发展——绍兴经验

绍兴是中华文明的发源地之一，拥有2500多年建城史，是首批国家历史文化名城，是著名的水乡、桥乡、酒乡、书法之乡、名士之乡。绍兴是国务院批复确定的中国具有江南水乡特色的文化和生态旅游城市，2020年8月入选首批国家体育消费试点城市。绍兴位于长江三角洲南翼，地处浙江中北部、杭州湾南岸，东连宁波市，南接金华市和台州市，西邻杭州市，北隔钱塘江与嘉兴市相望，地理位置优越，交通区位优势明显。绍兴山水资源禀赋突出，“七山二水一分田”的地理特性，决定了其具有丰富的山水资源，文体旅融合得天独厚，为发展运动休闲产业提供了天然宝库。依托独特的冰川石浪地理特色，结合梯田、古村等旅游元素，上虞覆卮山的岭南攀浪灵运小镇，打造了百年古村、千年梯田、万年石浪的小镇名片。利用绍兴环城河、迪荡湖、曹娥江等水资源，绍兴城区打造了独有的东方水城嘉年华。在文体旅融合发展理念下，绍兴专门针对体育综合体、体育特色小镇、体育产业园区等建设出台了相关政策，通过一系列措施加快推进文体旅融合发展。

（一）抓住特色，促进文商体旅融合发展

围绕绍兴的文化特色，绍兴在“十四五”时期立足长三角城市群中的个性化、差异化定位，进行绍兴古城的科学保护与有效利用，抓紧做好历史文化资源的创造性转化、创新性发展，将绍兴打造成为文

商旅融合发展的“国际文化休闲慢城”。绍兴整体推进古城的保护、利用、创新和建设工作，投资的“古城项目群”建设，使绍兴古城形成宜居宜游、主客共享的文化休闲旅游空间。绍兴通过将鲁迅故里步行街、仓桥直街步行街、书圣故里步行街、迎恩门风情水街等重要历史文脉节点连成一片，成为文商旅融合发展的新平台。绍兴还高标准推进兰亭文化旅游度假区、重大文化产业平台和文旅项目建设，加快培育文商旅融合的千亿级文化产业集群。同时，绍兴全力打造游学教育基地，2016 年，鲁迅故里成为浙江唯一入选的首批“全国研学旅游示范基地”，绍兴围绕新商业形态，打造“中国研学旅游目的地城市”和推动研学旅游标准建设，推动确定研学旅游全国标准，做实“中国研学旅游第一城”目标。此外，绍兴还通过鼓励文化旅游度假区、文化旅游目的地发展户外运动，因地制宜开发徒步、骑行、登山、滑雪等体育旅游产品，培育一批现代化、多功能的山地户外运动综合体、水上运动休闲中心、航空飞行营地和汽车自驾营地，重点围绕“浙东唐诗之路”“浙东古运河”规划多条体育文化旅游精品线路，建设一批“运动休闲驿站”，鼓励结合传统节庆活动、法定节假日举办体旅融合特色赛事活动，培育扩大体育旅游消费市场。抓特色，促产业，绍兴在推进文商体旅融合的高质量发展道路上形成了明显的特色，在全国具有较强的示范作用。

（二）应对疫情，打出政策“组合拳”

2020 年 2 月，绍兴出台了《关于应对疫情支持旅游企业共渡难关的十条措施》，以 3500 万元专项资金支持涉旅企业应对疫情，举办“政银企合作对接会”，向文旅企业授信 300 亿元。跨省旅游开放后，绍兴宣布拿出 4000 万元请游客“周游绍兴”。此外，还组织开展“美丽家乡 · 绍兴有约”市、县、乡三级和抖音主播网络直播互动宣推活动，抖音平台绍兴内容总“曝光量”达 2156.7 万人次。数据显示，2020 年，绍兴全市累计接待游客 9764 万人次，同比恢复 85%，实现旅游总收入1097亿元，同比恢复82.2%，恢复度均高于全省平均水平。2021年，绍兴继续锚定“重塑城市文化体系、打造最佳旅游目的地、争创文旅融合样板地”三大目标，努力将其打造成为“长三角最具文化标识度示范城市”。近年来，绍兴研究出台了居民旅游消费刺激方案和消费补贴方案，定制了一批旅游线路和产品，着力开发周末游、近郊游、健康游、自驾游、亲子游、户外营地游、研学旅游等个性化、特色化主题旅游产品，鼓励旅行社开发更丰富的疗休养产品，激活市内疗休养市场。绍兴加快推进文旅消费市场回暖，全面宣传推介绍兴山水景区游、乡村旅游、民宿旅游、度假旅游和康养旅游等旅游产品，对参加旅游宣传推广活动的旅游企业落实营销补助政策，并开展“全域旅游创建”活动，以“万千百”工程为抓手，全面推进A级景区城、景区镇、景区村创建，带动全域旅游提升发展。绍兴通过利用好政策“组合拳”，重塑城市文化体系，打造最佳旅游目的地和文旅融合样板地，文旅融合成为推动绍兴促进消费增长和经济全面复苏的新引擎。

二、农商文旅体融合发展——成都经验

乡村振兴战略是党的十九大做出的重大决策部署，是决胜全面建成小康社会、全面建设社会主义现代化国家的重大历史任务。成都市坚持将“农商文旅体”融合发展作为推动农业现代化的基本路径，不断优化完善创新链、供应链、产业链、价值链，努力实现形态、业态、生态“三态”融合和农商文旅体“五维”联动，发挥成都主干作用，着力建设科技平台、双创平台、农村金融平台、产权交易平台、乡村振兴学院、电商服务平台、援藏援彝七大平台，服务全省乡村振兴工作，充分发挥乡村的生态优势，积极创新业态场景、功能载体、开发运营等新模式新机制，把农商文旅体融合发展作为推动撤并乡镇资源高效利用的重要手段，促进三产和现代幸福服务业之间的融合发展，为实现人民群众美好幸福生活，高质量建设全面体现新发展

理念的新型城市奠定基础。

（一）构建现代农业产业生态圈，构建融合发展的现代产业体系

以农业发展为基础，成都通过实施“农业＋康养”行动，推动形成集旅游、休闲、度假、养生、养老等健康服务新理念于一体，产业共融、业态相生的康养产业业态；实施“农业＋会展”行动，加快建设天府农业博览园，提升成都国际都市现代农业博览会、中国·四川（彭州）蔬菜博览会等农业展会的对外影响力。成都聚力提升农业产业经济性，一系列探索让成都现代农业内涵不断拓展。围绕深入建设“全国休闲农业和乡村旅游示范市”，成都把打造特色小镇、田园综合体、川西林盘作为重点，对有条件的农区按A级景区的要求“让农区变景区”，把成都打造成为“乡村田园秀丽、民俗风情多姿、生态五彩斑斓、功能现代时尚”的世界休闲农业和乡村旅游目的地。如稻乡渔歌田园综合体已发展成为一个农商文旅体融合发展的标杆，稻乡渔歌田园综合体，位于成都大邑县东部的祥和村，距县城25千米，规模约1.5万亩，是朗基产业集团乡村振兴项目的标杆之作。项目以“一园一心四区”来布局，分为学养产业园、文创商业核心区、川西记忆时光区、生态示范区、农业示范区、禅修文化区。综合体通过运用市场化机制、商业化逻辑，大力发展共生经济，打造产业链共生平台，建设新老村民相融共生家园。综合体与中国农科院合作，建设3000亩稻鱼稻鸭稻果共生、有机黑稻种植等种养试验田，成为独具祥和乡村特色的“共生经济”符号。项目打造“林盘＋绿道＋民宿＋乡村美味＋农创＋文创＋康养”的稻乡渔歌田园综合体，深入推进农商文旅体融合发展。由农业生产文化延展并融合休闲娱乐、研学教育、科普拓展、康体养生等业态成为成都实现乡村振兴的有效途径，对全面推进乡村振兴起到了很好的示范作用。

（二）实现农业赋能，共生经济推动产业相融发展模式

为深入推进乡村振兴，成都努力探索特大中心城市农业农村现代化之路。成都市探索特大城市“联城带乡”，以满足广大人民群众对美好生活的向往为目标，加快推进农业农村现代化，展示成都大美乡村，实现生态价值转化为经济效益，培育新兴产业和生产力再造。2020 年 9 月，成都编制了《四川成都西部片区国家城乡融合发展试验区实施方案》，该方案确定了到 2025 年将试点地区建设成为长江经济带生态价值转化先导区，美丽宜居园区示范区，农业、商业、文化、旅游、体育一体化发展示范区，城乡一体化发展改革体系综合区的发展目标，提出了 5 个方面的 16 项任务和措施。例如，稻乡渔歌田园综合体按照“产景相融、产旅一体、产村互动”的思路，深挖农耕文化，做强特色农业，运用空间美学提升乡村形态，引入社会资本参与社区发展，从一个传统村落迅速蝶变为一个集农业观光、民俗体验、乡村美食、田园艺术教育、亲子娱乐、风情客栈、休闲农场等农商文旅体多种功能于一体的现代化农业精品公园社区，成为远近闻名的打卡“网红村”。

成都农商文旅体融合发展成功的经验在于运用市场化机制、商业化逻辑，通过共生经济推动产业相融发展。一是引入社会资本，打造产业链共生平台，通过深挖当地特色产业资源和文化，嫁接平台产业链，打造“林盘＋绿道＋民宿＋乡村美味＋农创＋文创＋康养”的稻乡渔歌田园综合体。吸引更多优质人才、资本、产业要素聚集，打通产业上下游，促进农商文旅体融合发展，形成完整产业闭环。二是实行农业共生，农业产业是田园综合体发展的支柱，而绿色循环农业正是共生经济的最好体现。实行稻田种养共生，通过与中国农科院合作，综合体建设 3000 亩稻鱼稻鸭稻果共生、有机黑稻种植等种养试验田，成为独具祥和乡村特色的“共生经济”符号。三是主体共生，通过政府牵头，引进社会资本和企业，成都发挥企业的资金、技术、

管理等方面的优势，对乡村进行规划、开发和运营。同时打造乡创平台，通过合作社这个桥梁，对农民进行职业化培训，实现“企业 + 合作社 + 农民”的共商共建共享。采取“合作社 + 公司 + 职业经理人”模式进行规模化种植，以农民土地流转租金 70% 作为保底收入、30% 作为入股分红方式，实现农民收入结构多元化。实现了资产变资源、资源引资本，促进企业、人才、项目落地发展、相融共生，深入推进农商文旅体融合发展。

三、文体旅教融合发展——北京经验

文化、体育、旅游、教育作为创新产业的前端，作为新经济、新消费的核心产业，推动文体旅教融合发展，是提升城市竞争力、加强企业生命力、激活产业活力、扩大品牌影响力的重要举措。北京冬奥会成为“文体旅教”融合发展的标志，是我国重要历史节点的重大标志性活动，是展现国家形象、促进国家发展、振奋民族精神的重要契机，对京津冀协同发展有着强有力的牵引作用。

（一）拓展奥运场馆功能，积极探索场馆转型发展之路

由于体量巨大、维护成本高、功能开发难度大等原因，大型奥运场馆的赛后运营成为公认的世界难题。北京作为“双奥之城”，奥运场馆转型发展备受关注，北京市国有资产经营有限责任公司（以下简称“北京国资公司”）是国家体育场（鸟巢）、国家游泳中心（水立方）、国家网球中心、曲棍球场和射箭场五大奥运场馆的投资建设和赛时保障单位，在 2008 年北京奥运会之后，又承担起鸟巢和水立方的赛后运营和综合利用职责。面对挑战，北京国资公司做了积极探索，北京国资公司始终坚持“社会效益为首、经济效益为本”的经营理念，不仅将企业转型融入国家发展大局，同时还将奥运场馆纳入整体产业板块，注入资源，谋划发展。一方面，站位高远，拓宽奥运场馆功能。2014 年 11 月亚太经合组织第二十二次领导人非正式会议欢

迎晚宴在水立方圆满举行，2015 年北京国际田联世界田径锦标赛在鸟巢成功举办，2019 年亚洲文明对话大会的亮点——“亚洲文化嘉年华”在鸟巢成功举办，而水立方则成功举办了国际篮联篮球世界杯开幕式。作为北京奥运会的标志性建筑，鸟巢和水立方日益成为展示中国形象与首都北京发展成就的重要窗口，保障重大国事活动的顺利开展是两大场馆的首要责任。另一方面，北京国资公司还积极向两大场馆注入文化、体育、金融、创投等资源，丰富奥运场馆运营内容，服务首都“四个中心”功能建设，特别是全国文化中心建设。在体育赛事方面，凭借一流的场馆设施和良好的运营服务，意大利超级杯、南美超级德比杯、伦敦超级德比杯等国际顶级足球赛事和“沸雪”世界单板滑雪赛、国际雪联自由式滑雪空中技巧世界杯等相继登陆鸟巢；国际泳联旗下的游泳、跳水、花样游泳等国际高水平单项赛事均落户水立方。在文化演出方面，积极对接高端文化资源，让鸟巢和水立方成为代表品质和影响力的场所。与此同时，北京国资公司加强自主品牌的培育和开发，一方面开发奥运场馆特色文创产品，打造“鸟巢·京韵”国粹新京剧驻场演出，推出鸟巢大型视听光影秀，为广大市民提供更丰富的文化有效供给；另一方面打造文体艺术品牌，加强无形资产输出，如“鸟巢文化中心”“艺术水立方”和“梦幻水立方”，让体育场馆成为文化艺术交流平台。

作为公共体育设施，在鸟巢和水立方的赛后运营中，北京国资公司始终贯彻“奥运成果全民共享”的理念，承担场馆举办公益性活动的义务。这不仅促进了奥运场馆的充分利用，也让奥林匹克精神融入市民的生活方式。在推动全民健身、开展公益活动、开发旅游模式等方面做了积极的探索。2008 年北京夏奥会的主场馆在 2022 年冬奥会得到再次利用，鸟巢承担了冬奥会开、闭幕式服务保障任务，成为世界上唯一举办过两届奥运会开、闭幕的主场馆。水立方则变身“冰立方”，承担冰壶比赛场馆改造和赛时保障任务，成为全球首个实现“冰水双驱”的奥运场馆。作为北京冬奥会标志性工程的国家速滑馆

（冰丝带）也是在原射箭场和曲棍球场两个临时场馆的基础上投资建设。北京2022年冬奥会后，国家速滑馆成为以冰雪运动为突出特色的新体育综合体，可以开展以冬季体育项目为主的各种群众性体育活动、运动医学、康复疗养、体育教育培训、旅游观光等多种经营项目。北京、延庆、张家口三大赛区的冬奥冰雪场馆资源还将联动发展，与京张沿线大众冰雪设施、体育设施、自然文化旅游资源相融合，借助京张高铁、京礼高速等快速交通线路，使场馆赛后利用融入地区整体发展，这是发展壮大体育文化、旅游休闲、会议展览等业态，促进体育、文化、旅游深度融合发展的典型案例。奥运场馆功能拓展及鸟巢和水立方赛后运营的成功实践，为国际社会提供了奥运场馆赛后“反复利用、综合利用、持久利用”的中国经验，对提升文化体育旅游教育培训的消费质量、带动经济持续增长具有重要价值。

（二）推行奥运遗产战略计划，促进文体旅教有机融合

奥运遗产理念是由2003年《奥林匹克宪章》第一次提出的，奥运遗产是实现奥运会愿景的结果，包含所有通过举办奥运会，为公众、城市和区域发展以及奥林匹克运动创造的或加速带来的有形和无形长期收益。2019年2月19日，北京冬奥组委在首钢办公区召开《北京2022年冬奥会和冬残奥会遗产战略计划》，北京2022年冬奥会和冬残奥会是国际奥委会《奥林匹克2020议程》颁布后第一届从筹办之初就全面规划管理奥运遗产的奥运会。《北京2022遗产战略计划》是践行奥林匹克运动改革新要求的重要举措，是为国际社会提供“北京方案”，树立奥林匹克运动与城市和区域发展良性互动、共赢发展新典范的行动纲领。通过筹办北京冬奥会，努力创造体育、经济、社会、文化、环境、城市发展和区域发展7个方面35个领域的丰厚遗产，为主办城市和区域长远发展留下宝贵财富，惠及广大人民群众，实现奥林匹克运动与城市、区域发展的双赢。关于奥运遗产最初人们普遍只关注硬件设施，后来意识到奥运会也能带来无形的遗产。

例如，志愿服务事业受两届奥运会带动得到快速发展；“雪游龙”“雪飞燕”“雪如意”等场馆命名，会徽、体育图标等冬奥形象标识的设计，在冬季运动中留下了中国文化印记；建立北京国际奥林匹克学院，创新推动奥林匹克研究和人才培养。

奥运遗产作为一项仍在探索中的工作，尚无成型的国际规则可循。但是中国推行奥运遗产战略计划可以将有形奥运遗产和无形奥运遗产结合起来，将北京冬奥会文化打造成冬奥特色文化成果和品牌，创造丰厚的冬奥文化遗产，促进冰雪运动可持续性发展，同时又能够在世界上讲好中国故事，如绿色办奥理念、环保低碳、减贫等国际性共同议题可以让北京冬奥会能够在后续发展和参与全球治理方面，更生动地讲好中国故事。因此，奥运会在中国人的生活中绝对不仅仅是一个奥运会、体育的问题，把体育精神和中华优秀传统文化有机结合起来，通过冬奥会把“文体旅教”有机融合在一起，让“三亿人参与冰雪”，让冰雪文化成为一种时尚和一种生活态度更为重要。通过冬奥会把“文体旅教”的聚人、化人、健人、育人作用融合得更好，这是一个大的跨越，人们的消费需求、对更好服务的需求、对美好生活的向往将越来越强烈。对于这些超越了基本的生存范畴的需求，冬奥会提供了很好的契机，老百姓从冬奥会筹办中实实在在受益，提升了生活幸福感和获得感，冬奥会的重要意义在于其搭建了公众参与教育平台，通过体育、文化、教育类活动等载体，起到普及群众性冰雪运动、推广全民健身运动的作用，引导社会公众提升可持续性意识，培养健康文明的生活方式，推进区域经济高质量发展。

第十二章

陕西现代幸福服务业融合与联动发展路径

服务业高质量发展是经济高质量发展的重要体现。现代幸福服务业关乎老百姓的幸福指数与生活质量。陕西作为内陆城市，主动融入新发展格局，加快建设内陆改革开放高地，是陕西未来发展的重要路径。陕西充分发掘历史文化优势，发挥丝绸之路经济带重要通道、节点作用，将悠久的历史与丰富的文化旅游资源作为对外开放的“金钥匙”，积极寻找新动能、激发新动能，全面提升现代服务业整体产业活力，通过培育和壮大健康、养老、文化、体育、旅游、教育培训等产业，进一步加大产业融合，整体谋划现代幸福服务业联动发展，深入推进现代服务业转型升级，扩大服务供给、释放需求潜力，从而更好服务实体经济，为陕西经济进入高质量发展新阶段着力畅通经济循环，用好国内、国际两个市场、两种资源，使广大人民群众更多、更好地共享发展成果，不断增强获得感和幸福感。

一、陕西现代幸福服务业融合与联动发展思路

陕西现代幸福服务业融合与联动发展是趋势也是必由之路。联动（Linkage）作为一个机械动力学名词，通常指由一事物运动所引发的其他事物的运动或变化状态。事物联动是以必要的动力源和动力传导机制为基础的。在这一过程中，先动事物发挥的是动力牵引作用，后

动事物的运动则是在先动事物牵引下顺次做出的反应①。陕西现代幸福服务业联动发展是一个系统化过程，整体思路由园区开发机制、产业引进机制和管理考核机制共同组成，管理考核机制由动力机制、传导机制、激励机制、保障机制等二级机制构成，二级机制间是相互联系、相互影响的，它们与一级机制共同影响着整个产业联动系统的正常运行。通过供给与消费两个层次联动模式的实施与现有产业之间的深度融合，最终实现现代幸福服务业系统发展、整体提升，以及实现经济发展能级转换（见图 12－1）。

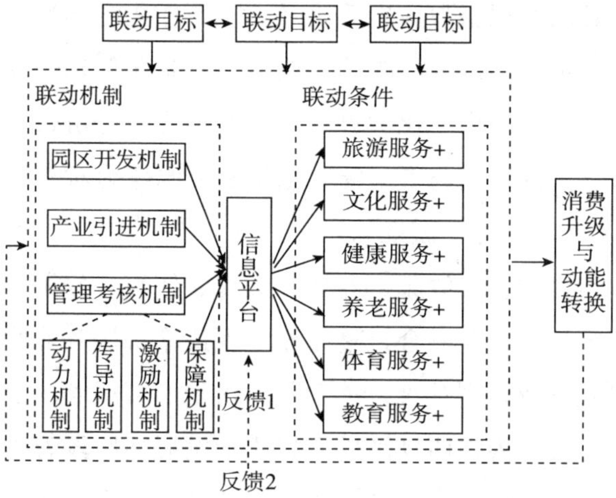

图 12－1　陕西现代幸福服务业联动发展路径

二、陕西现代幸福服务业融合与联动发展模式

在移动互联网、物联网、云计算、大数据等新一代信息技术广泛渗透的背景下，现代幸福服务业内部及其与传统服务业通过不断分化融合，重构企业价值链、产业价值链、产业间价值链而实现的现代服务业运营的新兴组织形态和商业模式不断出现，这不仅改变了传统的

① 赵秋成，孙佳伶，杨秀凌．中国城乡联动发展：基于现实城乡关系的理论研究［J］．东北财经大学学报，2018(4)：65.

生产方式和消费方式，满足了人民日益增长的美好生活需要，而且进一步推进了产业的技术创新、模式创新、业态创新、市场创新、组织创新，提升了经济增长的新动能。陕西现代幸福服务业融合与联动需要紧跟数字经济、平台经济、分享经济发展步伐，不断拓宽发展领域，依托产业互联网等，改变服务产品提供的资源集聚模式和产品营销模式，从消费领域向生产领域拓展，并形成高品质产品联动供给与联动消费模式。

（一）供给模式：加快载体建设，形成聚集效应

全面促进现代幸福服务业融合与联动发展，陕西省可充分利用自贸区政策不断创新发展模式，一方面可通过产业园区建设聚集现代幸福服务业产业，形成规模效应；另一方面可通过飞地经济模式与其他现代服务业发展先进地区合作，积极寻找发展空间，此外，开发“公司＋园区”管理的管理模式也有利于产业的集聚发展。只有通过建设现代服务业集聚区，对现代幸福服务业园区加大培育力度，才能形成现代幸福服务业集聚区、重点功能区，从根本上改变现代幸福服务业布局分散的状况。通过载体建设，加大对知名品牌、市场竞争力的大型服务企业的培育力度，并充分发挥其带动效应，才能大大增强服务业发展的生机与活力，走出依靠大企业、大集团带动中小企业发展的新路子，促进陕西现代幸福服务业上规模、上层次、上水平。

加快载体建设，形成聚集效应，打造现代幸福服务业联动发展新模式。一方面培育一批现代服务业集聚示范区。通过现代幸福服务业之间的融合与联动发展，促进资源共享流动，通过整合信息、健全管理、优化服务等，吸引重大项目和龙头企业聚集，培育新业态新模式集聚示范区。另一方面利用陕西打造内陆开放新高地契机，建设具有国际影响力的创新主体，陕西可通过支持高水平创新主体进行数字多媒体技术研发，提高企业创新、承接和应用科技成果的能力。

（二）消费模式：积极构建消费生态，扩展消费边际

随着经济服务化和消费贡献增强，发展服务业新业态促进消费升级具有重大意义。在创新服务供给的基础上，还需进一步提高人们的消费意愿，更新人们的消费理念，释放消费潜力。当前，服务消费新业态在促进消费升级方面起着越来越重要的作用，而互联网是一切消费升级的枢纽，幸福服务业的消费者的消费渠道多样化，消费需求更是从满足基本生活需求向享受性需求发展。加之中国移动互联网的快速发展，利用新媒体形成消费新业态是必须引起重视的。截至 2020 年 12 月，我国网民使用手机上网的比例达 99.7%，2020 年中国 App 在架数量为 345 万款，其中生活服务类 App 占比为 9.0%。相关研究表明，随着移动互联网、数字技术、人工智能等新技术的广泛应用以及产业融合发展、人口老龄化、环保主义观念深入人心等众多因素的综合作用，全球服务消费呈现出融合化、网络化、智能化、绿色化和人本化等新趋势，在线服务、网络平台经济、康养服务、产品衍生服务、住家服务、数字消费、智能化服务等成为全球服务消费热点。

陕西现代幸福服务业联动发展必须瞄准居民消费升级方向和全球生活服务业发展趋势，不断扩展消费边际。依托现代互联网、人工智能和数字技术，通过打造“互联网 + 旅游”、智慧旅游、数字景区等手段提升旅游业能级；以数字化、融合化、个性化和本土化为原则，导向高质量发展文化服务产业，促进健康向上的文化服务消费，涵养社会文明，提升人民身心健康水平和幸福感。通过线上教育和线下教育融合互动，高质量发展教育培训，不断提高劳动者技能和科学文化素质，促进人力资本积累和全民终身学习。顺应人口老龄化、少子化趋势和人们对健康生活、美好生活的追求，以标准化、品牌化、科学化为导向大力发展健康养老服务业。

三、陕西现代幸福服务业融合与联动发展机制

（一）发展目标

现代幸福服务业融合与联动发展机制的作用方向由发展目标决定，陕西现代幸福服务业联动发展的目标包括经济目标、社会目标、环境目标等。

经济目标：陕西省要瞄准人工智能、云计算、大数据等新技术，培育服务经济新的增长点，加速重构现代幸福服务业的产业链和价值链。加快培育一批服务业企业和知名服务品牌。在现代幸福服务业，服务对象要精准，服务内容要精细，服务质量要更优。要紧抓新一轮开放机遇，大力发展幸福服务贸易，打造陕西特色鲜明、业态高端、能级突出、功能集成的创新发展示范区。

社会目标：要以增进人民福祉、满足人民群众日益增长的幸福服务需要为主线，大力倡导崇尚绿色环保、讲求质量品质、注重文化内涵的生活消费理念，坚持突出重点，带动全面发展；坚持质量为本，提升品质水平，推动陕西现代幸福服务业便利化、精细化、品质化发展。

环境目标：充分发挥幸福现代服务业城市发展的“绿色引擎”作用，以产业和城市转型升级为着力点，推动现代幸福服务业实现跨越式发展。围绕新发展格局加快推动陕西绿色低碳发展、助力经济社会绿色转型和推进生态文明建设。

（二）园区开发机制

园区作为调整经济结构和转变发展方式的重要引擎，是加快新兴产业发展、推动传统产业转型升级的核心载体。现代幸福服务业不同于传统服务业，入驻企业需求不仅仅是物业服务，更多的是资金、人才资源、市场、物流支持等一系列创新增值性服务。园区对企业服务体系的核心是从服务对象自身需求出发，结合其特点，提供定制化服

务，助力企业提升核心竞争力。服务体系涵盖园区企业所需的科技金融、配套设施、政策等完善、便利、安全的服务，形成一个多层次完整的创新服务体系。服务体系可按照服务要素分为四大类：人才服务、技术创新、金融资本、物业服务。陕西可根据资源现状在开发园区时围绕“产业之城”建设，一方面做好各类配套设施建设，与传统配套不同的是，现代幸福服务业发展与传统的医院、教育、文化、体育等配套是完全一致的，配套建设和产业建设同向同行，需要注意的是做好规划，以高品质服务供给为前提做好顶层设计。另一方面围绕产业做好高质量管理服务，强化服务理念，把管理植入服务，加快推动项目建设与营运。

（三）产业引进机制

进一步扩大服务业对外开放，是我国推进高水平对外开放、打造现代服务业新高地的重要保障。为提升“中国服务”在全球价值链中的地位，充分发挥服务贸易对稳外贸、稳外资的支撑作用，《全面深化服务贸易创新发展试点总体方案》已印发出台，在北京、天津、上海等28个省、区、市（区域）全面深化服务贸易创新发展试点。陕西在产业引进中一方面需要注意利用国内外两个市场，集聚全球创新要素，吸引跨国公司设立区域总部，培育国内品牌开拓国际市场。另一方面受疫情影响，人员的短期跨国流动受限制较大，数字经济成为引领经济发展的重要力量和国际竞争的新领域，现代幸福服务业要大力推动以数字技术为先导的新兴服务出口，产业引进要顺应数字化、网络化、智能化发展趋势，推动产业集群数字化转型升级，在产业集群内建立创新联盟、联合实验室等平台，强化网络、计算和安全等数字资源服务支撑。重点建设数字产品与服务、维修、研发设计等特色服务出口基地。运用数字技术提升服务可贸易性，推动数字服务贸易新业态、新模式快速发展。

（四）管理考核机制

陕西现代幸福服务业融合与联动发展机制的运行需要借助动力、传导、激励和保障机制共同实现，有效的管理考核机制需要政府优化发展环境，对产业联动与融合发展的制约性规章制度、文件要优化和改进，政府在推动政府数据开放共享，发挥社会数据资源价值，推进数据资源整合和安全保护方面需要发挥重要管理职能，并推动建立良好的消费网络平台产品质量管控机制，让现代幸福服务业发展有动力、有保障地进入市场。同时还需一系列激励措施，包括创新用地供给，盘活闲置土地和城镇低效用地，实行长期租赁、先租后让、租让结合等供应方式，保障产业联动发展用地需求；加大对现代幸福服务业的金融支持，在风险可控的前提下，加大对养老服务机构、旅游康养企业等的建设用地使用权抵押、林权抵押等贷款业务支持力度，运用中长期固定资产贷款、银团贷款等支持影视院线、体育场馆、大专院校等公共基础设施建设。鼓励重点行业和领域代表性企业开展行业、企业联动发展试点，探索可行模式路径，加快行业转型升级，建设一流服务企业。大力激发新兴领域的发展活力，扩展传统领域新需求，着力挖掘现代幸福服务业服务消费需求，建立健全高质量发展体制机制和政策措施。

四、陕西现代幸福服务业融合与联动发展路径

（一）打破行政壁垒，加快政策衔接

现代幸福服务业融合与联动发展涉及六大产业，需要以政府为主导，多个职能部门相互配合，但由于相关政策缺失，甚至区域行政壁垒的存在，给六大服务业融合与联动发展造成巨大阻力。首先，陕西现代幸福服务业联动要致力于要素市场化改革，通过打破行政壁垒和加强政策协同，创造产业转移和协调均衡发展的制度环境。其次，六大产业联动发展需要确保资金、设施、人力资源等要素全面到位，才

能解决联动、协同和融合发展的问题。协调是持续健康发展的内在要求，六大产业联动发展要用好系统论的方法，实打实破除行政壁垒，全方位提高政策协同，立足区位条件、资源禀赋、经济基础，在体制机制和政策举措方面下真功夫，在更广层面提高要素质量和配置效率，就能以无限动力推动现代幸福服务业高质量发展。

（二）统筹规划产业融合与联动发展平台

高质量发展离不开平台载体支撑，陕西要按照产业集聚、规模化、集约化、绿色发展的要求，统筹规划产业联动建设功能型发展平台。一方面新建的产业园区要思路明确，做好各产业部门的合理衔接，努力承接大规模、高层次、集群式产业转移，提高产业联动发展综合效益；另一方面陕西各区域可以立足自身资源条件、区位优势及现有产业联动发展基础等，对现有产业合作优势区域进行统一规划设计，通过明确产业联动发展区域重心、产业重点及创新模式等，积极培育幸福型服务业联动发展平台。现代幸福服务业联动发展还应针对不同园区（集聚区）的特点，加强集聚区公共平台建设，指导和督促建设信息平台、技术平台、交易平台、培训平台、融资平台、知识产权保护平台和公共管理平台，服务平台要积极探索建设方式和发展模式，通过与大学、科研院所、行业协会、专业性服务机构、企业等建立战略合作伙伴关系，集聚优质资源，提升服务水平。专业机构间要加强合作，建立协同服务机制，为现代幸福服务业集聚区建设提供平台服务。

（三）优化创新产业融合与联动网络

联动信息网络是现代幸福服务业融合进而联动发展的关键，其在联动机制与路径选择中起着调控作用，其形成的关键点在于联动平台的构建、联动网络嵌入模式的改进和联动产业链的选择。联动网络的生成，横向上鼓励企业之间相互协作，搭建资源共享平台，降低企业之间的联动成本，实现企业资源的优化配置，提升联动协调效率；纵向上鼓励企业以市场需求为基准，按照市场需求开展企业间合作，形成上下游企业链条，提高联动协调质量。联动信息网络节点间的联系，实际上是一种价值交换，而作为这种价值交换的实现工具首先要求具备交换界面，如产业园产业集群或区域集聚；联动产业链的选择需要六大服务业通过联动企业的进入与退出条件的设置，控制联动产业链的种类。联动信息网络之间的链接关系通过联动机制与联动产业之间的反馈机制实现，信息网络之间链接的匹配既要保持链接的稳定性，又要保持链接的灵活性，形成对联动服务业发展的足够吸引力。

（四）推进现代幸福服务业之间交叉融合

融合创新是将各种创新要素通过创造性的融合，使各创新要素之间互补匹配，从而使创新系统的整体功能发生质的飞跃，形成独特的、不可超越的创新能力和核心竞争力。当前，加快现代幸福服务业联动发展的主要方式，是通过产业内部与外部结构的不断整合、重组，带动其子行业或新行业的产生发展。因此，“旅游服务+”“文化服务+”“体育服务+”“健康服务+”“养老服务+”“教育服务+”，六大服务业可以加上除自身产业之外的任何服务业并形成一个共生系统。如“教育+旅游、教育+文化、教育+体育、教育+健康、教育+养老”“教育+旅游+文化+体育+健康+养老”，除了与其他一两个产业融合发展外，还可以同时与其他产业组成跨界发展生态系统，形成六大服务业依存共生的环境，促进传统教育产业链、市场业态和商业模式等各方面的创新和变革。

第十三章

对外开放新格局下陕西现代幸福服务业高质量发展对策与建议

党的十九大报告中明确指出：我国经济已由高速增长阶段转向高质量发展阶段。近年来，陕西充分发挥各地区比较优势，着力推进关中协同创新发展、陕北转型持续发展、陕南绿色循环发展，推动关中平原城市群、呼包鄂榆城市群、汉江生态经济带发展等上升为国家战略，编制大西安都市圈规划，西安国家中心城市辐射带动效应进一步显现。陕西坚持以改革促发展，以开放促改革，着眼构建陆空内外联动、东西双向互济的全面开放新格局。陕西交通商贸物流、国际产能合作、科技教育、国际文化旅游、丝绸之路金融“五大中心”建设取得丰硕成果。抢抓新时代推进西部大开发形成新格局、黄河流域生态保护和高质量发展等国家重大战略机遇，发挥陕西“一带一路”建设重要节点作用，大力发展枢纽经济、门户经济、流动经济，着力打造内陆改革开放新高地，推动形成陆海内外联动、东西双向互济的大开放新格局，人民群众生活持续改善。对外开放新格局下，适应新时代发展变化，关系民生的现代幸福服务业质量和效益不高是制约陕西发展的重要问题之一，推动现代幸福服务业向高品质和多样化升级，加快现代幸福服务业向价值链高端延伸，创新服务业态和商业模式，优化服务供给，增加短缺服务，开发新型服务，带动服务产品向多元化、个性化、高端化发展（提升居民健康服务、养老服务、教育培训服务等智能化水平）成为推动全省经济高质量发展的现实需要。

一、全面推进陕西现代幸福服务业高质量供给

陕西现代幸福服务业发展不足的主要原因在于供给不足，其主要是行业发展不充分，企业小、散、乱，影响了服务消费的增长，现代幸福服务业中的医疗、教育则因为具有公共产品性质的特点，政府支持力度不够大，影响了居民消费潜力的释放。加快陕西现代幸福服务业高质量发展首要解决的问题就是实行服务业供给侧结构性改革，其本质在于通过资源优化整合、供给与服务方式转变以及生产方式改革促进陕西现代幸福服务业健康稳定发展，主要从供给侧与生产端入手优化服务产品供给、稳定服务市场、提升人民群众的生活质量，最终建立起陕西现代幸福服务业发展体系。

（一）从理念上提升陕西现代幸福服务业服务质量

当前，陕西现代幸福服务业存在供不应求与供过于求的双重矛盾，其中在教育、医疗、养老、旅游、健康等领域，低端服务产品供过于求，服务水平与质量低，尽管部分产品服务价格低廉，但消费者获得感不强。而优质服务产品则供不应求，尤其是随着居民生活水平的提高，对能提升幸福感、带来愉悦感的优质现代幸福服务业需求不断增加，对教育培训、休闲旅游、健康养老、文化娱乐、体育健身等领域的优质高效发展及个性化服务的需求也与日俱增。人民群众的需求开始从生存型转向发展型，即转变成人民群众日益增长的对美好生活向往的发展型需求，这导致现代幸福服务业的供给难度不断增加。

为改善民生福祉、更好地满足陕西人民日益增长的美好生活需要，现代幸福服务业提质增效是高质量发展的前提。陕西现代幸福服务业的发展要充分发挥现有的资源优势，以消费者消费需求的个性化、多样化和优质化为目标，通过提供规范化、品牌化、品质化的产品增进居民或企业的获得感、幸福感、安全感，更好地满足消费需求

扩张升级对体验、便利、互联的需求。一要引导企业创新现代幸福服务业融合发展模式，构建线上线下联动服务发展网络。二要引导幸福服务企业树立质量意识，推广应用先进质量管理体系和方法，积极运用新理念和新技术加强服务质量管理。三要进一步推动现代幸福服务业服务标准提升，稳步提高服务标准水平。

（二）从效率上提升陕西现代幸福服务业服务能力

陕西现代幸福服务业发展的资源优势十分明显，现有旅游、文化、体育、教育、康养等存量资源利用效率仍有较大提升空间。从配置效率和利用效率角度出发提高服务业效率，是实现服务业高质量发展的动力源泉。现代幸福服务业由于具有公共产品属性，从资源的有效配置来看，提高效率的关键在于加强要素的自由流动。党的十九大报告明确指出要“深化商事制度改革，打破行政性垄断，防止市场垄断，加快要素价格市场化改革，放宽服务业准入限制，完善市场监管体制”，这对提升现代幸福服务业服务效率至关重要。

提高陕西现代幸福服务业配置效率，一是要以市场主导现代幸福服务业资源配置，减少政府干预，切实发挥市场在现代幸福服务业资源配置中的决定性作用，破除行政权力对社会力量进入现代幸福服务业的障碍，构建统一透明和规范的市场环境，吸引民间资本的进入，促进现代幸福服务业的有效竞争，处理好政府和市场关系，完善有利于资源优化配置的体制机制和政策措施，切实降低要素自由流动的成本。二是关注现代服务业的培育和成长，释放新兴产业收益高的作用，创造要素自由流动的机会。现代幸福服务业高质量的发展离不开市场机制发挥作用，同时还需要借助政府在保障机制建设、法规政策制定等方面的作用，提升市场主体的发展意识，加强现代幸福服务业内部生产要素的自由流动，以人员配置为例，如旅游服务与康养服务、教育培训服务中知识重合度高的人员的相互流动等。

（三）从价值链上延伸陕西现代幸福服务业发展空间

新发展格局下，陕西现代幸福服务业发展将迎来一系列新机遇，并形成需求优势、技术优势、融合优势、开放优势四大新优势。现代幸福服务业的价值链基本上贯穿于人们日常生活中，其更多表现为无形服务和有形服务设施相组合的个性化服务需求。推动现代幸福服务业向高品质和多样化升级，延伸现代幸福服务业价值链，一是对服务消费者来说，注重大众化生活服务需求和人们生活水平的提高，由此而带来对服务质量和精细化生活品质的供给需求；二是对幸福服务提供者来说，要求服务提供者提供或生产体验性强，能为生活带来便利的、符合广大民众需求的高质量产品，需要注意的是，现代幸福服务业从业人员对企业的满意度与忠诚度是实现服务价值的关键；三是市场上开发的幸福服务产品，其价值实现的最终目的是以高质量的产品和服务品质进入消费者市场，实现幸福服务行业的“健康成长”，最终实现整个现代幸福服务业发展和民众生活幸福。

延伸现代幸福服务业价值链，促进现代幸福服务业高质量供给，一方面陕西需要依托市场机制和现代科技创新，要以“数智化”为抓手，助推现代幸福服务业向现代新服务跃升，利用数字技术对传统服务业产业进行全方位、多角度、全链条的重构和改良，逐步释放数字经济在提升全要素生产率、实现高质量发展方面的放大倍增效应。另一方面需要服务提供商建立良好信用机制，确保幸福服务消费者权益不受损害，通过不断提高服务质量获得顾客满意。此外，由于现代幸福服务业主要集聚于城市，推动公共服务向乡村延伸，推动农业农村的服务现代化是当前一个时期的重要内容。陕西幸福服务价值链的实现要重视乡村幸福服务功能的拓展和升级，持续推进乡村振兴，聚焦农民群众在养老、教育、健康、文化、旅游等方面日益增长的需求，补短板、建机制，更好地满足陕西经济社会转型发展需求和陕西人民群众对美好生活的期待。

二、加快培育壮大陕西现代幸福服务业新型消费

消费对经济的发展具有基础性作用，双循环背景下，无论是从经济可持续发展角度还是从百姓自身的消费体验而言，新业态新模式引领新消费都具有重大意义。在消费结构升级和商业业态创新的大背景下，现代幸福服务业产业链条的延伸，为消费市场带来新的契机。以互联网模式为引导的线上线下共同发展新业态模式，是高科技在消费领域的进一步体现，新业态新模式也可以更加凸显以消费者为中心的理念。在新业态新模式的簇拥下，经济发展不断彰显新的活力。结合陕西结构性幸福服务业的供给侧结构性改革，以增进人民福祉、适应消费需求为主线，改善消费环境为重点，积极培育现代幸福服务业新业态、新模式，促进城乡现代幸福服务业均衡协调发展。陕西要进一步加快释放文化、旅游、体育、养老、健康、教育培训等服务消费的潜力，创新政策支持，大力倡导绿色消费和注重内涵消费方式。

（一）营造良好安全的消费市场环境

自新冠疫情暴发以来，新型消费模式不断被大众所接受，线上消费方式加速崛起，线上消费持续爆发式增长，线上课堂、远程医疗、旅游直播等在线服务消费加速成长，新型消费成为消费回暖的重要支撑。2021 年国家统计局陕西调查总队在全省抽取了 113 家企业、233 户城镇居民和 221 户农村居民开展新型消费专题调研。其中，233 户城镇居民中，45.1% 参与过在线教育，约三成城镇居民参与过直播带货、社区团购、“互联网 + 医疗”等；221 户农村居民中，96.4% 参与过线上购物，29.9% 参与过生鲜配送，27.1% 参与过在线教育，约两成农村居民参与过直播带货、“互联网 + 医疗”、社区团购等；55.8% 的城镇居民新型消费支出较上年同期增加，64.5% 的农村居民新型消费支出较上年同期增加，新型消费的快速发展进一步拓展了陕西新消费空间，新型消费成为新常态。

为鼓励消费新模式新业态发展，陕西政府部门要努力营造全社会齐抓共管改善消费环境的有利氛围，引导形成企业规范、行业自律、政府监管、社会监督的多元共治格局。推动现代幸福服务业企业信用信息共享，将有关信用信息纳入国家企业信用信息公示系统，建立完善全国统一的信用信息共享交换平台，实施失信联合惩戒，逐步形成以诚信为核心的现代幸福服务业监管制度。此外，政府部门要依法查处垄断和不正当竞争行为，规范消费服务市场秩序。完善网络商品和服务的质量担保、损害赔偿、风险监控、网上抽查、源头追溯、属地查处、信用管理等制度，引入第三方检测认证等机制，有效保护消费者合法权益。推动形成安全、便利的消费增长新模式，保障现代幸福服务业成为陕西经济高质量发展的新引擎。

（二）加强科技赋能陕西现代幸福服务业消费场景

在消费升级的背景下，新技术对服务经济起到了很大的推动作用，以互联网为代表的数字化技术影响了社会生产生活。新经济时代客户对服务的感知变得越来越敏感，对服务体验越来越挑剔，因此，应加强科技赋能现代幸福服务业消费场景，创新消费模式，提供更优越的消费体验，满足消费者更高级精神产品需求。例如，北京朝阳区紧抓5G、人工智能、超高清等新技术发展和北京市新一轮服务业扩大开放试点，自贸区建设机遇，积极加强政策创新研究，不断培育文化消费新业态新模式，全力构建文化产业信息化、数字化、智能化发展新格局。浙江深入开展“千家企业云化”“掌上医疗”“一网通办”等专项行动，以数字化赋能新服务、新场景带动新消费，推动现代幸福服务业数字化转型，在激活居民消费、培育消费新热点、优化和融合线上线下消费环境等方面作用显著。

陕西要进一步以数字化、融合化、个性化和本土化为原则导向高质量发展现代幸福服务业，提升人民身心健康水平和幸福感。一是通过利用信息互联网技术和新冠疫情催生的宅经济、圈经济、社区经济等新业态，借助 App、微信公众号、电商平台等信息网络平台发展面向生活的娱乐、知识付费等服务，促进幸福服务消费的数字化水平提升。二是顺应人口老龄化、少子化趋势和人们对健康生活、美好生活的追求，以标准化、品牌化、科学化为导向大力发展健康养老、休闲体育、教育培训等现代幸福服务业，以更高技术辅助现代幸福服务业便利化发展。三是依托数据挖掘分析、人工智能、互联网平台等现代技术，按照智能化、个性化、精细化方向发展，大力开发幸福服务产品，加强现代幸福服务业消费场景开发和优化，推动服务带动新消费，打造数字生活新服务生态体系。

（三）切实构建陕西现代幸福服务业绿色消费机制

推动绿色发展、促进绿色消费，是加快转变经济发展方式、提高发展质量和效益的内在要求。当前，消费习惯渐渐展现出环保、绿色、生态等特点，由需求市场引发的供给市场也在发生变化，现代幸福服务业属于绿色产业，相关企业也将绿色作为产品转型升级的方向。2022 年，国家发改委、工信部等七部委联合印发的《促进绿色消费实施方案》（以下简称《方案》）除了明确国家机关、企事业单位、学校等团体组织的绿色消费责任与义务外，更突出对个体消费者在吃、穿、住、行、用、游等全领域绿色消费的引导与激励，《方案》的发布必将令绿色消费成为全社会的消费主流。绿色消费不仅是消费结构的升级，更直接牵引着企业生产结构以及社会产业结构的转型升级。

陕西经济的高质量发展必然要求政企协同作用，积极倡导绿色生活方式。政府一是需要积极引导老百姓生活理念的转换，倡导人们尊重生态环境，确立新的生存观和幸福观，通过各种方式方法宣传和引导绿色消费，促进陕西人民的身心健康和全面发展。二是要深入开展全民教育，积极实行全民绿色消费教育，激发绿色消费需求。三是要推进主题宣传，积极引导居民践行绿色生活方式和消费模式，建立健全绿色消费长效机制，让绿色消费理念深入人心。四是要重点发展绿色生态服务业，无论是休闲旅游、保健养生、教育研修还是社交娱乐等行业，都应该坚持绿色理念，切实打造绿色消费空间。同时在整个过程中，既要善用营销策略，也要强化生态监管，切实保障绿色消费。

三、大力推进陕西现代幸福服务业高水平开放

在高质量发展的新阶段，陕西要实现现代幸福服务业更高质量、更有效率、更加公平、更可持续的发展，迫切需要推进现代幸福服务业高水平开放。加快陕西深度融入共建“一带一路”大格局，充分发挥陕西比较优势，着力打造科技教育、国际文化旅游等五大中心，陕西在空间和功能上布局的“一核两翼四通道五中心多平台”的全方位联动开放布局使现代幸福服务业面临重大发展机遇。

（一）对标国际标准加大陕西现代幸福服务业贸易发展力度

服务业对外开放是民生事业，是进一步对外开放和改善贸易结构的重要领域，服务贸易正日益成为我国对外贸易发展和深化对外开放的新引擎。统计资料显示，中国居民对境外高端服务（如旅游、医疗服务、高等教育）有巨大需求，同时，提升现代中国幸福服务业国际竞争力，利用好国内外市场，发展幸福服务贸易，可以进一步扩大内需，优化产业结构，推动经济的双循环新发展格局的形成。当前陕西省服务业竞争力不强的根源是对外开放力度不够，陕西服务贸易当前存在发展不均衡、规模较小、人才缺乏等问题。尽管陕西依托西安高新区、西安经开区等，建设软件开发、休闲旅游、文化创意等服务产业集聚区，以引进跨国公司为重点，聚集地区总部、研发中心、营销中心、财务中心等高端服务和中介服务机构，但现代幸福服务业在国际上的竞争力还需进一步加强。

在 RCEP 背景下，陕西一是要加强服务贸易规则与标准研究，要

积极把握RCEP生效实施带来的超大规模市场空间，进一步提高幸福服务贸易的开放水平。陕西应当利用自贸试验区进行探索，逐步扩大外资准入的领域，减少关税与非关税壁垒，实施国民待遇，创造公平竞争的市场环境，形成合作共赢的良好局面。二是在全面深化创新的过程中，要进一步利用西咸新区服务贸易创新发展试点，建设服务贸易的产业集群，为幸福服务贸易的企业提供良好的发展条件，在集群内聚集众多的人才和企业，如京东健康、日海智能等现代服务业龙头企业，形成较完整的产业链条，引进外资和技术。三是要充分利用“一带一路”跨语言大数据服务平台、沣东新城知识产权公共服务平台等各类服务平台为企业开拓国际市场提供全方位公共服务。经过市场竞争，形成有特色、有竞争力的产业集群，参与国际竞争。

（二）营造一流营商环境保障陕西现代幸福服务业高水平开放

面对国际政治经济新形势，陕西推进现代幸福服务业高水平开放不仅有助于增加高端服务供给，更好满足国内的高品质服务需求，高水平开放也有利于提升全球分工地位，进一步提高陕西乃至我国的国际经济循环水平。此外，现代幸福服务业高水平开放对提升陕西服务贸易的自由化、便利化程度，吸引优质要素流向陕西，促使陕西企业深度参与全球价值链等具有重要意义。陕西要在坚持互利共赢的前提下，通过实施更大范围、更宽领域、更深层次的全面开放，推动规则、规制、管理、标准等制度型开放，更好地带动现代幸福服务业在参与国际竞争中成长。

陕西一是要结合推动共建“一带一路”和加快对外开放高地建设，以及健全外商投资国家安全审查、反垄断审查等制度，统筹推进陕西现代幸福服务业对外对内开放提质增效升级，为更好地激发开放对改革、改革对创新的联动提升效应创造条件。二是要加快构建统一高效、开放包容、多元共治的管理体系，最大限度激发服务业市场活力，要分类有序地推进服务业尤其是现代幸福服务业的扩大开放，充分利用陕西自贸区政策探索建设有利于提升现代幸福服务业开放水平的新平台，实行以“既准入又准营”为基本特征的服务贸易自由化便利化政策。三是要全面深化以告知承诺为基础的审批制度、以信用为基础的监管制度、以标准化为基础的政务服务制度、以法制化为基础的政务保障制度，不断提高政府服务效能，着力打造与国际通行规则相衔接的制度环境，以一流的营商环境推进现代幸福服务业的高水平开放。

四、大力推动陕西现代幸福服务业交叉融合发展

当前，中国超大规模的市场优势、人民对美好生活的向往、收入稳定增长、脱贫攻坚深入推进，已成为服务业发展的坚实需求后盾。“十四五”时期，现代服务业将在构建新发展格局、推动经济高质量发展的进程中发挥更为重要的支撑作用。现代幸福服务业核心是“服务”，通过细化分工、聚焦专业、提升效率等，降低生产和流通成本，满足人们的品质化、个性化消费需求是服务的本质属性。围绕服务对象开展业务，现代幸福服务业的发展基础才会更牢固、前景才会更光明。因此，加快现代幸福服务业发展要同产业升级、消费升级、科技创新相融合。

（一）加快形成关中平原城市群、西安都市圈现代幸福服务业融合互动格局

当前，西安国家中心城市依靠集聚效应、规模效应和范围效应已成为引领区域发展的增长极。以西安国家中心城市为核心的关中平原城市群正在成为承载发展要素的主要空间形式。陕西要发挥西安的核心引领作用，打造内陆开放高地，协同城市群拓展高质量发展新空间，加快现代产业科学布局，实现以大带小、以强带弱，推动关中平原各城市加速发展和崛起。关中平原城市群和西安都市圈的集聚效应

吸引了大量的人才、资本、技术、信息等要素向城市集聚，同时辐射效应又为周边城市及区域农村发展提供了人才、资金等支持，也是带动实现乡村振兴的强力保障。基于此，陕西要增强西安城市溢出效应，促进西安教育、医疗、健康、旅游、文化等城市资源向周边城镇和中小城市扩散，辐射带动周边城镇和中小城市发展，重塑西安都市圈及周边地区区域经济格局，推动区域内城市现代幸福服务业发展走向均衡，形成关中平原城市群、县都市圈内部现代幸福服务业分工协作、融合互动、网络联动的发展新格局。

（二）通过大项目打造陕西现代幸福服务业融合发展综合体

在陕西奋力建设国家中心城市、带动发展关中平原城市群发展过程中，陕西要实现现代幸福服务业在支撑经济增长、改善民生福祉方面的功能，优化提升服务业现代化水平，促进陕西现代幸福服务业向精细化和高品质转变，必须扶持和培育现代服务业重点项目以发挥引领作用。要坚持大抓项目、抓大项目、促大发展的鲜明导向，推动现代幸福服务业各种要素向重点项目聚集，夯实高质量发展基础。一方面要着力促进现代幸福服务业与现代农业发展项目的融合，要大力支持休闲农业和乡村旅游等融合模式创新，打造融文化创意、旅游休闲、健康体育、购物娱乐、商务服务等业态于一体的综合性服务业项目，围绕消费升级增加幸福服务供给、提升服务品质、推进可持续发展能力建设。另一方面陕西各地要结合本地资源特色，围绕明确的主导产业谋划创新性的重大项目，推动传统服务业高端化、智能化、绿色化升级，加快现代幸福服务业内部交叉融合发展，坚持就业促进、产业优先、服务为重原则，促进现代幸福服务业专业化、规模化、网络化发展，提升个性化、特色化、集成化服务能力。

（三）协同推动陕西现代幸福服务业联动发展

要实现优势互补，提高经济社会效益，陕西要做好谋划，利用各区域优势，同步开发现代幸福服务业城、乡两个市场，推动现代幸福服务业之间的联动发展。一是要紧抓战略机遇，持续发力“五大中心”建设，带来人流、物流、资金流的融通。要主动加强与周边省、市沟通，建立协同联动发展工作机制，探索区域协同发展共同体的构建，促进与周边省、市及省内各区域的互联互通和共建共享。二是要用现代科技改造现代幸福服务业，提升现代幸福服务业的质量效益。在互联网大数据时代，现代幸福服务业已经扎根网络，商业服务模式不断呈现新状态。现代幸福服务业联动发展要利用大数据、人工智能带来的产业间互联互通，系统化重塑业态结构与生态圈，实现线上服务、线下体验相结合的协同发展模式。三是组建现代幸福服务业协同发展共同体，如依托第十四届全运会，以资源整合为抓手促进体育产业融合发展；依托陕南康养资源强力推进“康养+”，构建以健康养老、旅游休闲、中医药保健、医养结合为支撑的康养产业空间格局；依托陕北红色文化和关中历史文化，推进文旅产业协同联动发展，打造红色教育、休闲娱乐、研学旅居、体育运动等主题精品路线，积极构建现代旅游服务体系；依托陕西科教资源，打造幸福服务行业人员培训平台，促进幸福服务行业人才交叉融合培养等。

五、加强陕西现代幸福服务业从业人员专业化建设

现代幸福服务业覆盖面大、服务种类多、市场需求旺、发展空间和市场潜力大等特点，对促进就业、精准脱贫、更好满足人民日益增长的美好生活需要具有重要作用。但当前现代幸福服务业从业人员存在供给数量不足、专业素质较低、合法权益缺乏保障等问题，尤其在养老、健康等行业表现较为突出，稳定和高素质的从业人员队伍是现代幸福服务业发展的重要依托。提升现代幸福服务业发展的质量、水平和效能，推动现代幸福服务业高质量发展要加强高素质专业化干部队伍和从业人员的培训和培养，要健全现代幸福服务业从业人员服务保障体系，充分利用大众技能培训、数字技术普及等方式，促进现代幸福服务业的高质量发展。

（一）健全陕西现代幸福服务业从业人员服务保障体系

当前，现代幸福服务业从业人员大多为流动人口，工资收入不稳定，参保率较低。要加快完善社会保障支持，扩大基本公共服务覆盖面。一是要加大对现代幸福服务业参保人员补贴、开发保险新品种、提供住房保障等方面的支持力度，扩大基本公共服务覆盖面。二是对现代幸福服务业招用就业困难人员或毕业年度高校毕业生并缴纳社会保险费的，可按规定予以社保补贴。三是要坚持实施全民参保计划，持续做好灵活就业人员、农民工等重点群体精准扩面，加强对新就业形态从业人员就业创业的政策宣传，落实社会保险补贴、一次性创业补贴等政策。加强职业技能培训体系建设，将新就业形态从业人员纳入职业技能培训、技能提升补贴等政策享受范围。

（二）提升陕西现代幸福服务业从业人员社会地位及待遇水平

现代幸福服务业从业人员待遇水平的提升对稳定从业人员队伍具有重要的现实意义。当前，现代幸福服务业从业人员缺乏广泛的社会认同感、社会力量参与不足，从业人员普遍入职门槛较低，企业体系缺少其必要的上升通道等问题严重制约了现代幸福服务业的发展速度和水平。建立一支稳定的、专业化程度较高的现代幸福服务业从业人员队伍，亟须提升从业人员的社会地位和待遇水平。一是要贯彻新发展理念，营造统一开放、平等参与、竞争有序、充满活力的现代幸福服务业发展环境，形成全社会关心、支持、参与现代幸福服务业发展的浓厚氛围。二是要统筹现代幸福服务业发展规划，强化财税支持，加强职业教育和人才培养，全面提高从业人员的社会地位和待遇。

（三）依托陕西现代幸福服务业创新人才培养新模式

专业人才是陕西现代幸福服务业转型升级的核心，要实现陕西现代幸福服务业供给侧结构性改革，走高质量发展之路必须以现代幸福服务业核心技能培养为出发点，充分利用陕西科教资源，尤其是应用型本科高校需要结合地方经济发展实际需求，通过校企、校地合作，强化对现代幸福服务业人才的培养和加强现有从业人员的在职培训。高素质的专业化人才是现代幸福服务业价值实现的核心，创新型人才资源成为现代服务业发展的灵魂。在现代幸福服务业融合发展、联动发展的背景下，应用型高校需要创新人才培养新模式，通过开设一些跨学科、跨专业的课程，进行学科间的交流与探索，在注重传授知识的同时，培养学生的实践能力，使学生更好地适应现代服务业发展进程。如西安翻译学院就已针对现代幸福服务业发展建立起了养老护理、教育、旅游、文化、健康、休闲体育等相关专业，在培养过程中坚持知识与能力相结合，通过创新人才培养模式，将专业教育、语言教育和能力教育相结合，培养学生成为复合型人才和符合社会发展需求的创新型人才。除此之外，现代幸福服务业在提供服务时需要专业人员与顾客进行大量的交互活动，除专业知识和能力培养之外，高校还需加强沟通交流能力和情感素养培养，有学者认为，服务人员的情感素养比年龄、教育、知识、培训和才智更为重要，因此高校的现代幸福服务业人才培养还需加强情感素养的培养。

六、加强对陕西农村现代幸福服务业发展系统化指导

当前乡村振兴战略在推进的过程中，要以人民为中心，做好陕西农村现代幸福服务业发展的系统化指导。受新冠疫情影响，全球经济呈明显下行趋势，党中央坚持把人民对美好生活的向往作为奋斗目标，努力实现全体人民共同富裕，而共同富裕最艰巨最繁重的任务则在农村。当前国家乡村振兴战略的总目标就是缩小城乡差距、地域差距和收入差距，最终实现共同富裕。然而，各地乡村振兴在产业布局方面仍然存在同质化和区域内相互竞争等诸多问题。农村幸福产业是增强农村居民幸福感和获得感的大产业，是全体人民共同富裕的根本体现，如不加以系统化指导，将不利于农村经济可持续发展。

（一）建立支撑陕西农村现代幸福产业高质量发展的现代产业体系

要切实将陕西农村现代幸福服务业当作一个整体，作为以人民为中心的产业集群来系统化推进。一是从促进共同富裕角度设定发展新目标，对陕西农村现代幸福服务业发展重新定位。二是要持续推进以人民为核心的现代化建设，直面当前农村经济发展面临的瓶颈，以陕西幸福服务业发展为引领，促进农村居民生活向高品质转变，真正将农村建设成老百姓的美好家园。

（二）构建新时代陕西农村现代幸福产业协同发展新机制

农村现代幸福服务业发展事关重大，一是各地要根据乡村发展实际，立足区位条件、资源禀赋、经济基础，在体制机制和政策举措方面下真功夫，全方位提高政策协同，打破行政壁垒，加快政策衔接，为现代幸福服务业发展创造均衡发展的制度环境。二是政府部门要联动推进区域统一规划，推动各省、市、区、县资源整合，健全协同发展机制，建立成本共担和利益共享机制，组建战略联盟，通过战略协议等形式，畅通陕西农村现代幸福服务业发展内部协作机制。

（三）加大数字乡村建设中陕西现代幸福产业投资力度

现阶段现代幸福服务业发展好坏也是农村居民精神是否富裕的直接体现，与人的精神需求密切关联。一是要把数字乡村建设作为补短板、促“三农”的重要抓手，让农村居民充分共享数字乡村普惠红利，体验到网络信息时代的高质量教育、文化、健康、体育和旅游等方面的服务，共享信息化发展成果。二是要引导更多社会资本流向数字化现代幸福服务业，通过创建产业发展基金等方式，加大对数字乡村建设的软、硬件投入力度，提升乡村的自我发展能力，实现数字乡村带来的经济发展红利。

（四）加快建设陕西农村现代幸福产业发展大市场

对外开放新格局下，要清醒地认识到国民经济与农业发展的新关系，将陕西幸福服务业作为农业功能的拓展与延伸，做好乡村大市场，创新乡村服务，发挥其在国民经济宏观市场中的综合性功能。一是将农村现代幸福服务业作为繁荣国内经济、扩大内需，引导消费升级和壮大消费市场的主战场，实现国内市场大循环。二是要高标准做好农村现代幸福服务业供给侧结构性改革，形成品质化服务和产品，打通城乡消费堵点，做好对国内外市场产品和服务的输出，拓展农村财富成长空间，让农村现代幸福服务业成为双循环新发展格局的重要引擎。

第十四章

总结与结论

“十四五”时期是我国由全面建成小康社会向基本实现社会主义现代化迈进的关键时期，国家大力推动服务业高质量发展，服务业在国民经济中所占的比重进一步提高。随着人民对美好生活的需求日益品质化、个性化、高端化，旅游、文化、体育、健康、养老及教育培训等现代幸福服务业蓬勃发展。现代幸福服务业可以更好地满足人们对生活质量的追求、对美好生活的向往，有利于增强人民群众的获得感、幸福感、安全感。本书的主要逻辑框架分为四部分。

第一部分为理论支撑部分，主要在相关文献综述的基础上对现代幸福服务业的内涵进行了界定，对现代幸福服务业发展的理论进行了梳理，认为“两山”理论、产业集聚理论、增长极理论、共生理论、全球价值链理论、行为科学理论等从不同角度对现代幸福服务业的高质量发展提供了指导。第二部分为现代幸福服务业发展及存在的问题分析。主要对中国现代幸福服务业的发展总体状况进行了分析，并结合陕西的具体实际从资源、市场、政策支持、发展环境四方面分析了现代幸福服务业高质量发展的优势，从对外开放格局下陕西旅游服务、文化服务、体育服务、健康服务、养老服务及教育赋能现代幸福服务业高质量发展等方面进行了详细论述。第三部分为现代幸福服务业发展的经验借鉴，提出现代幸福服务业融合与联动发展既是趋势又是重点，陕西现代幸福服务业发展应借鉴国内外先进经验，走适合对外开放新格局下的高质量发展道路。第四部分为对外开放新格局下陕西现代幸福服务业融合与联动发展的路径与对策建议，主要认为陕西现代幸福服务业联动发展是一个系统化过程，陕西现代幸福服务业要打破行政壁垒，加快政策衔接，统筹规划产业融合与联动发展平台，优化创新产业融合与联动网络，推进现代幸福服务业之间交叉融合，加快现代幸福服务业向价值链高端延伸。要全面推进陕西现代幸福服务业高质量供给，加快培育壮大现代幸福服务业新型消费，大力推进现代幸福服务业高水平开放，大力推动现代幸福服务业交叉融合发展，加强现代幸福服务业从业人员专业化建设，从而不断增强陕西人民的获得感、幸福感、安全感，实现陕西人民对美好生活的向往。

主要的研究结论如下：

（1）现代服务业发展水平是一国经济发展水平的重要体现，现代幸福服务业作为现代服务业的重要组成部分，其发展质量在很大程度上影响着整体服务业的发展水平。陕西处于国家向西开放的前沿阵地，促进现代幸福服务业高质量发展是推动经济高质量跨越式发展的必然要求。这对促进陕西产业结构优化和经济转型升级具有重要意义，也是新时代满足陕西人民对生活质量追求和对美好生活向往的重要着力点。

（2）现代幸福服务业源于人们对精神生活层面的诉求，是构建和谐社会的重要经济手段，是以健康、绿色、时尚、智慧为特征的新兴产业。其主要特征表现在三方面，即以人为中心的社会属性、以经济价值实现为目的经济属性和以绿色环保为核心理念的时代特性。这意味着现代幸福服务业可以更好地满足人们生活条件改善后对生活质量的追求，从而决定了现代幸福服务业是与人的全面发展息息相关的产业。

（3）现代幸福服务业从产业关联度来看，旅游服务、文化服务、体育服务、健康服务、养老服务及教育培训具有集聚性的特点。这决定了现代幸福服务业集聚、融合及联动发展是成本最低、效益最高的一种发展方式；从现代幸福服务业发展的实践来看，现代幸福服务业的聚集效应已经开始显现。

（4）陕西发展现代幸福服务业具有一定的基础和条件。第一，陕西具备西部开放发展的重要客流、物流、信息流和资金流汇聚地的基础条件。第二，陕西省的总人口数量处于西北地区第一位，人口分布数量及密度状况有利于发展现代幸福服务业。第三，陕西正在深度融入共建“一带一路”大格局，构建起了市场化、法治化、国际化的营商环境。第四，陕西拥有丰富的教育、文化、旅游、医疗、山水资源等，发展现代幸福服务业具有得天独厚的优势。

（5）对外开放新格局下陕西现代幸福服务业发展机遇与挑战并存。主要面临的机遇有国家战略机遇、政策机遇、产业布局及国内市场机遇等，新冠疫情暴发以来，陕西现代幸福服务业发展面临巨大挑战，短期来看现代幸福服务业遭受冲击明显，部分行业国际化举措受限。但陕西现代幸福服务业发展的趋势及质量提升始终是当前及以后很长一段时期的重要工作。对外开放新格局不仅意味着陕西的现代幸福服务业要面向国际市场开放，更重要的是如何打破地域限制等国内壁垒，对国内统一大市场的开放。

（6）近年来，现代幸福服务业吸纳就业和创造税收的能力持续增强，现代幸福服务业高质量发展新格局基本形成。要继续保持现代幸福服务业平稳发展势头，推动现代幸福服务业内部融合互动，是实现经济发展、提质增效、转型升级的重要举措。陕西要适应高品质生活新需求，加强制度供给、推动模式创新，大力发展现代幸福服务业，促进幸福服务业的融合与联动发展，通过借鉴国内外现代幸福服务业的融合发展经验，设计好陕西现代幸福服务业融合与联动发展路径，推进陕西区域经济高质量发展。

（7）在移动互联网、物联网、云计算、大数据等新一代信息技术广泛渗透的背景下，现代幸福服务业内部及其与传统服务业不断分化融合，陕西现代幸福服务业融合与联动需要紧跟数字经济、平台经济、分享经济发展步伐，不断拓宽发展领域，依托产业互联网等，改变服务产品提供的资源集聚模式和产品营销模式，从消费领域向生产领域拓展，并形成高品质产品联动供给与联动消费模式。

（8）对外开放新格局下，陕西要抢抓新时代推进西部大开发形成新格局、黄河流域生态保护和高质量发展等国家重大战略机遇，发挥陕西“一带一路”建设重要节点作用，通过全面推进陕西现代幸福服务业高质量供给、加快培育壮大现代幸福服务业新型消费、大力推进现代幸福服务业高水平开放、大力推动现代幸福服务业交叉融合发展、加强现代幸福服务业从业人员专业化建设等措施实现陕西现代幸福服务业的高质量发展，从而实现人们对生活质量的追求和对美好生活的向往，切实增强陕西人民群众的获得感、幸福感、安全感。

（9）当前在乡村振兴战略推进的过程中，要以人民为中心，做好农村现代幸福服务业发展的系统化指导，要将农村现代幸福服务业发展作为缩小差距的整体大产业予以统筹规划。通过建立农村现代幸福服务业协同发展机制，引导更多社会资本流向农村幸福服务产业，高标准做好农村现代幸福服务业供给侧结构性改革，形成品质化服务和产品，让农村现代幸福服务业成为双循环新发展格局的重要引擎。

参考文献

[1] WILSON E O. Biophilia[M]. Cambridge: Harvard University Press.,1984.

[2] KASSER T. The high price of materialism[M]. Cambridge, MA: MIT Press,2002.

[3] GRUBEL H G, WALKER M A. Service industry growth: Causes and effects[M]. Vancouver: The Fraser Institute,1989: 139 - 140.

[4] RAHMANI K,GNOTH J,MATHER D. Hedonic and eudaimonic well - being: A psycholinguistic view[J]. Tourism Management,2018,69(DEC):155 - 166.

[5] OKELY J A,ČUKIĆ IVA,SHAW R J,et al.. Positive and negative well - being and objectively measured,2019.

[6] Sedentary behaviour in older adults: Evidence from three cohorts[J]. Bmc Geriatrics,2019,19(28):1 - 10.

[7] KORPELA K, KORHONEN M, NUMMI T, et al. Environmental self - regulation in favourite places of finnish and hungarian adults [J]. Journal of Environmental Psychology,2020(67):101384.

[8] HARVEY D J,MONTGOMERY L N,HARVEY H,et al. Psychological benefits of a biodiversity focussed outdoor learning program for primary school children [J]. Journal of Environmental Psychology, 2020(67):101381.

[9] HUTA V,RYAN R M. Pursuing pleasure or virtue: The differenti-

al and overlapping well – being benefits of hedonic and eudaimonic motives [J]. Journal of Happiness Studies,2010,11(6):735 –762.

[10] PRATT S, MCCABE S, MOVONO A. Gross happiness of a "tourism" village in Fiji[J]. Journal of Destinationmarketing & Management,2016,5(1):26 –35.

[11] KIRSTIN H ,Cristina MUNIZ A ,CHRISTOPH B , et al. Leisure participation:Modelling the decision to engage in sportsand culture[J]. Journal of Cultural Economics,2017,41(4).

[12] ROSENERG N. Technological change in the machine tool industry:1840 – 1910[J]. The Journal of Economic History, 1963, 23(2): 414 –446.

[13] YOFFIE D B. Introduction: Chess and competing in the age of digital convergence[C]// YOFFIE D B(ed). Competing in the Age of Digital Convergence. Boston,1997.

[14] MIKOLOV, TOMAS, LE, et al. Exploiting similarities among languages for machine translation[J]. ar – Xiv:2013.

[15] FOSSAS A. Psychological maturity predicts different forms of happiness[J]. Journal of Happiness Studies, 2019, 20(6):1933 –1952.

[16]马健．产业融合论[M]．南京:南京大学出版社,2006.

[17] 党兴华,吴艳霞,王文莉．构建幸福产业体系[M]．北京:社经济管理出版社,2021.

[18]司晓红,白宽犁,王长寿．陕西文化产业发展报告:2021[M]．北京:社会科学文献出版社,2021.

[19]范周．中国文化产业40年回顾与展望:1978—2018[M]．北京:商务印书馆,2019.

[20]杨燕绥．中国老龄社会与养老保障发展报告:2013[M]．北京:清华大学出版社,2014.

[21]杨翠迎．国际社会保障动态:社会养老服务体系建设[M].

上海:上海人民出版社,2014.

[22]周辅成．西方伦理学名著选辑:下卷［M］．北京：商务印书馆,1987：366.

[23]何莽．中国康养产业发展报告:2018[M]．北京:社会科学文献出版社，2019.

[24]马耀峰．旅游引领幸福产业　满足美好生活需要[N]．中国旅游报,2017－12－22(3).

[25]谢传仓．中国文化产业发展的价值取向[J]．吉首大学学报(社会科学版),2015,36(3):116－122.

[26]黄清喜,谭富强．赣南客家清明节饮食的“历史辨析”与文化再生产[J]．江西理工大学学报,2017,38(4):88－92.

[27]夏杰长,毛丽娟．扩大文化服务业对外开放的实施路径[J]．开放导报,2019(2):23－25.

[28]张丽君,于倩．以文化自信构建全面开放新格局[N]．光明日报,2018－02－22.

[29]包世荣．我国养老服务业发展研究[D]．长春:吉林大学,2019.

[30]厉无畏．产业发展的趋势研判与理性思考[J]．中国工业经济,2002(4):5－11.

[31]郭志敏．基于新增长理论的文化产业与旅游产业融合发展探索[J]．商业时代,2014(3):131－132.

[32]周春波．文化产业与旅游产业融合动力:理论与实证[J]．企业经济,2018(8):146－151.

[33]尹宏,王苹．文化、体育、旅游产业融合：理论、经验和路径[J].党政研究,2019(2):120－128.

[34]高绿路,郭子萌,邰峰．“体育＋5G”:基于共生理论的产业融合发展机制和路径研究[J]．山东体育学院学报,2020(4):26－32.

[35]刘河杉．健康中国视域下体育产业与健康产业融合发展路径

研究[J]. 林区教学,2021(3):89-91.

[36]彭凯平. 幸福产业是新的经济增长点[N]. 人民日报,2019-08-20(8).

[37]杨乐渝. 全经联智库对幸福产业的定义[DB/OL]. (2020-08-02). http://www.chinaweekly.cn/html/yaowen/22075.html.

[38]韩晗. 略述"美好生活"印第安理念在拉美的制度实践与挑战:以玻利维亚、厄瓜多尔为例[J]. 中央民族大学学报(哲学社会科学版),2019(1):40-48.

[39]刘重. 论现代服务业的理论内涵与发展环境[J]. 理论与现代化,2005(6):47-60.

[40]周蕾. 国内服务产业集聚理论综述[J]. 浙江树人大学学报,2008(9):44-47.

[41]杨志远. 增长极理论视角下的成渝经济区现代服务业发展[DB/OL]. (2009-12-08). http://www.scge.gov.cn/Item/7538.aspx.

[42]陈韵舒,许星莹,张彩霞,等. 基于共生理论的粤港澳大湾区中医药健康养老服务体系研究[J]. 卫生软科学,2021(3):21-26.

[43]杨翠红,田开兰,高翔,等. 全球价值链研究综述及前景展望[J]. 系统工程理论与实践,2020(8):1961-1972.

[44]刘成林. 现代服务业发展的理论与系统研究[D]. 天津:天津大学,2007:33-38.

[45]李江龙. 现代服务业发展与城市能级提升[J]. 理论探索,2007(2):90-92.

[46]顾学明. 推动服务业扩大开放,汇聚开放新动能[N]. 光明日报,2020-09-07.

[47]巩英杰,张媛媛. "互联网+"视角下养老服务产业转型升级路径研究[J]. 宏观经济研究,2020(3):153-163.

[48]王锦. 新中国70年来教育事业的发展[N/OL]. 团结报,2019-08-29. http://www.tuanjiebao.com/2019-08/29/content_193594.htm.

[49]彭霞光．中国特色特殊教育发展模式初步形成[N/OL]．中国教育报，2019 - 09 - 26. http://www.jyb.cn/rmtzgjyb/201909/t20190926_263822.html.

[50]李玲．服务业加速数字化转型，撬动发展新动能[DB/OL]．(2021 - 02 - 03). https://www.360kuai.com/pc/9bb4c3e4b1bdad816?cota=4&kuai_so=1&tj_url=so_rec&sign=360_57c3bbd1&refer_scene=so_1.

[51]彭凯平．幸福产业是新的经济增长点[N]．人民日报，2019 - 08 - 20(8).

[52]梁学成．旅游产业增进社会福祉的逻辑诠释[J]．旅游学刊，2019(7):3 - 4.

[53]揭筱纹．新中国成立七十年来旅游业发展历程和演变特征[J]．广西财经学院学报，2019(12):1 - 8.

[54]高林安．改革开放40年陕西旅游业发展回顾与展望[J]．西安财经大学学报，2020(8):122 - 128.

[55]李妮．西安市22条政策推动文化旅游产业快速发展[DB/OL]．(2020 - 03 - 04). http://sn.people.com.cn/n2/2020/0304/c378288 - 33847352.html.

[56]金准．我国旅游业高质量发展的空间和方向[J]．中国发展观察，2020(10):103 - 105.

[57]疫情下的旅游业：多维度制定复苏策略[DB/OL]．(2020 - 09 - 07). http://yn.people.com.cn/GB/n2/2020/0907/c372453 - 34275653.html.

[58]张峰．发挥大数据技术在旅游业高质量发展中的作用[DB/OL]．(2021 - 02 - 19). https://www.163.com/dy/article/G36MC4R80524BKEM.html.

[59]夏杰长，顾方哲．习近平关于旅游业重要论述的理论内涵与实践指引[J]．学习与探索，2010(4):122 - 129.

[60]胡抚生．优质旅游内涵及发展路径的思考[J]．旅游论坛，2019(5):9 - 14.

[61]何炳武,王永莉. 陕西省历史文化资源整合研究[J]. 长安大学学报(社会科学版),2011(3):16－21.

[62]曹瑞. 文学陕军的力量:文化陕西系列报道之小说篇[N/OL]. 陕西日报,2018－11－14. http://www.wenming.cn/book/pdjj/201811/t20181114_4896287.shtml.

[63]康战强. 再望长安画派:论《20 世纪“长安画派”及其影响研究》[J]. 艺术评鉴,2018(8):62－63.

[64]秦毅. 多措并举、扎实推进,让戏曲成果惠及三秦百姓[N/OL]. 2020－12－27. https://www.163.com/dy/article/FUSLN6MK053890H6.html.

[65]孙昭. 略论陕西戏剧创作、评论的几个问题[J]. 当代戏剧,2019(5):14－16.

[66] 吕晓林,曲强,龚建亭,等. 浅析陕西省体育产业发展的不足与对策[J]. 体育大视野,2019(1):240－243.

[67]毛毛. 初上“风口”,又遇“险山” 陕西体育 产业何去何从[DB/OL]. (2020－03－17)[2022－05－29]. https://www.360kuai.com/pc/9bc1f6db013d5c144? cota＝3&kuai_so＝1&sign＝360_57c3bbd1&refer_scene＝so_1.

[68]荆鑫. 西方体育行为演变及对中国当代体育价值选择的启示[D]. 济南:山东师范大学,2020.

[69]白永超. 浅谈陕西体育产业发展的机遇、挑战和路径[J]. 财富论坛,2019(9):140－141.

[70]赵爱国. 体育交流在国际关系和谐发展中的促进作用[J]. 太平洋学报,2013(2):27－34.

[71]段伟. 健康陕西战略下体育产业与健康产业融合发展路径研究[J]. 文体用品与科技,2020(10):84－85.

[72]刘阳. 陕西秦岭山地旅游资源特征及开发模式分析[J]. 科技与创新,2014(21):128－131.

[73]杨西勇,薛海涛,郭佳杜. 陕西体育产业开发及空间布局:以

山地体育产业为例[J]. 经济研究导刊,2017(12):25 - 26.

[74]刘燕. 陕西体育助推国家中心城市建设的路径研究[J]. 冰雪体育创新研究,2020(3):182 - 183.

[75]人民网陕西频道."一带一路"陕西 2021 体育精品赛事正式发布[DB/OL].(2021 - 03 - 04)[2022 - 05 - 29]. http://sn.people.com.cn/GB/n2/2021/0304/c380804 - 34604855.html.

[76]任波,黄海燕. 中国数字经济与体育产业融合的动力、机制与模式[J]. 体育学研究,2020(5):55 - 66.

[77]冯珺,肖淑红. 产业融合视角下的体养融合研究:概念、作用与发展现状[J]. 北京体育大学学报,2020,43(12):58 - 70.

[78]朱卉平. 陕西健康产业的发展现状及趋势[J]. 医院管理,2017(4):338 - 339.

[79]孙兆雪. 供给侧结构性改革视角下西安健康服务业发展研究[D]. 西安:西安科技大学,2020.

[80]刘雷. 中国健康服务管理研究热点及进展分析[J]. 科学与现代化,2020(2): 72 - 82.

[81]阎建军,李峥. 中国健康管理发展报告全解析[J]. 中国医院院长,2021(3):58 - 62.

[82]杨静. 陕西绘就"十四五"健康蓝图 着力打造"五大体系"推进健康陕西建设[N]. 陕西日报,2021 - 03 - 04.

[83]罗明忠,雷显凯. 更新观念,积极应对人口老龄化[N]. 广州日报,2021 - 04 - 12(9).

[84]夏敬. 养老服务业为什么要以产业化为取向[J]. 人民论坛,2019(5):78 - 79.

[85]青连斌. 我国养老服务业发展的现状与展望[J]. 中共福建省委党校学报,2016(3):75 - 83.

[86]王浩,高立,胡文斌,等. 西安在推进国际化进程中市民生活幸福感调研[J]. 新西部,2018(12):7 - 8.

[87]陈妙琴. 以市场为导向的养老服务专业发展研究[J]. 大众标准化,2021(6):71-73.

[88]李萍. 提升养老服务职业吸引力　加大人才队伍建设[DB/OL]. (2021-03-6)[2022-07-08]. http://www.js.xinhuanet.com/2021-03/06/c_1127176441.htm.

[89]包世荣. 我国养老服务业发展研究[D]. 长春:吉林大学,2019.

[90]杨菊华,杜声红. 长期照护保险资金筹措:现状、困境与对策思考[J]. 中国卫生政策研究,2018(11):8-14.

[91]原新. 积极应对人口老龄化是新时代的国家战略[J]. 人口研究, 2018(3):3-8.

[92]陈友华,艾波. 人口老龄化与社会保险制度的可持续性[J]. 唯实,2017(7):15-17.

[93]陆汝华,李亚兰,张雯雰,等. 教育大数据视域下高校幸福教育服务模式构建[J]. 中国教育技术装备,2020(9):44-48.

[94]邢占军. 我国居民幸福感总体处于较高水平[N]. 中国社会科学报,2015-01-09(8).

[95]朱倩. 教育对人生幸福的意义与价值[J]. 现代教育科学,2008(2): 26-27.

[96]许锡良. 教育能对人的幸福做些什么[J]. 教育科学研究,2008(1) :5-8.

[97]前瞻网. 2021年中国教育培训行业市场规模与发展前景分析[DB/OL]. (2021-11-10)[2022-07-10]. https://www.163.com/dy/article/GOF0GE5D051480KF.html.

[98]前瞻网. 校外学科培训遭遇严厉市场整顿　政策支持下素质教育或将成为教育行业新风口[DB/OL]. https://www.163.com/dy/article/GD3LN592051480KF.html.

[99]张奎良. 马克思人的本质概念的演绎程序[J]. 马克思主义

研究,2014(11):68－76.

[100]杨成明．论人的发展主体性与职业教育的价值诉求[J]．职教论坛,2018(8):6－13.

[101]沈爱明,花佳佳,王文龙．地方服务业与职业教育互动的成人教育培训机制[J]．成人教育,2017(10):62－64.

[102]田尊道．教育发展"适应论"的规律定位审视[J]．社会科学战线,2021(5):235－241.

[103]阮成武．朝向美好生活的教育寻绎[J]．教育研究,2021(4):52－63.

[104]赵文龙,代红娟．存续与升级:教育水平、教育回报与城市居民幸福感变迁[J]．西安交通大学学报(社会科学版),2022(1):1－13.

[105]刘云生．经济转向高质量发展阶段:教育怎么办[J]．教育发展研究,2018(11):1－10.

[106]王晶,傅潇雯,田洁,等．北京冬奥会创造可持续发展新典范[N]．中国体育报,2020－05－22.

[107]焦元．北京冬奥会在即　中国经验破解奥运场馆持续运营难题[DB/OL]．(2020－01－19)．https://news.sina.com.cn/o/2020－01－19/doc－iihnzhha3471247.shtml.

[108]严琰．服务业供给侧改革究竟改什么[J]．人民论坛,2018(19):84－85.

[109]梁学成．服务价值链视角下的服务业多元化发展路径探究[J]．中国软科学,2016(6):171－179.

[110]沈王一,谢磊．加快绿色发展　促进绿色消费[N]．经济日报,2016－12－08.

[111]梁鹏,徐丹丹．着力推进服务业高水平开放[N]．光明日报,2022－04－05(7).

[112]姜长云．生活性服务业现状、问题与"十四五"时期发展对策[J]．经济纵横,2020(5):87－99.

[113]范宪伟. 健全家政从业人员服务保障体系　推动家政服务业提质扩容[J]. 中国经贸导刊,2019(13):56－57.

[114]周欣迪. 现代服务业创新型人才培养研究[J]. 黑龙江科学,2020(8):114－115.

[115]钟秉林. 国际视野中的创新型人才培养[J]. 中国高等教育,2007 (Z1) : 37－40.

[116]王岚. 服务经济全球化背景下面向现代服务业的人才培养研究述评[J]. 中国职业技术教育,2022(3):83－96.

[117]金文斌. 重视情感教育[J]. 中国职业技术教育,2007(5):31－38.

[118]程臻宇. 区域康养产业内涵、形成要素及发展模式[J]. 山东社会科学,2018(12):141－145.

[119]杨红英,杨舒然. 融合与跨界:康养旅游产业赋能模式研究[J]. 思想战线,2020(6):158－168.

[120]汪莉霞. 互联网时代下康养产业智慧化转型研究[J]. 技术经济与管理研究,2021(10):109－112.

[121]杨懿,时蓓蓓. 健康旅游产业融合发展:动力、机理与路径[J]. 湖湘论坛,2020(5):126－135.

[122]冯珺,肖淑红. 产业融合视角下的体养融合研究:概念、作用与发展现状[J]. 北京体育大学学报,2020(12):58－70.

[123]谢舜,陈宇. 城市养老服务中医养融合模式演变的多重逻辑[J]. 江汉论坛,2018(5):126－132.

[124]辜美惜,邱龙虎,曾伟楠,等. 大学生幸福感与物质主义的关系及社会支持的中介作用[J]. 中国心理卫生杂志,2016(3):237－240.

[125]高鹏,杨翠. 我国医养结合服务模式实践逻辑与协同路径分析:基于“全国医养结合典型案例”的扎根理论研究[J]. 兰州学刊,2022(7):1－18.

[126]任叁. 职业培训改善人才短缺　“差异化”院校更有发展

[J]. 中国对外贸易,2021(9):72 - 73.

[127]廖军华,王欢. 新发展阶段旅游业高质量发展的现实困境与破解之道[J]. 改革,2022(5):102 - 109.

[128]顾江. 党的十八大以来我国文化产业发展的成就、经验与展望[J]. 管理世界,2022(7):49 - 59.

[129]杨红,夏茂生. 基于动态演化博弈的康养旅游产业融合演化机制及路径研究[J]. 云南财经大学学报,2022(7):100 - 110.

[130]高杨,白凯,马耀峰. 旅游者幸福感对其环境责任行为影响的元分析[J]. 旅游学刊, 2020(12):16 - 31.

[131]蒋军成,袁野. 乡村振兴战略下我国农村互助养老路径优化研究:基于乡村合作金融与养老融合的视角[J]. 广西社会科学,2021(11):27 - 32.

[132]赵红梅. 休闲体育产业生态系统演化分析[D]. 太原:山西财经大学,2020.

[133]青连斌. 我国养老服务业发展的现状与展望[J]. 中共福建省委党校学报,2016(3):75 - 83.

[134]胡立君,杨振轩,周昭洋. 养老产业的经济学属性研究[J]. 江淮论坛,2018(1):25 - 30.

[135]夏敏怀. 我国科技智能养老服务的现状及其改进建议[J]. 宿州学院学报,2015(10):56 - 58.

[136]张丽琳,杨倩. 区域体育服务业竞争力评价模型构建研究[J]. 体育科学,2021(10):60 - 75.

[137]蔡朋龙,李树旺. 体育产业结构优化中体育服务业占比研究[J]. 体育学刊,2022(1) :53 - 60.

[138]任子璇,王君."体育 + 养老"产业融合发展探析[J]. 合作经济与科技,2022(1) :40 - 41.

[139]丁文珺,熊斌. 加快推进健康养老产业发展[J]. 宏观经济管理,2022(5):73 - 81,90.

[140]唐任伍. 乡村振兴推动共同富裕实现的理论逻辑、内在机理和实施路径[DB/OL]. (2022-06-13). https://m.gmw.cn/baijia/2022-06/13/35807244.html.

[141]李楠,郑心语. 新发展阶段农民精神生活共同富裕论[J]. 学校党建与思想教育,2022(14):80-82.

[142]欧庭宇. 中国共产党共同富裕思想的理论演变、内在逻辑和现实启示[J]. 青海民族大学学报(社会科学版),2022(7):19-26.

[143]蒲德祥,张雯. 幸福哲学的范式修正:亚里士多德与马克思[J]. 浙江社会科学,2022(4):112-118,160.

[144]阳义南. 获得感、公平度与国民幸福感提升:基于CGSS微观调查数据的分析[J]. 社会科学辑刊,2022(3):50-59.

[145]郭庆宾,汪涌,李世杰. "一带一路"倡议对沿线国家的幸福效应[J]. 西安交通大学学报(社会科学版),2022(4):110-118.

[146]张三元. 论美好生活的价值之核[J]. 宁夏社会科学,2021(4):21-33.

[147]王云霞. 新时代美好生活的幸福观基础[J]. 思想理论教育导刊,2021(9):71-75.

[148]孙俊芳,辛自强,包呼格吉乐图,等. 幸福感的稳态与跃迁:一个新的整合视角[J]. 心理科学进展,2021(3):481-491.

[149]颜玉枝,董圣鸿. 中国人幸福人格的结构与内涵[J]. 心理与行为研究,2020(6):755-761.

[150]成龙. 中国共产党带领人民创造幸福美好生活的百年经验[J]. 求索,2021(3):21-28.

[151]洪群联. 中国服务业高质量发展评价和"十四五"着力点[J]. 经济纵横,2021(8):61-73.

索　引

B
保健品　148

C
产业集群　9
产业集聚　9
城镇化　74
长安画派　70
传统文化　26
产业生态圈　191

D
对外开放格局　23
低碳生态旅游　26
多元功能　27
多元化　13

F
服务贸易　4
服务保障　35

G
高质量发展　4
共生理论　25
国家中心城市　89
国际竞争力　3
共生经济　195
国际市场　43

J
健康服务业　12
教育培训　4
健康中国　35
价值链　3
交叉融合　28
技术创新　9

K
科技赋能　60
科技创新　60

L
旅游服务业　11
绿色发展　36
老龄化　13

联动　8
绿色消费　219

M
民生福祉　26

O
奥运遗产　199

Q
全民健身　53

R
融合发展　6

S
数字化　19
社会人　41
双循环　5
赛事　16
赛制　132
生命周期　10
生态养老　167
素质教育　179
商业模式　21

T
体育服务业　12
体育消费　13
体育强国　53

W
文化服务业　11
文化强省　101

X
现代服务业　3
幸福产业　4
幸福服务业　4
新商业模式　27
新动能　35
消费市场　92

Y
养老服务业　13
营商环境　26
“一带一路”　4
医疗器械　143
医养服务　164
银色经济　172
园区开发　28

Z
增长极　25
资源优势　12
政策支持　4
植物提取物　149
职业培训　18
智能化　22

后　记

受新冠疫情影响，全球经济呈明显下行趋势，各国政策取向各异，经济抗风险能力有别。我国始终秉持对人民负责、对生命负责的鲜明态度，坚持人民至上、以人民为中心的发展思想，不断改善民生。老百姓的生活水平不断提升，幸福感不断增强。发展是为了人民，要在经济发展的基础上不断提高人民的生活水平。每个人、每个家庭能够接受良好的教育，有稳定的工作和收入，能享受到更高水平的医疗保障，拥有更优美的环境和更健康的体魄，在经济发展和生活水平提升的同时享受到文化的滋养和高品质旅游等带来的快乐，这样的生活就是幸福的生活，是我们每个人和每个家庭所向往的生活。“人民对美好生活的向往，就是我们的奋斗目标。人世间的一切幸福都需要靠辛勤的劳动来创造。”的确如此，在我们人生发展的各个阶段，我们不就是为了追求更美好的生活吗？

美好生活是我们每个人的奋斗目标，幸福是人类的终极追求，新时代我们要为幸福而奋斗，习近平总书记提倡的“奋斗幸福观”不仅是共产党员的基本素养，也是全体人民的共同信念。记得一位老教授曾经说过，人的一生就是要“拼”，在哪里拼，就会在哪里发光。国家要拼、老百姓也得拼，这样才能实现我们的奋斗目标。作为一名教师，我也时常提醒自己要努力奋斗、努力工作。现代幸福服务业的发展是近年来国家比较重视的发展领域，作为陕西高校青年创新团队项目的负责人，近年来我和团队成员主要关注旅游、健康、养老、体育、文化、教育服务业与陕西经济高质量发展方面的研究。这正好与学校服务地方经济发展的整体专业布局相符合，从中我也体会到了现代幸福服务业发展对于国家、地方及个体发展的重要意义。围绕此领域我专门组建了“陕西省现代服务业高质量发展与高水平开放研究团队”，科研团队获得了学校的资助。同时，本书及其他成员的研究成果也受到了陕西省社科著作出版资助项目资助。

时至今日，本书得以付梓，特别感谢学校专家、教授们的指导，从本书的选题到成稿，校长崔智林教授、副校长王利晓教授都给予了非常大的关心和支持，团队成员也多次提出宝贵意见，学生陈曦也予以协助，在此一并表示感谢。

今天，我们处于当前世界“百年未有之大变局”中，在不确定的经济大环境下，我们每个人都感受着民族复兴和国家发展给我们带来的幸福感和荣誉感。在研究过程中，我了解到很多专家学者对现代幸福服务业的观点，并且每个阶段在搜集文献的时候都会惊喜地发现围绕此领域的话题不断增多，这让我的研究更加深入。尤其是针对当前经济发展中存在的对农村幸福产业和农民幸福感的关注，让我深知此领域的研究还需要下功夫去深耕，这也将成为我今后研究的重点领域。随着思想的火花不断迸发，也让我深深认识到本书还需进一步突破研究思路和研究方法，继续深化相关的研究内容，形成更加系统化的成果。针对本书存在的一些值得商榷的地方和深入研究的内容，恳请相关领域专家提出宝贵意见，我也将进一步改进和完善，努力提升对现代幸福服务业的研究水平。

刘俊霞

2022 年 7 月